현직 구글 애널리틱스 컨설턴트가 알려주는

구글 애널리틱스 실전활용편

4

| 김동우 저

DIGITAL BOOKS
디지털북스

현직 구글 애널리틱스 컨설턴트가 알려주는

구글 애널리틱스 4
실전활용법

| 만든 사람들 |

기획 IT · CG 기획부 | **진행** 양종엽 · 박소정 | **집필** 김동우
표지 디자인 원은영 · D.J.I books design studio | **편집 디자인** 이기숙 · 디자인 숲

| 책 내용 문의 |

도서 내용에 대해 궁금한 사항이 있으시면
저자의 홈페이지나 디지털북스 홈페이지의 게시판을 통해서 해결하실 수 있습니다.

디지털북스 홈페이지 digitalbooks.co.kr
디지털북스 페이스북 facebook.com/ithinkbook
디지털북스 인스타그램 instagram.com/digitalbooks1999
디지털북스 유튜브 유튜브에서 [디지털북스] 검색
디지털북스 이메일 djibooks@naver.com
저자 브런치 brunch.co.kr/@kayros
저자 이메일 kayroskdw@gmail.com

| 각종 문의 |

영업관련 dji_digitalbooks@naver.com
기획관련 djibooks@naver.com
전화번호 (02) 447-3157~8

머리말

제가 4년 전에 "구글 애널리틱스 실전 활용법"이라는 책을 출간하면서 다양한 프로젝트를 통해 경험한 지식을 정리한 뒤 책이라는 결과물로 완성했다는 사실이 벅찼지만, 책을 쓴다는 건 굉장히 고된 작업이라는 걸 몸소 느낄 수 있었습니다. 다행히 실무를 하면서 구글 애널리틱스 실전 활용에 어려움을 겪고 계신 많은 분들이 책을 구매해주셨고, 인생을 살면서 가장 잘한 일 중 하나가 책을 출간한 것이라는 생각은 아직도 변함이 없습니다.

그로부터 4년이 지난 2022년 11월, "구글 애널리틱스 4 실전 활용법"이라는 두 번째 책을 출간합니다. 무엇보다 기존의 구글 애널리틱스(Universal Analytics)에 이어 '구글 애널리틱스 4'가 정식으로 출시되면서 이를 실무에서 활용하기 위한 콘텐츠가 많이 부족한 상황이고, 2023년 7월부터는 기존 구글 애널리틱스(UA) 버전으로 데이터 수집 자체가 불가하다는 구글의 공식 발표가 있었습니다. 제가 하는 업무가 구글 애널리틱스를 활용해서 데이터를 수집하고 분석하는 일이다 보니 실무에서 얻은 지식과 노하우를 시간이 될 때마다 콘텐츠로 하나씩 정리했고, 결과적으로 이렇게 두 번째 책을 완성할 수 있었습니다.

이 책은 오로지 구글 애널리틱스 4와 관련된 내용만 다룹니다. 예상 독자는 구글 애널리틱스 4 데이터 수집 및 분석 관련 실무를 하시면서 처음 접하는 내용에 어려움을 겪고 계신 분들, 아직 본격적으로 구글 애널리틱스 4를 사용하진 않지만 지금부터라도 막 공부를 시작하시는 분들, 마지막으로 현재 그로스 매니저 혹은 퍼포먼스 마케터로 재직 중이거나 관련 업계로 취업 혹은 전직을 준비하시는 분들이라고 생각합니다.

실무에서 구글 애널리틱스 4와 관련한 데이터를 설계하시거나 세팅하실 때,

혹은 수집된 데이터를 기반으로 분석 업무를 하실 때 이 책을 곁에 두시면 든든한 마음이 드실 겁니다. 책에 나온 내용을 그대로 적용하기만 해도 일반적으로 많은 분들이 하는 실수는 사전에 예방하실 수 있을 것이라 장담합니다.

단순히 기능에 대한 설명이나 따라하기 식의 구성보다는 정말 실무에서 필요한 지식과 팁을 전달하는 데 초점을 맞췄습니다. 실무 프로젝트를 해보지 않으면 쉽게 얻을 수 없는 지식과 정보를 책에 담았습니다. 구글 애널리틱스 4는 거의 매월 혹은 분기마다 새로운 기능의 업데이트가 공지되고 있습니다. 저는 최대한 최신 내용을 반영하려고 했고, 초보자도 쉽게 이해할 수 있도록 쉽고 친절하게 쓰려고 했습니다. 그럼에도 불구하고 이해가 되지 않는 내용이 있다면 주저하지 마시고 제게 이메일을 보내주시기 바랍니다.

저는 구글 애널리틱스(GA)를 사용할 때 언어 설정을 영어로 해서 쓰지만, 많은 분들이 '한국어'로 GA를 사용하고 계시므로 주요 메뉴와 지표에 대한 언어 설정은 '한국어'로 했을 때 화면에 표기된 명칭을 사용했습니다. 다만 언어 설정을 영어(English)로 사용하시는 분들을 위해, 메뉴 혹은 지표를 설명할 때 영문 명칭을 괄호 안에 동시 표기하였습니다.

아직은 많은 분들이 기존 구글 애널리틱스(Universal Analytics)를 사용하시면서, 구글 애널리틱스 4는 기본 페이지뷰 및 자동 수집되는 이벤트만 수집하거나 실무 활용 빈도를 높이기 위해 자체적으로 스터디를 하고 계신 것으로 알고 있습니다. 기본적인 이벤트를 비롯해 서비스별 필수로 추적해야 할 주요 이벤트는 미리 측정해둬야 수집된 데이터를 기반으로 실무에서 데이터를 활용할 수 있습니다. 아직 늦지 않았습니다. 지금부터라도 GA4를 학습하시기 바랍니다. 그 과정에서 제가 쓴 책이 조금이나마 도움이 된다면 더할 나위 없이 좋겠습니다.

책에 나오는 모든 내용은 구글 애널리틱스 4 공식 도움말 문서를 기본으로 하면서, 데이터 수집을 하는 과정에서 구글 태그 매니저를 활용한다는 전제 하에 작성하였습니다. 구글 태그 매니저를 활용하면 웹사이트에 매번 이벤트 코드를 삽입하는 것보다 데이터 수집 및 관리 과정에서 인력 및 시간 리소스를 많이 절약할 수 있고, 데이터 검증 시에도 훨씬 효율적으로 업무를 처리할 수 있습니다. 구글 태그 매니저를 한 번도 다루지 않으셨다면 이번 기회에 익숙해지시길 권장드립니다. 구글 태그 매니저를 활용한 데이터 수집 및 활용은 구글에서도 권장하는 사항입니다.

책을 보면서 추가로 궁금하신 점이 생기거나 오타처럼 수정할 부분이 발견되면 저의 이메일이나 디지털북스 출판사에 문의를 주시면 감사하겠습니다. 메일을 주시면 제가 최대한 빠르게 답변을 드리겠습니다. 저의 책을 구입하시는 만큼 애프터 서비스(After Service)도 확실하게 해드린다고 약속드립니다. 책은 처음부터 보셔도 되지만 필요에 따라 궁금하신 내용부터 보셔도 무방합니다. 서두가 길었네요. 자, 그럼 이제 본격적으로 구글 애널리틱스 4를 공부해보겠습니다.

추천사

지난 2년 동안 저자와 같은 회사에서 구글 애널리틱스 4 관련 프로젝트를 수행하며 긴밀히 협력했습니다. 저자는 고객이 직면한 비즈니스 과제 및 요구사항을 정량적으로 측정할 수 있도록, 데이터를 설계하고 GA4 플랫폼을 맞춤형으로 구현하는 능력이 탁월합니다. 여러분이 만약 구글 애널리틱스 4를 처음 접하시거나 웹사이트(Web) 혹은 앱(App) 환경에서 최적의 방법으로 GA4 도입을 계획하고 있다면, 저자의 책을 읽어보시길 적극적으로 권장합니다. 책을 읽고 이를 실무에 활용한다면 GA4를 구축하는 과정에서 많은 도움을 얻을 수 있을 것입니다.

가비 펄코(Gabi Fulco), 젤리피쉬코리아 Senior Data&Analytics Director

저는 저자와 이전에 함께 일했던 동료입니다. 업계에 구글 애널리틱스 활용에 대한 경험이 많은 사람은 다수 있겠지만, 그러한 경험과 지식을 콘텐츠로 정리해서 2권의 책으로 출간한 사람은 제 기억에 없는 것 같네요. 저자의 책은 단순히 이론을 넘어 실무에서 다양한 산업군의 프로젝트를 경험하며 치열하게 고민한 흔적과 데이터가 비즈니스에 어떠한 영향을 줄 수 있는지에 대한 내용이 포함되어 있습니다.

책을 출판하는 것이 얼마나 성실함을 요구하는 것인지 옆에서 생생하게 지켜본 제가 자신 있게 추천합니다. 데이터 분석은 커다란 한 방보다 견고함과 꾸준함이 중요합니다. 저자는 구글 애널리틱스 4가 출시된 시점부터 평소에 누구보다 꾸준하게 컨텐츠를 작성하며, 이를 실무에 어떻게 하면 최적의 방법으로 적용할지 고민하는 사람입니다. 커리어 초반에 저자를 우연히 알게 되어 함께 일을 하며 인연을 맺고, 이렇게 저자의 새로운 책에 대한 추천사를 쓰게 되어 기쁘며 감사하다는 말을 전하고 싶습니다.

여태경, 이노션 월드와이드 데이터랩

구글 애널리틱스와 관련된 책은 자칫 사용 설명서가 되기 쉽습니다. 하지만 저자의 책에는 한국에 GA가 본격적으로 도입되던 초창기부터 컨설턴트로 활동한 경험과 노하우가 담겨 있습니다. 또한 GA4를 단순히 사용하는 수준이 아니라 마케터나 기획자, 혹은 데이터를 분석하는 실무자들의 강력한 무기가 될 수 있는 다양한 경험과 노하우를 제공합니다. 현업에서 일하는 실무자 중에서 이러한 실전 경험을 초보자들도 쉽게 실무에 바로 적용할 수 있게 정리할 수 있는 사람은 많지 않습니다.

이 책을 천천히 읽어보면서 든 생각은 구글 애널리틱스 4 관련 책 중에서 가장 실용성이 높은 책이라는 것입니다(실용적으로 보이는 제목만큼 내용도 실무 활용에 충실합니다). 저자가 직접 경험한 사례를 읽기 쉽게 설명한 점도 돋보입니다. 특히 검증된 정보를 책에 반영하기 위해 구글의 공식 도움말 문서를 찾아보고 가급적 실무에서 직접 경험하고 테스트한 정보만 책에 반영했기에, 이 책은 많은 실무 마케터들의 시간을 줄여줄 것이라 생각합니다. GA4와 관련한 단 한 권의 책을 구입한다면 감히 권장드리고 싶습니다. 인터넷상에서 잘못된 정보나 개인 경험에 의존한 유튜브나 블로그 정보보다는, 저자의 경험과 노하우가 담긴 이 책을 통해 처음부터 GA4를 체계적으로 학습하고 실무에 적용하시기 바랍니다.

안덕진, 페이스북 그로스해킹 커뮤니티 운영장

'구글 애널리틱스 4를 어디서부터 어떻게 배울 수 있을까요?'라는 질문을 받으면 저는 자랑스럽게 이 책을 추천하고 싶습니다. 구글 애널리틱스 분석 도구의 한글 자료가 많지 않던 2015년부터 저자는 블로그에 양질의 글을 게재하였고, 지금까지도 관련 업무를 진행하면서 수많은 노하우를 쌓아왔습니다. 그렇게 경험한 노하우를 2018년에 "구글 애널리틱스 실전 활용법"이라는 책으로 엮었고, 2022년 출간하는 이 책에서는 기존 구글 애널리틱스(Universal Analytics)가 아닌 새로운 구글 애널리틱스(Google Analytics 4)를 주제로 노하우를 풀어냈습니다.

이 책은 반갑게도 구글 애널리틱스 4의 기초적인 내용부터 User ID 수집, 구글 빅쿼리 연결, GTM을 활용한 이벤트 설정 등 직접 경험해보지 않으면 다루기 어려운 고급 내용까지 다뤘습니다. 구글 애널리틱스 4를 처음 시작하는 독자부터 현직자까지, GA4에 관심이 많은 모든 분들이 이 책을 구입하시면 많은 도움을 얻을 것이라 생각합니다.

어떤 학문이든 기초가 되는 기본서 한 권을 갖는다는 것은 매우 기쁘고 즐거운 일입니다. 이 책은 풍부한 이미지와 간결한 설명으로 최대한 독자의 이해를 돕기 때문에 많은 사람에게 독보적인 '구글 애널리틱스 4 기본서'가 될 것으로 생각힙니다. 저자가 실무를 통해 직접 경험한 시행착오와 노하우가 책에 반영되어 있습니다. 구글 애널리틱스 4를 이제 막 시작하는 분들이나 현업에서 일하는 분들이 궁금증이 생길 때마다 책을 꺼내서 본다면 큰 도움이 되실 겁니다.

우찬종, 크리테오 Technical Account Manager

독자님께 전하는 편집자의 말

이 책은 실무에 구글 애널리틱스 4를 최적으로 활용하는 데 초점을 맞춰 구성했으며, 구글 애널리틱스 4를 처음 접하는 분도 내용을 이해할 수 있도록 가능한 쉽게 표현했습니다. 그럼에도 구글 애널리틱스를 처음 접해본다면 생소한 표현 등의 이유로 어려움을 겪을 수 있습니다. 그럴 땐 이 책의 목차를 학습 로드맵으로 삼고, 눈으로 내용을 좇으면서 큰 맥락에서 GA4를 알아가시길 권장합니다. 그후 실무에 GA4를 적용하면서 궁금한 점이 생기면 이 책을 참고서처럼 활용해 보세요. 처음에는 모르는 것들 투성이처럼 보일지 모르나, 실무를 경험하고 읽을수록 익숙해지고 피부에 와닿는 느낌이 들 것입니다. 그렇게 내용을 하나씩 뜯어보면서 지식의 깊이를 더하고, 저자의 경험과 노하우를 여러분의 것으로 만들어 가시길 바랍니다.

참고로 이 책의 구글 애널리틱스 4 관련 내용은 2022년 11월 기준*으로 작성된 것입니다. 이후 업데이트나 버전 이슈 등으로 이 책이 여러분의 환경과 다소 맞지 않을 수도 있습니다. 구글 애널리틱스 4의 최신 정보가 궁금하다면 아래 저자의 브런치를 참고해 보시면 도움이 될 것입니다.

[저자의 브런치] brunch.co.kr/@kayros

---

* 2쇄 도서는 2024년 1월까지의 정보를 반영하였습니다.

CONTENTS

데이터 분석 역량,
비대면 시대의 필수 경쟁력

우리는 일상생활에서 수많은 데이터를 생산하고 소비합니다. 집 앞에 있는 오프라인 상점에서 결제를 하거나 온라인 쇼핑몰에서 마음에 드는 상품을 주문할 때 하는 대부분의 행동은 서버의 특정 공간에 데이터로 저장됩니다. IT 컨설팅 기업 IDC에 의하면, 2025년에는 하루에 생산되는 데이터가 약 4,630억 GB기가바이트에 달할 것이라 예상했다고 하네요. 이렇게 데이터가 폭발적으로 증가하고 있지만 데이터를 활용해서 비즈니스 성과를 창출한다는 건 분명 쉽지 않은 일입니다. 이와 더불어 데이터를 이해하고 활용하는 역량을 가진 분들에 대한 수요도 꾸준히 증가하고 있습니다. 이번 장에서는 비대면 시대에 데이터 분석 역량이 점점 중요해지는 이유를 말씀드리겠습니다.

데이터가 아무리 많아도 활용하지 않으면 그림의 떡

혹시 **데이터 리터러시**Data Literacy라는 단어를 들어보셨나요? 데이터 리터러시를 한 문장으로 말하면 일상생활에서 **데이터를 이해하고 활용하는 역량**이라고 정의할 수 있습니다. 데이터는 단어와 같이 정성적인 텍스트 데이터와 숫자로 구성된 정량적인 데이터로 분류됩니다. 먼저 정성적인 데이터의 대표적인 예를 들자면, 일상생활에서 지식이나 상품 정보를 탐색할 때 검색 엔진을 통해 검색하는 **키워드**나 소셜 미디어에서 생산되는 **피드** **데이터**가 있습니다. 테슬라의 CEO 앨런 머스크가 트위터에 가끔 올리는 의견 역시 정성적 데이터에 해당합니다. 한편 숫자로 구성되는 정량적 데이터의 대표 예로는 **방문자 수** 또는 **결제금액 같은 지표**가 있습니다. 이처럼 둘은 모두 데이터로 정의되지만 형태가 다릅니다.

이러한 데이터를 비즈니스에 잘 활용하면 기존에 없던 가치를 만들어낼 수 있고, 각 비즈니스에 부합하는 성과를 창출할 수 있습니다. 반면 아무리 데이터가 많더라도 제대로 활용하지 못하면 인력과 시간만 낭비할 뿐 아무런 개선도 이뤄낼 수 없습니다. 분석에 관심이 많은 분들은 사용자가 쇼핑몰에 올린 리뷰 혹은 경쟁사의 리뷰를 크롤링하고 분석해서 서비스의 개선점을 도출하지만, 어떤 분들은 아무리 리뷰가 많아도 리뷰의 개수만 체크하면서 본인만 만족할 뿐 서비스 개선에 아무런 기여를 하지 못합니다. 여러분은 수집된 데이터를 통해 어떤 가치를 창출하고 계신가요?

제가 최근에 데이터를 활용해서 매출을 개선한 경험을 말씀드리겠습니다. 요즘 코로나 확진자가 줄어들면서 골프나 테니스처럼 비교적 넓은 공간에서 활동하는 실외 스포츠가 인기입니다. 특히 테니스는 MZ세대가 즐기기 시작하면서 코트를 예약하기가 하늘의 별따기라는 말이 있을 정도인데요. 실외 코트 예약이 어렵다 보니 실내에서 레슨을 받을 수 있는 실내 테니스장도 많이 늘어나는 추세입니다.

저는 테니스에 관심이 많고 주말에는 아침 운동으로 즐겨합니다. 주변을 보면 테니스 코치님들이 실내 테니스장을 많이 오픈하시는 걸 볼 수 있는데요. 아무리 테니스 열풍이라지만 경쟁이 워낙 치열하다 보니 레슨 희망자를 모객하는 게 생각보다 쉽지 않으신가 봅니다. 저와 인맥이 있는 코치님들은 어떻게 하면 적은 마케팅 금액으로 효율적으로 모객을 할지 고민하셨고 결국 급하게 제게 도움을 요청하셨습니다.

분석에 앞서 리소스 파악을 통해 업무 우선순위를 체크하자

저는 우선 현재 사용할 수 있는 월별 마케팅 예산과 인력 리소스가 어떻게 되는지 파악했습니다. 코치님은 별도의 아르바이트 직원을 두지 않고 계약직 코치 1명을 고용해서 자신을 포함한 2명이 레슨을 하고 있었고, 온라인 마케팅에 관한 전문 지식이 없어 돈을 어디에 써야 할지 모르는 상황이었습니다. 레슨을 하는 중에 문의 전화가 오면 레슨이 끝나고 전화를 드렸고, 운이 좋아 전화가 오더라도 고객을 놓치는 경우가 많았습니다. 문제를 해결하려면 문제를 정의할 수 있어야 합니다. 그러기 위해서는 데이터도 중요하지만 일단 전체적인 상황을 파악하는 게 중요합니다.

저는 일단 네이버 플랫폼을 활용해서 홈페이지와 블로그를 만들고, 사람들이 지도 검색을 통해 접속할 때 업체 정보를 최대한 자세히 알 수 있게 업데이트했습니다. 경쟁업체에 비해 비교적 넓은 실내 공간이 장점이었음에도 불구하고 이 점이 어필되지 않았다고 판단해서, 광각 렌즈를 사용해 장점이 부각되도록 이미지를 업데이트하고 지하철 입구에서부터 어떻게 찾아오는지 알 수 있도록 동영상도 업로드했습니다. 이러한 작업을 마친 후 네이버와 구글 플랫폼에서 광고 캠페인을 설계하고 유입되는 방문자 데이터를 살펴봤습니다.

신뢰할 수 있는 데이터에 근거한 정확한 진단 필요

병을 잘 고치는 유명한 의사를 보통 명의라고 부릅니다. 이분들의 공통된 특징은 환자의 상태를 살피고 정확한 진단과 함께 처방이나 집도를 합니다. 반면 그렇지 않은 의사들은 환자의 상태를 제대로 보지도 않고 처방을 내립니다. (물론 모든 의사가 그렇진 않겠지만요.) 정확히 진단하지 않고는 병이 고쳐질 리 없으니 몸이 아픈 환자 입장에서는 짜증만 납니다. 약은 먹고 병원비는 나가는데 병은 상태는 호전되지 않으니까요. 결국 다른 병원으로 옮겨서 또다시 처음부터 자신의 증세를 설명해야 합니다.

비즈니스에서는 이와 비슷한 상황이 많이 발생합니다. 여러 기업에서 광고 및 컨설팅 회사에 자신들이 처한 상황을 이야기하고 해결책을 얻기 위해 도움을 요청합니다. 문제에 대한 해결책을 제시해야 하는 입장에서는 문제를 정확히 파악하는 게 중요합니다. 문제를 정의하지 못하면 엉뚱한 해결책이 나오기 때문입니다. 다시 말해 정확하고 세심한 관찰 없이는 제대로 된 해결책 역시 나오지 않습니다.

이런 상황에서 데이터는 현황을 파악하는 데 많은 도움을 줍니다. 정량적인 데이터가 없다면 정성적인 데이터라도 모아야 합니다. 인터뷰를 통해 현재 상황이 어떤지를 정확하게 진단해야 그에 맞는 전략을 짤 수 있습니다. 소상공인을 대상으로 하는 마케팅과 일반 기업의 마케팅 방법은 달라야 합니다. 규모가 있는 기업에서는 하루 1억 이상의 마케팅 비용을 쓸 수 있지만, 어떤 소상공인에게는 하루 3만원의 예산(월 100만 원)도 버거울 수 있습니다. 고객의 상황에 맞는 전략과 액션 아이템을 실행해야 서로가 만족하면서 서비스에 대한 개선도 할 수 있습니다.

현 상황에서 수집 가능한 데이터부터 탐색하고 분석하자

네이버 스마트플레이스에 업체 정보를 등록하면 고객이 네이버 앱에서 업체를 클릭하고 전화 버튼을 누를 경우 스마트콜 통계 데이터가 수집됩니다. 데이터가 수집된 후 스마트플레이스의 통계 메뉴로 접속하면 총 통화수, 부재중 통화수, 평균 통화시간 등을 확인할 수 있는데요. 다음 쪽의 데이터를 한번 보겠습니다.

어떤 점이 문제인지 보이시나요? 통화 시도 횟수에 비해 부재중 통화 비중이 무려 35.6%나 됩니다. 단순히 계산해도 전화가 100건 걸려 온다고 가정하면 35건은 신규 고객으로 만들 수 있는 기회를 놓친다는 얘기가 됩니다.

통화 요약	**일별 통화**							
날짜	전체	04.13	04.12	04.11	04.10	04.09	04.08	04.07
총 통화 수	707회	3회	5회	7회	2회	12회	5회	9회
매장 연결	455회	3회	2회	5회	2회	4회	4회	8회
ARS 응대	0회	0회	0회	0회	0회	0회	0회	0회
실패-부재중	252회	0회	3회	2회	0회	8회	1회	1회
실패-통화중	0회	0회	0회	0회	0회	0회	0회	0회
평균 통화시간	1분 19초	0분 39초	1분 50초	0분 56초	0분 47초	0분 28초	0분 53초	1분 18초
10초 이상 통화	440회	2회	2회	4회	2회	4회	4회	8회

▲ 실내 테니스장 최근 3개월 통화 건수 통계 자료

고객 입장에서 테니스를 배우기 위해 전화 문의를 했는데 전화를 받지 않는다면 어떤 기분이 들까요? '여기는 영업을 하지 않는구나. 다른 곳으로 알아봐야겠다'는 생각을 할 것입니다. 이런 상황이라면 아무리 많은 고객이 유입되어도 전환으로 이어지는 고객이 적을 것으로 예상됩니다. 실제로도 그랬고요. 데이터를 좀 더 들여다볼 필요가 있습니다. 네이버에서는 통화 데이터뿐만 아니라 채팅 상담 데이터도 제공합니다. 이처럼 플랫폼을 이용하는 경우 플랫폼에서 어떤 데이터 종류를 제공하는지 체크할 필요가 있습니다. 이는 네이버뿐만 아니라 구글, 페이스북에서도 마찬가지입니다. 플랫폼에서 제공하는 데이터를 보면 분석에 유용한 소스가 많고, 한쪽에서 해결책을 찾을 수 없는 경우 이런 데이터가 있으면 큰 도움이 됩니다. 다행히 많은 분들이 채팅 상담을 시도한 데이터가 통계상에서 확인되었습니다.

2030 젊은 여성층에서 채팅 상담 선호 패턴 발견

다음 그래프에서 채팅 상담을 신청한 성별/연령대를 보면 남성보다는 여성, 연령대는 2030 젊은 분들이 문의를 주신 게 데이터로 확인됩니다. 요즘 젊은 분들은 낯선 사람과의 소통 방법으로 전화보다 채팅을 선호하시는 듯합니다. 코로나로 인해 이런 경향이 더 심해졌다고 생각되는데요. 서비스를 제공하는 입장에서는 이러한 트렌드에 발맞춰 응대할 필요가 있습니다. 채팅 상담 신청 데이터와 별도로 홈페이지 방문자 연령대를 보면 남자와 여자 모두 40대가 가장 많았습니다.

실내 테니스장 사장님께 이런 데이터를 보여드렸더니 어떤 반응이 돌아왔을까요? 레슨을 하느라 바빠서 채팅 상담은 할 여유가 없다는 답변을 받았습니다. 고객 입장에서는 전화를 받지 않아 채팅으로 문의를 했는데도 업체에서 답변이 나가지 않은 것이죠.

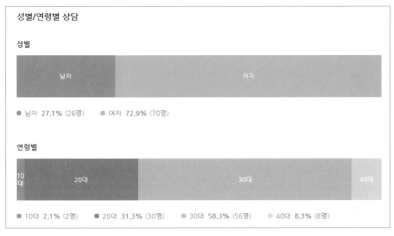

▲ 실내 테니스장 최근 3개월 채팅 상담 통계 자료

저는 일단 1달 동안은 채팅 상담을 제가 맡을 테니 레슨 등록 추이가 어떻게 바뀌는지 지켜보자고 제안드렸습니다. 실제로 채팅 상담으로 문의하신 분들과 상담을 해보니 젊은 여성 분들이 대다수였고, 이분들은 낯선 사람과의 전화보다는 채팅을 선호했습니다. 채팅은 전화와 다르게 문의를 남기고 나중에 확인할 수 있기 때문입니다. 이분들께 친절하게 레슨의 종류와 레슨이 가능한 시간 등을 안내 해드렸습니다.

원하는 시간에 레슨을 등록할 수 없는 분들은 기존 회원이 빠지면 다시 연락을 드렸고, 고민하시는 분들은 가급적 방문 상담으로 유도했습니다. 이렇게 모든 회원들을 데이터로 관리하니 채팅 상담으로 유입된 고객 중 레슨 등록으로 이어지는 경우가 전체 채팅 상담 유입 건 중 50% 이상이 되었습니다. 작은 기업에서는 손이 많이 가더라도 이런 식으로 고객 관리를 해야 합니다. 최근에는 이런 작업도 자동화할 수 있는 솔루션이 많이 생겼지만, 처음부터 고객 관리를 해보면 어떤 점을 개선해야 되는지 파악할 수 있습니다.

채팅 상담의 중요성을 느낀 사장님은 결국 아르바이트 생을 고용했습니다. 부재중 전화 건수를 줄이고 채팅 상담으로 유입된 고객을 잡게 되었고 이는 즉시 매출 상승으로 이어졌습니다. 레슨을 등록하신 분들께는 지인 소개 시 다음 달 레슨비 15% 할인 이벤트를 진행했고, 리뷰 작성을 해주시는 분들께 별다방 커피 쿠폰을 드렸습니다. 그 결과 대부분의 시간대에 레슨자가 꽉 차게 되었고 사장님의 고민 또한 해결되었습니다.

고객에 대한 관심의 정도와 비즈니스 지표 개선은 정비례

앞서 말씀드린 테니스장 사례는 제가 최근에 도움을 드렸던 실제 케이스입니다. 데이터 분석은 많은 양의 데이터가 있어야만 할 수 있는 게 아닙니다. 많은 소상공인 사장님들이 매출 감소로 힘들어하고 계시기 때문에 더욱 데이터를 활용해야 된다고 말씀드리고 싶습니다. 만약 여러분이 이 사례처럼 소상공인 마케팅을 진행해야 한다면 최대한 플랫폼의 규칙을 따르고 플랫폼에서 제공하는 데이터를 분석에 활용하시기 바랍니다. 대기업에서 하는 마케팅 방법을 그대로 따라하는 건 큰 도움이 되지 않습니다.

남들과 같은 방법으로는 규모의 경제가 아니고서야 절대 승산이 없습니다. 방문한 사람들의 특징과 행동 패턴을 분석해서 어떻게 개선할지 고민하지 않는다면 매출은 항상 제자리에 머물 것입니다. 저는 서비스와 고객에 대한 관심과 매출은 정비례한다고 절대적으로 믿습니다. 이는 규모가 크고 적고를 떠나 어디서든 동일하게 적용됩니다.

데이터를 이해하고 활용할 줄 아는 능력, 이제 왜 중요한지 납득되시나요? 적은 양의 데이터라도 매의 눈으로 관심을 갖고 분석한다면 분명 시도할만한 액션 아이템이 있습니다. 액션 아이템이 틀렸다 하더라도 다른 시도를 해보면 되는 것입니다. 안 될 것이라고 본인이 판단해서 시도조차 하지 않는 게 가장 큰 문제입니다. 실패하더라도 시도를 해봐야 뭐가 문제인지 알 수 있습니다. 시도를 하지 않고 기존에 했던 방법을 고수하는 것보다 백배 낫습니다. 이것이 조금 느리더라도 데이터 분석을 통해 비즈니스 성과를 내는 가장 빠른 길입니다. 데이터 분석에 마법은 절대 없다는 점을 기억하세요. 마법은 영화나 드라마에나 존재합니다. 고객에 대한 관심과 정성에 기반한 데이터 분석이야말로 매출을 높이는 보이지 않는 열쇠입니다.

온라인 비즈니스 성과에
기업의 사활이 걸렸다

시장 조사 업체 이마케터에 따르면 2022년 전 세계 소매 판매 매출 비중에서 온라인 매출 비중이 약 20.4%를 차지할 것으로 예상했다고 합니다. 예기치 않게 갑자기 찾아온 코로나로 **오프라인에서 온라인 쇼핑으로의 가속화**가 예상했던 것보다 5년이나 빨라졌다는 얘기도 들리는데요. 사람들은 강제 거리두기와 감염에 대한 두려움으로 바깥 활동을 자제했고, 집에 있는 시간이 늘면서 온라인 소비 비중이 정말 눈에 띄게 늘었습니다.

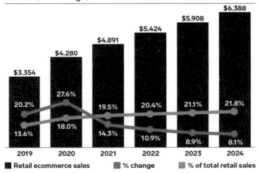

▲ 전 세계 연도별 리테일 이커머스 시장 규모 및 점유율 (출처: 이마케터)

네이버는 거대한 쇼핑몰이 되었고, 쿠팡과 마켓컬리를 선두로 초스피드 배송 경쟁이 붙었습니다. 배달의민족을 서비스하는 딜리버리히어로의 매출은 사상 최대치를 기록했고, 커피나 간단한 식료품도 배달시켜 먹는 시대가 되었습니다. 반면 패션 및 여행 기업들은 코로나로 직격탄을 맞았고, 온라인 사업 비즈니스 확대에 사활을 걸며 동시에 코로나 종식에 따른 리오프닝을 준비하고 있습니다. 해외 입국자 자가격리 조치가 면제되면서 홈쇼핑에서 선보인 유럽 패키지 여행 상품은 60분간 180억 원의 주문금액이 몰렸다고 하네요.

고가의 명품도 이제는 온라인으로 구매하고 탐색하는 시대

최근 감염자수가 감소하고 실외에서 마스크를 벗게 됨에 따라 주말이나 밤에 번화가를 가면 오프라인 매장도 활기가 도는 듯합니다. 만약 코로나가 종식된다면 온라인 구매에 익숙해진 사람들의 생활방식은 다시 이전으로 돌아가게 될까요? 저는 그렇지 않을 것이라 조심스레 예상합니다. 오프라인 매출은 이전 대비 일정 수준 회복될 것이고 오프라인으로 물건을 보고 온라인으로 구매를 하는 사람들의 비중도 코로나 이전보다 증가할 것으로 예상됩니다.

특히 금액대가 비싼 명품이나 가전제품의 경우 이런 성향이 짙게 나타나고 있습니다. 명품을 온라인으로 구매한다는 건 몇 년 전만 해도 일반적이지 않았지만, 요즘에는 명품의 온라인 구매가 전혀 이상하지 않은 시대가 되었습니다. 온라인 구매 시 가장 불안한 점이 정품 여부에 대한 판별인데 이걸 보장해주는 서비스가 시장에 많이 등장했습니다. 상품의 품질만 보장된다면 편리한 사용자 경험과 더불어 몇 천 원 차이로 구매 여부가 결정되고 있습니다. 이런 서비스를 제공하는 기업이 많으면 많을수록 그들 간의 경쟁은 치열해지고, 결국 몇 개 업체만 살아남게 될 것입니다.

오프라인에 집중하던 기업들은 하나같이 디지털 전환을 화두로 내세우고 있습니다. 명품과 패션 카테고리를 비롯해 인테리어 업계에서도 온라인 전환이 빠르게 이뤄지고 있습니다. 오프라인의 경험을 어떻게 온라인에서 제공할지, 오프라인이 온라인과 시너지를 내려면 어떤 전략과 운영 방침을 세워야 할지가 중요해졌습니다. 더불어 기업에서는 고객의 여정을 통합적으로 관리할 수 있는 환경을 구축하고 있습니다. 멤버십 기반의 자사몰의 중요성이 대두되고 있고, 기업의 디지털 전환에 대한 컨설팅이나 서비스를 제공하는 기업의 주가도 많이 올랐습니다.

예를 들어 명품을 구매할 때 백화점에 방문해서 명품을 만져보지만, 실제 구매는 온라인 최저가로 검색해서 구매하는 분들이 많습니다. 백화점 입장에서 이러한 고객을 놓치지 않으려면 오프라인 매장에서의 경험이 구매까지 이어질 수 있는 환경을 구축해야 된다는 얘기가 됩니다. 말은 쉽지만 굉장히 어려운 작업입니다. 인력과 시스템에 대한 투자도 많이 이뤄져야 하며, 조직의 문화적인 측면도 이에 발맞춰 따라줘야 합니다.

인구 대비 온라인 상품 구매 빈도가 높은 대한민국

시장 조사 업체 이마게디의 통계에 따르면 2020년 전 세계 이커머스 시장에서 1위는 단연 중국이었고, 한국은 5위로 조사되었습니다. 대한민국은 인구 규모에 비해 온라인 상품 구매 빈도가 상당히 높은 것으로 확인되었는데요. 통계 데이터상으로 전 세계 소매 판매액은 감소했지만 이커머스 매출은 국가별로 대부분 두 자릿수 성장률을 보였다고 합니다. 그럼 구체적으로 한국의 이커머스 시장 성장률은 어땠을까요?

대한민국 통계청 자료에 따르면 대한민국 이커머스 시장은 2018년 이후 2020년까지 매년 20% 이상 성장했고, 2022년 2월의 경우 전체 소매 판매액 중 28.9%가 온라인 쇼핑으로 거래되었다고 합니다. 이는 통계로 확인되는 전 세계 평균 수치보다 월등히 높은 수치로, 다른 나라 대비 온라인 구매 인구 비중 및 빈도가 높다고 해석할 수 있습니다.

기간	모바일 쇼핑 거래액	모바일 거래액 비중
2021년 2월	9조 7,955억 원	72.10%
2022년 2월	11조 7,921억 원	76.40%
증감률	▲20.4%	▲4.3%p

▲ [표] 2022년 2월 대한민국 모바일 쇼핑 거래 동향 (출처: 통계청)

전체 거래액 대비 모바일 거래액 비중은 76%

위에서 확인되는 데이터를 참고하면, 2022년 2월 모바일 거래액은 전년 대비 20.4% 증가했고 온라인 구매 중 모바일 구매 비중은 76.4%로 집계되었습니다. 온라인으로 100건의 거래가 발생하면 그중 76건은 모바일로 물건을 샀다는 얘기가 되는데요. 공감이 되시나요? 여러분이 평소에 물건을 구매할 때 모습을 떠올리면 고개를 끄덕이게 되실 겁니다. 데스크톱으로 상품을 구매하는 사람들도 많지만 요즘에는 대부분 모바일로 구매합니다. 왜 그럴까요?

답은 간단합니다. 모든 사람들이 휴대폰을 갖고 있고 모바일 구매가 편하기 때문입니다. 간편 결제 정보만 등록하면 원하는 상품을 검색해서 찾고 구매 완료까지 단 1분도 걸리지 않습니다. PC에서 구매를 하게 되면 상품을 모바일 화면보다 크게 볼 수 있다는 장점이 있지만, 최근에는 모바일 기기도 화면 사이즈가 커지면서 PC에서의 경험을 그대로 모바일에서 구현할 수 있게 되었습니다. 상품을 판매하는 판매자 입장에서도 이전 대비 상품을 등록하는 과정도 너무나 간편해졌습니다. 반복적으로 구매하는 상품을 정기 배송시키는 분들도 많아졌고요.

시니어 층도 이제는 온라인 구매가 편하다고 생각해

특히 코로나 장기화와 온라인 쇼핑 거래 증가로 인해 배달 및 배송 시장

이 폭발적으로 증가했습니다. 구매력이 있는 50대 이상의 시니어 분들도 온라인 구매를 즐기면서 시장 규모 자체가 이전 대비 엄청나게 커졌습니다. 요즘에는 이런 분들을 **액티브 시니어**라고 부릅니다. 저희 어머니만 봐도 홈쇼핑에서 물건을 구매할 때 이전에는 전화를 주로 하셨는데, 이제는 방송을 보다가 바로 주문하는 T커머스나 홈쇼핑 앱을 활용해서 언제 어디서나 편하게 쇼핑을 하십니다. 특가 세일 푸시 알림을 통해 구매를 하는 경우도 있고요. 마케팅 담당자 입장에서 보면 고객의 연령 및 구매 경험을 고려해서 타겟 메시지를 보낼 경우 이전 대비 구매 전환이 훨씬 높게 나올 것입니다. 바꿔 말하면 굳이 사지 않아도 될 상품을 온라인으로 살 확률이 이전보다 높아졌다는 얘기가 됩니다.

특히 여행 서비스를 제공하는 기업은 시니어 층에 주목할 필요가 있습니다. 예전에는 자녀들에게 여행 예약을 부탁했지만, 이제는 직접 예약하시는 분들의 비중이 분명 높아질 것입니다. 뿐만 아니라 아직 오프라인이 더 익숙한 분들이 많기 때문에 상대적으로 기회가 많아 보입니다.

한 조사에 따르면, 시니어 10명 중 8명 이상이 행복한 인생을 위해 가장 하고 싶은 일로 여행을 꼽았다고 합니다. 만약 이분들에게 여행 상품을 판매한다면 어떤 상품을 팔아야 할까요? 시니어를 위한 전문 가이드가 동행하면서 기존 상품에 프리미엄이 붙은 상품으로 어필해야 할 것입니다.

기업의 디지털 전환에 따른 관련 인재 경쟁 치열

백신 접종 인구와 이미 코로나에 걸린 사람들의 비중이 점점 높아지고 있지만 코로나가 언제 종결될지는 아무도 모릅니다. 또 다른 바이러스가 창궐하지 않으리라는 보장도 없고요. 사람들의 온라인 구매 성향이 앞으로도 유지되거나 증가할 것이라는 건 누구나 알고 있습니다. 이전 대비 성장세는 조금 더디겠지만 시장 규모가 커지면 커졌지 줄어들진 않을 것입니다.

디지털 전환이 가속화되며 개발자와 디자이너 인력 수요가 많아졌고, 실무 경험이 풍부한 분들을 스카웃하려는 기업들의 인재 영입 경쟁이 치열합니다. 특정 기업은 주 4일제 근무 형태를 제시하면서 이직 시 직전 연봉의 1.5배를 제시하기도 합니다. 데이터를 분석하고 프로덕트를 개선 및 운영하는 분들도 이에 걸맞은 대우를 받고 있습니다.

고객 여정 파악을 위해 솔루션 적절히 활용하자

구글 애널리틱스 4는 서비스에 접속한 고객의 행동을 분석할 수 있는 기능을 제공하고 있고 이를 통해 꾸준한 개선이 이뤄질 경우 비즈니스에서 목표로 하는 지표의 개선이 가능합니다. 구글 애널리틱스를 활용하지 않더라도 DB에 있는 데이터를 직접 조회해서 특이점을 발견하거나, 다른 솔루션을 활용해서 고객을 대상으로 한 메시지의 자동화를 구현하는 등의 접근이 가능합니다.

프로덕트를 개선하는 사람들은 데이터와 이러한 다양한 솔루션을 시의적절하게 활용할 수 있어야 하며, 이는 곧 프로덕트 지표 개선과 직결되기 때문에 꾸준히 새로운 것에 관심을 가지고 배우려는 자세가 굉장히 중요합니다.

산업에 대한 이해 없이는 구매 여정 설계 어려워

물건을 온라인으로 구매하는 게 당연한 일상을 살고 있지만, 구매까지의 과정을 자연스럽게 설계하고 디자인하는 것은 상당한 노력이 필요합니다. 단순히 경쟁사가 만들어놓은 것을 그대로 따라하면 구매도 발생할 것으로 생각한다면 큰 오산입니다. 무엇보다 산업에 대한 이해가 뒷받침되어야 합니다. 덧붙여 그에 따른 전략과 각각의 업무를 수행할 인적 자원이 맞물려 돌아가야 방문자들로 하여금 원하는 상품을 찾게 하고 구매까지 유도할 수 있습니다.

이러한 전반적인 과정에서 가장 필요한 것은 바로 데이터입니다. 데이터가 없으면 개선의 근거를 도출할 수 없고, 감에 의존해서 의사결정을 하게 된다면 시행착오를 겪을 가능성이 높습니다. 반면 데이터에 근거한 의사결정을 한다면 고객을 더 많이 이해할 수 있고, 이러한 의사결정 문화가 조직에 녹아든다면 해당 기업의 서비스는 구성원이 바뀌더라도 꾸준히 성장할수 있을 것입니다.

온라인 채널을 통해 방문자를 모으고 방문한 사람들의 구매 전환율을 높이려면 어떻게 해야 할까요? 단순히 마케팅 광고 예산을 많이 투입하면 방문자가 증가할까요? 방문자는 늘었는데 상품을 구매하고 특정 액션을 하기위한 과정에서 구멍이 여기저기 뚫려 있다면 아무런 소용이 없습니다.

시간과 예산, 그리고 이를 활용하는 인력 리소스는 한정되어 있습니다. 프로덕트를 만드는 사람들은 효율을 항상 생각해야 하며, 합리적인 금액으로 새로운 고객을 데려오고 이들을 구매로 유도할 수 있는 전략을 항상 고민해야 합니다. 이를 위해서는 데이터를 살피기 전에 고객의 여정을 설계하고분석해야 합니다. 다음 장에서는 서비스의 전환율을 개선하기 위해 고객 여정 설계가 중요한 이유를 말씀드리겠습니다.

데이터 분석에 앞서
고객 여정 설계가 먼저다

고객 여정 설계 빠진 데이터 분석은 전혀 의미 없어

데이터를 분석한다는 건 무엇을 의미할까요? 고객의 행동을 사실 기반의 정량적 수치와 정성적인 텍스트로 탐색하고, 개선 포인트가 일련의 패턴으로 발견되면 이를 액션 아이템으로 도출해서 실행에 옮기는 행위라고 정의할 수 있습니다. 몇 년 전부터 많이 회자되고 있는 **그로스 해킹**Growth Hacking이라는 단어의 의미와 얼핏 유사한데요. **그로스 해킹**은 정량적 수치에 근거한 실험 기반 마케팅으로, 흔히 스타트업에서 프로덕트의 지표를 개선하는 데 사용되는 데이터 기반 마케팅 방법론이자 프로덕트 성장을 위한 사고방식입니다.

둘의 공통점을 뽑자면 반드시 액션이 동반되어야 합니다. 정확한 수치에 근거한 분석을 했더라도 액션과 연결되지 않으면 아무런 의미가 없습니다. 저는 분석을 수행하기 전에 반드시 하는 일이 있습니다. 바로 고객의 여정을 설계하는 것인데요. 데이터 분석만큼이나 중요한 게 바로 **고객 여정 설계**라고 말씀드리고 싶습니다. 이번 장에서는 데이터 분석에 앞서 고객 여정 설계가 중요한 이유를 설명드리겠습니다.

고객 여정 설계 없이 서비스(제품)가 성공한다는 건 불가능

고객 여정 설계란 서비스나 제품을 처음 접하는 순간부터 시작해서 제품을 이용하고 사용한 이후의 경험까지 설계하는 것을 말합니다. 특정 방문자가 서비스를 경험하는 것과 관련하여 일종의 친절한 가이드를 제시한다고 생각하시면 되겠습니다. 어떤 제품을 사면 항상 그 안에는 설명서가 들어있습니다. 제품을 어떻게 사용해야 하며 조립은 어떻게 하는지에 대한 내용이 담겨있는데요. 제품을 써보기도 전에 막히면 짜증부터 나고 그러면 제품이 아무리 훌륭해도 이미 사용자 경험UX, User Experience을 망친 꼴이 됩니다.

애플은 이러한 사용자 경험을 제공하면서 스티브 잡스가 살아있던 시절부터 많은 노력을 기울였고 그 결과 수많은 충성고객이 생겼습니다. 애플이라는 기업을 좋아하는 사람들은 애플 제품 중 일부가 마음에 들지 않더라도 애플이라는 브랜드를 믿고 제품을 구매합니다. 개인적으로 몇 년 뒤 출시될 애플카의 모습이 내심 기대되는데요. 애플이 쌓은 브랜드 및 제품에 대한 신뢰도는 전 세계 그 어떤 기업도 따라올 수 없는 수준이 되었습니다.

프로덕트를 만들고 운영하는 입장에서 서비스에 방문한 사람들에게 기대하는 행동들이 분명 있습니다. 예를 들어 서비스에 처음 방문한 사람들의 여정을 그려볼 수 있습니다.

특정 광고를 보거나 키워드를 검색 → 웹사이트나 앱에 접속한 뒤 마음에 드는 상품을 구매하기 위해 회원가입 → 로그인하여 상품을 장바구니에 담기 → 결제 정보를 입력한 뒤 결제 완료

고객의 여정을 한 번도 그려보지 않고 데이터를 분석한다는 건 굉장히 어리석은 행동입니다. 저는 새로운 고객을 담당하게 되면 캔버스에 웹사이트나 모바일 앱의 주요 화면을 캡처한 뒤 전체적인 흐름을 봅니다. 고객의 여정을 하나씩 그리다 보면 어떤 점이 부족하며 어떤 점을 보완해야 하는지 발견하

게 되는 경우가 많습니다. 고객 분석을 위한 데이터 수집도 고객 여정에 기초해서 진행하는 게 바람직합니다.

상품이 아무리 훌륭해도 사용자 경험(UX)이 엉망이면 이탈

물론 방문자들은 기획자가 원하는 대로 행동하는 경우도 있고 그렇지 않은 경우도 있습니다. 아무래도 후자의 경우가 더 빈번한데요. 프로덕트에서 제공되는 정보가 충분하지 않아서 그럴 수도 있고, 단순히 관심의 정도가 낮아서 그럴 수도 있습니다. 고객 여정을 설계하고 이를 방문자가 따라올 수 있게 적절한 가이드를 제시하는 건 굉장히 중요합니다. 상품이 아무리 훌륭해도 고객 여정 설계가 제대로 되어있지 않으면 사람들은 구매를 하지 않고 떠날 가능성이 높기 때문입니다.

서비스에 한 번 방문한 사람이 재방문할 확률은 굉장히 낮고 희박합니다. 기회가 왔을 때 그들에게 매력적인 포인트를 어필해야 합니다. 고객 여정 설계를 무시한 채 단순히 '우리 제품을 제발 한 번만 사주세요'라는 메시지만 전달해서는 고객이 돌아서게 되는 결과를 만듭니다.

결국 고객에 대한 집착이 지표를 성장시키는 열쇠

프로덕트를 만들거나 데이터를 분석하는 사람들 중 일을 잘하는 소위 '일잘러'들의 특징을 보면 공통적으로 고객에 집착합니다. 고객 입장에서 서비스를 바라볼 줄 알고, 끊임없이 질문하며 서비스에 대한 불만과 개선의 목소리를 경청합니다. 무턱대고 데이터만 들여다보지 않고, 출근을 하면 어제 밤에 접수된 고객의 목소리부터 살핍니다. 우리가 심혈을 기울여 데이터를 수집하고 검증하고 분석하는 이유는 간단합니다. 프로덕트에 잘못된 점이 있으면 개선을 하기 위해서입니다.

고객의 소리를 보면 무엇을 개선해야 할지 고객이 친절하게 알려줍니다. 그러니 가장 많이 봐야 하는 게 바로 고객의 목소리입니다. 하지만 적지 않은 분들이 이런 고객의 목소리를 그냥 지나칩니다. 애플 앱스토어나 구글 플레이 스토어에 방문해서 개별 앱들에 누적된 리뷰를 보면 좋은 의견보다는 불만이 섞인 의견이 많이 보입니다. 프로덕트를 만드는 사람들이라면 이런 목소리에 귀를 기울여야 합니다.

회사에 막 입사했거나 데이터 분석 관련 업무를 희망하시는 분들에게 처음부터 데이터를 주고 분석해보라는 건 별 의미가 없다고 생각합니다. 그분들의 커리어 목표는 데이터만 추출하고 전달하는 '데이터쟁이'가 아니라 고객을 이해하는 마케터 내지 분석 전문가입니다. 일단 고객의 입장이 되어보는 것이야말로 분석을 시작하기 위한 기본적인 준비 자세이며 고객의 여정을 설계하고 분석하는 첫 단추입니다. 경험상 그런 자세를 가진 분들이 분석을 통해 인사이트도 잘 도출합니다.

고객 여정 설계 시 디테일도 중요하지만 전체적인 맥락 살펴야

고객의 여정을 설계할 때 디테일한 부분을 놓치지 않는 것도 필요하지만, 큰 줄기부터 챙겨야 디테일을 신경 쓸 수 있다는 점을 염두에 두셨으면 합니다. 우리가 제공하는 프로덕트의 목표는 무엇인가, 목표를 달성하려면 어떤 단계와 기능이 반드시 필요한가, 단계별로 해야 할 액션들은 무엇인가 등 이렇게 탑다운top-down 방식으로 고객의 여정을 설계해야 합니다.

작은 부분에 계속 집착하게 되면 큰 그림을 보지 못하는 경우가 많이 생깁니다. 물론 훌륭한 서비스는 대부분 디테일에서 결정적인 차이가 납니다. 하지만 항상 나무보다는 숲을 보는 습관을 들이고, 그 후에 작은 나무들도 챙겨야 한다는 걸 기억하셨으면 합니다.

고객 여정 설계가 완료되면 각 단계를 모니터링할 수 있는 데이터 수집이 필요합니다. 이 과정을 **데이터 설계** 또는 **데이터 기획**이라 정의합니다. 그렇게 설계된 데이터는 다양한 방법을 통해 수집되어 서버로 저장됩니다. 그런 다음 피널 분석을 통해 어느 지점이 문제인지 파악할 수 있습니다.

데이터 설계는 견고해야 하며, 신뢰할 수 있어야 추후 의미 있는 분석을 할 수 있습니다. 그럼 데이터 설계는 어떻게 해야 할까요? 데이터 설계는 분석의 프레임을 짜는 과정입니다. 다음 장에서는 분석을 위한 데이터 설계 시 고려해야 할 점을 말씀드리겠습니다.

04

분석을 위한 데이터 설계 시
권장하는 3가지 팁

고객 여정 설계와 관련한 전체적인 그림이 그려졌다면, 고객의 여정별 주요 단계를 정량적인 수치로 관리하기 위한 준비 작업을 해야 합니다. 일반적으로 데이터를 분석한다고 하면 분석에 필요한 데이터가 이미 서버에 수집된 상태여야 합니다. 뿐만 아니라 수집된 데이터는 신뢰할 수 있어야 분석을 시작할 수 있습니다.

만약 데이터의 품질이 엉망이라면 분석을 진행하기 곤란합니다. 요리를 할 때 기본이 되는 재료가 신선하지 않거나 상한 상태라면 일품 요리를 만들어낼 수 없는 것처럼 말이죠. 만약 데이터가 고품질의 형태로 이미 수집되어 있다면, 같은 회사의 동료들이 이미 분석을 고려해서 데이터를 체계적으로 수집해놨다는 얘기가 됩니다. 예상컨대 이런 환경에서 일하시는 분들은 정말 소수에 불과합니다.

보통 데이터를 분석하는 분들이 분석만 하는 경우는 흔치 않습니다. 데이터 설계부터 시작해서 데이터 수집 과정과 정합성 검증을 거친 후, 분석을 통해 액션 아이템까지 도출하는 게 데이터 분석을 업으로 하는 분들의 공통된 업무입니다. 이것과 별개로 타 부서 분들의 데이터 추출 및 분석에 관한 업무 요청도 처리하고 계시죠.

데이터 분석하시는 분들께 업무 요청을 하신다면 요구사항을 최대한 명확하게 전달하시길 권장합니다. 그래야 요청자가 원하는 결과물과 유사한 형태의 데이터 또는 결과물이 전달될 것입니다. 이번 장에서는 분석을 위해 데이터를 기획하고 설계할 때 실무적인 관점에서 어떤 점을 미리 알아두면 좋은지 말씀드리겠습니다.

Tip 1 분석에 필요한 데이터부터 우선순위 정하는 게 필요

우선 데이터를 설계할 때 욕심을 버려야 합니다. 처음부터 욕심을 버려야 한다니 생뚱맞게 들릴 수도 있겠지만 고객이 남기는 모든 데이터를 수집해야겠다는 생각은 잠시 접어두시길 권장합니다. 이전 장에서 데이터를 수집하는 이유가 고객을 정확히 이해하기 위해서라고 말씀드렸습니다. 그럼 '최대한 고객의 발자취를 빠짐없이 수집해야 되는 게 아닌가?'라는 생각을 하실 수도 있겠지만, 제 생각은 조금 다릅니다. 한정된 시간과 리소스를 고려할 때 데이터 수집에도 우선순위를 둬야 합니다.

결론부터 말씀드리면, 분석에 필요한 데이터부터 차근차근 체계적으로 수집하는 것을 권장합니다. 하나의 데이터를 수집하더라도 분석에 활용될 수 있게 설계하고 수집하는 게 무턱대고 모든 데이터를 목적 없이 수집하는 것보다 백 배 낫습니다. 일단 데이터는 수집하기 시작하면 관리가 필요합니다. 전기 자동차를 제외한 가솔린 자동차는 엔진 오일을 주기적으로 넣어주지 않으면 엔진에 무리가 되고 자동차의 성능이 떨어집니다. (아직 전기 자동차를 이용해 보지 않았지만 전기 자동차도 배터리 관리가 필요하지 않을까 싶습니다.)

데이터도 이와 같은 맥락입니다. 관리되지 않는 데이터는 결국 아무도 쓰지 않게 될 가능성이 높고, 이는 곧 인적 자원과 비용을 갉아먹는 존재가 됩니다. 그러므로 데이터를 수집할 때 해당 데이터가 현재 또는 미래의 프로덕트 개선을 위해 필요한지 심사숙고한 뒤 결정해야 합니다. 많은 돈을 들여 데이터를 체계적으로 설계하고 수집했는데 아무런 액션도 하지 않아 관리 비용만 든다면 이는 최악의 상황입니다. 차라리 현재의 리소스를 고려해서 적은 양의 데이터를 체계적으로 수집한 뒤, 그 안에서 인사이트를 도출하고 액션까지 수행하는 게 훨씬 낫습니다.

Tip 2 데이터 택소노미 가이드 만들고 사내 주요 부서 배포할 것

두 번째 팁은 데이터 택소노미Taxonomy에 관한 가이드 수립입니다. 택소노미란 분류 체계를 의미합니다. 따라서 데이터 택소노미란 데이터를 어떻게 분류하고 이를 어떻게 명명하는지 등에 관한 내부 규칙이라고 생각하시면 됩니다. 이러한 규칙 체계가 없으면 데이터가 체계적이고 일관성 있게 수집하기 어렵습니다. 예를 들어 회원가입 이벤트를 진행하기 위해 검색 광고 캠페인을 운영한다고 가정해보겠습니다.

일반적으로 광고를 집행하게 되면 광고 캠페인 이름을 정해야 합니다. 그런데 만약 **마케터 A**는 캠페인 이름을 '**회원가입**' 이벤트라고 세팅했고, 다른 **마케터 B**는 'Member_Join_Event'라고 세팅한다면 어떨까요? 같은 이벤트지만 데이터 관점에서 봤을 때 둘은 분명 다른 이벤트입니다.

처음에 이런 사실을 발견하면 다행이지만 광고 캠페인이 한창 진행된 이후에 발견한다면 캠페인 이름을 다시 동일하게 맞추는 등의 작업이 필요합니다. 사전에 캠페인 이름에 대한 가이드를 정의하고 공지하지 않았기 때문에 굳이 하지 않아도 될 업무가 추가로 생긴 것이죠. 만약 캠페인 이름을 영어로 한다면 단어의 앞 글자는 대문자로 할 것인지, 아니면 전부 소문자로만 정의할 것인지 의견 합의를 봐야 합니다.

명확하게 정의된 분류 체계가 있다면 불필요한 업무를 줄일 수 있습니다. 그래서 데이터 택소노미는 중요합니다. 하지만 여전히 많은 기업에서 일정에 쫓겨 데이터 분류 체계를 무시한 채 데이터를 수집하는 경우를 자주 봅니다. 이는 결과적으로 봤을 때 전반적인 데이터의 품질을 저해하고 업무를 가중시키는 결과를 초래합니다.

데이터에도 이름이 있습니다. 예를 들어 이벤트와 이벤트에 속한 파라미터의 이름은 자동으로 생성되어 정의되는 경우도 있지만, 대부분의 맞춤 이벤트들은 이름에 대한 정의가 필요 합니다. 이때 이름은 누가 봐도 이해할 수 있는 단어로 정의되어야 합니다. 이러한 네이밍 정의에 관한 규칙도 **데이터 택소노미** 가이드에 최대한 자세하게 서술해놓는 것이 좋습니다. 다시 말해, 데이터에 관한 궁금증이 생겼을 때 데이터 택소노미 가이드를 참고할 수 있는 환경을 갖췄다면 매우 이상적이라 할 수 있습니다.

`Tip 3` 데이터 관리에 있어 문서화는 어느 무엇보다 중요

마지막 팁은 문서화의 중요성입니다. 이는 정말이지 아무리 강조해도 지나치지 않으며, 앞에서 언급한 데이터 택소노미와 연결되는 내용입니다. 견고한 데이터 설계의 결과는 모두 문서로 확인되어야 합니다. 문서는 항상 최신 정보를 담아야 하므로 엑셀 문서보다는 구글 시트로 생성하는 편이 좋습니다. 그리고 문서 작성이나 접근 권한을 특정 인원 또는 회사 이메일 계정에만 주는 등 보안에 신경 써야 합니다. 문서화의 힘은 전화나 화상 회의보다 훨씬 강력합니다.

데이터 설계 결과를 문서로 정리하지 않으면 결국 처음으로 돌아갑니다. 그러면 똑같은 일을 누군가는 다시 해야 합니다. 결국 업무의 생산성이 떨어집니다. 데이터를 설계하고 수집하는 과정에서 겪은 고민을 반드시 문서라는 결과물로 남기시기 바랍니다. 경험상 문서화는 습관이자 조직의 문화와 연결됩니다. 처음에는 힘들지라도 결국 잘 만들어진 문서가 조직의 **데이터 퀄리티**를 유지하는 데 중요한 역할을 하게 될 겁니다.

지금까지 데이터를 설계할 때 실무적인 관점에서 어떤 점을 신경 써야 하는지 말씀드렸습니다. 아직 분석을 시작하지도 않았는데 해야 할 일이 너무 많다고 느껴질 수도 있습니다. 하지만 이러한 작업이 전부 정확하고 날카로운 분석을 위한 과정이라고 생각하시기 바랍니다. 그럼 다음 장에서는 데이터를 이해하기 위해 알아야 할 필수 용어와 각 용어의 의미를 말씀드리겠습니다.

데이터를 이해하기 위해 알아야 할 필수 용어 목록

데이터 용어별 정확한 의미를 모르면 의사소통 어려워

데이터를 이해하려면 데이터를 해석할 때 사용하는 단어의 정확한 의미를 알아야 합니다. 주니어 분들에게 항상 강조하지만 기본이 중요합니다. 기본을 무시한 상태에서 업무를 수행하면 여기저기 구멍이 생기기 마련이며, 결국 기본을 다지기 위한 공부를 다시 해야 합니다. 분석을 위한 기본적인 스킬과 끊임없이 배우려는 자세도 중요하지만, 스킬보다는 본질을 익히셔야 합니다. 조급해하지 마시고 항상 뭔가를 공부할 때 기본이 되는 요소를 누군가에게 설명한다는 생각으로 학습하시기 바랍니다.

뭔가를 배우는 가장 효과적인 방법은 전문가에게 배우고 그걸 다른 사람에게 알려주는 것입니다. 구글 애널리틱스 보고서를 비롯해서 데이터 분석과 관련한 글이나 책을 보면 일상생활에서는 사용하지 않는 단어를 보게 됩니다. 우선 자주 등장하는 용어들과 먼저 친해지셔야 합니다. 수많은 용어가 있지만 실무에서 빈번하게 사용되는 필수 단어들만 추려서 정리했습니다.

사용자(User)

사용자User는 **방문자**를 의미하며 흔히 **유저**라고 부릅니다. 서비스가 활성화되려면 사용자 유입이 꾸준히 발생해야 합니다. DAUDaily Active Users, MAUMonthly Active Users와 같은 지표에서 U가 바로 **Users**를 의미합니다. 사용자는 신규 사용자와 기존에 방문한 경험이 있는 재방문 사용자로 구분됩니다. 하지만 기간을 전체로 두고 보면 하나의 사용자입니다. 사용자가 서비스에 처음 방문하면 이들을 재방문시키기 위한 요소가 반드시 있어야 하며, 그렇지 못한 서비스는 결국 고객에게 잊혀갑니다.

광고를 켜지 않아도 사용자가 얼마나 지속적으로 유입되고 재방문하느냐에 따라 서비스의 성장 여부가 판가름 난다고 보시면 됩니다. 광고를 통해 유입된 사용자 중 극히 일부가 재방문하며, 그들 중 일부는 **충성고객**VIP이 될 수도 있습니다. 결국 서비스가 지속되려면 충성고객을 확보해야 되며, 충성고객이 될만한 사용자를 타겟으로 마케팅 및 프로덕트 개선 활동을 해야 합니다.

이러한 액션을 잘하는 서비스가 있다면 자주 접속해보면서 어떤 액션을 하는지 눈여겨보시기 바랍니다. 그런 관심이 있어야 내가 운영하는 서비스에 다양한 시도를 해볼 수 있습니다. 작은 시도가 모여서 의미 있는 결과를 도출하고, 결과가 누적되어 프로덕트에 반영된다면 이전보다 사용자가 더 많이 방문하게 될 것입니다.

GA4에서는 브라우저 쿠키 ID 및 기기 정보를 기반으로 사용자를 측정합니다. 여기에 추가로 구글 시그널 데이터구글 계정 가입 시 광고 최적화에 동의한 분들의 인구통계 및 관심분야 데이터Etc와 암호화된 로그인 ID를 기존 데이터와 결합해서 사용자를 통합하고 매핑하는 데 활용됩니다. UAUniversal Analytics*와 비교해서 사용자를 훨씬 정확하고 정교하게 측정할 수 있습니다.

획득(Acquisition)

획득Acquisition은 신규로 유입된 방문을 의미합니다. 사람들은 다양한 경로를

---

* UAUniversal Analytics : GA4 출시 이전 버전을 UA라고 부르며, 간혹 GA3로 호칭하는 분들도 계십니다.

통해 서비스에 방문합니다. 광고 캠페인을 통해 유입될 수도 있고, 기사 혹은 영상 콘텐츠를 통해 오가닉_{Organic}으로 유입됩니다. 아니면 특정 키워드가 갑자기 이슈가 되어 예기치 않던 트래픽이 갑자기 몰리는 경우가 생기기도 합니다. 하지만 고객을 유입시키는 것보다 중요한 건 그들이 서비스를 둘러보고 매력을 느낄 수 있게 랜딩 페이지를 매력적으로 구성해서 전환까지 유도하는 것입니다. 고객을 신규로 획득하는 것보다 유지(Retention)하는 게 훨씬 어렵고 힘든 작업이지만 비용적인 측면에서 훨씬 효율적입니다.

꾸준히 신규 고객을 유입시키는 것은 서비스 운영에 있어 굉장히 중요합니다. 일반적으로 퍼포먼스 마케터가 하는 일 중 하나가 광고 캠페인 설계 및 세팅을 통해 신규 유저를 낮은 비용으로 데려오는 일입니다. 요즘에는 광고 캠페인 운영에도 머신러닝 기술이 적용되어 광고 타겟을 구체적으로 세팅하는 것보다는 큰 범주에서의 타겟만 설정하고 나머지는 광고 플랫폼의 기술에 타겟 최적화를 맡기는 경향이 짙어지고 있습니다. 이를테면 GA4에서는 구글의 머신러닝 기술을 활용한 '예측 잠재고객'을 생성해서 구글 광고 캠페인 모수로 활용할 수 있습니다.

소재에 대한 크리에이티브가 중요해졌고, 다양한 시도를 통해 광고를 본 대상으로부터 얼마나 많은 클릭을 이끌어내는지가 주요 포인트가 되었습니다. 방문한 고객이 전환으로 이어질 수 있게 유도하는 일 또한 주요 업무 중 하나지만, 어쨌든 많은 고객이 방문하지 않으면 전환 수치에도 한계가 발생할 수밖에 없습니다.

소스(Source)

신규 방문을 2가지 방법으로 분류할 수 있는데 일반적으로 소스와 매체를 사용합니다. 소스_{Source}란 해당 트래픽이 어떤 경로를 통해 유입되었는지를 의미합니다. 예를 들어 소스가 **google.com**이라면 구글에서 유입되었다는 의미이고, **m.naver.com**라면 모바일 환경에서 네이버를 통해 유입되었다고 해석하시면 됩니다. 소스가 **direct**인 경우 **직접 유입**으로 해석하는데 방문자가 URL을 입력해서 유입되거나 브라우저에서 즐겨찾기를 통해 방문하는 경우,

앱App을 통해 방문하는 경우도 **직접 유입**에 해당합니다. 구글 애널리틱스에서는 direct 트래픽 비중이 너무나 높다고 생각되는 경우가 종종 있습니다. 그 이유는 출처가 불명확한(not set) 트래픽은 전부 direct로 분류되기 때문이라고 이해하시면 됩니다. 따라서 분류할 수 있는 트래픽의 유입경로는 구글 애널리틱스에서 정의된 캠페인(UTM) 파라미터를 활용해서 최대한 분류해야 합니다.

매체(Medium)

매체Medium는 트래픽이 어떠한 방법으로 유입되었는지를 의미합니다. 만약 매체(Medium) 값이 organic이라면 검색 엔진에서 키워드 검색을 통해 유입된 트래픽 중 광고가 아닌 링크로 유입된 **순수 방문**이라고 해석합니다. 매체 값은 앞에서 설명드린 소스(Source)와 짝꿍입니다. UA에서는 기본 채널 그룹 중 organic과 관련된 채널이 Organic Search 밖에 없습니다. 하지만 GA4에서는 Organic Search를 비롯해서 Organic Shopping, Organic Social, Organic Video 등 채널의 종류를 이전보다 구체적으로 분류합니다.

매체 값이 CPCCost per click라면 광고를 통해 클릭당 비용이 발생하는 형태로 유입되었다고 해석하시면 됩니다. 이렇게 트래픽을 정의할 때 항상 '**소스/매체**' 값이 따라붙기 마련이며, 이는 트래픽의 성과를 판별하는 데 중요한 역할을 합니다. 각 트래픽의 성과는 목표 또는 구매 완료 여부로 판별하며, 이를 보조하는 지표로 방문 이후 이탈률이 얼마나 되는지, 웹사이트 안에서 특정 액션을 했는지 등을 추적합니다.

오가닉 트래픽(Organic Traffic)

오가닉의 사전적 의미는 '**순수한, 가공되지 않은**'입니다. 일반적으로 전체 트래픽 비중에서 오가닉 트래픽이 높다면 퀄리티가 훌륭한 트래픽이라고 말합니다. 요즘 검색 엔진 최적화를 비롯한 인텐트intent 마케팅이 떠오르는 이유도 한정된 마케팅 비용에서 좀 더 양질의 트래픽을 유입시키려는 목표에 기반합니다. 그렇다고 아무나 쉽게 검색 엔진 최적화를 수행할 수 있는 건 아닙니다. 전문적인 지식이 요구되며, 보이지 않는 숨은 노력이 필요하지만 한

번 최적화하면 기대 이상의 긍정적인 결과를 가져다줍니다.

오가닉 트래픽의 전환율은 일반 트래픽 대비 높고, 서비스나 상품에 관심이 있는 사람들이 방문하기 때문에 체류시간도 높습니다. 결과적으로 오가닉 트래픽 비중이 점점 높아지면, 서비스의 지표 또한 우상향 할 수 있는 좋은 환경이 조성되고 있다고 생각하셔도 됩니다.

광고 트래픽(Paid Traffic)

광고 트래픽Paid Traffic은 광고를 통해 유입된 트래픽이라고 해석하시면 됩니다. 앞에서 언급했듯이 오가닉 트래픽을 통해 유입을 이끌어내려면 해당 브랜드에 대한 인지도가 쌓여야 하고, 검색 엔진 최적화 및 콘텐츠 마케팅에 상당한 시간과 노력을 들여야 하므로 대부분의 기업 담당자들은 광고를 통한 유입을 선택합니다. 그래서 광고 트래픽은 오가닉 트래픽 대비 체류시간이나 전환율이 낮고 어떤 광고를 집행하느냐에 따라 비용이 천차만별입니다. 만약 광고 집행을 고려하고 있다면 광고별 예산 외에도 특징, 전략 포인트 등을 먼저 설계하는 과정이 필요합니다.

예를 들어 경쟁이 치열한 키워드로 광고를 하는 경우, 키워드 광고는 CPC 형태이므로 광고 비용이 갑자기 증가하게 됩니다. 따라서 키워드 광고 전략의 포인트는 사람들이 많이 찾지만 경쟁사들이 등록하지 않은 키워드를 찾는 게 핵심입니다. 한편 배너 광고는 매체의 종류에 따라 다르지만 대체적으로 키워드 광고 대비 클릭당 비용이 낮습니다. 이는 바꿔 말하면 질 낮은 트래픽이 유입될 가능성이 높다는 의미입니다. 이탈로 이어질 가능성이 높기 때문에 랜딩 페이지에서 전달하려는 메시지를 명확하게 해야 합니다.

광고는 설계뿐 아니라 운영도 중요합니다. '광고 예산이 많으면 유입은 보장된 거 아닌가'라는 생각은 금물입니다. 광고를 세팅만 하고 그대로 내버려 둔다면 광고 캠페인 성과는 절대 개선되지 않습니다. 내 자식이라고 생각하면 관심을 가지고 수많은 조정을 해줘야 광고가 최적화됩니다.

광고 에이전시 담당자를 잘 만나면 행운이겠지만 기본적으로 광고 캠페인 구조에 대한 이해 없이 에이전시에 믿고 맡기는 건 굉장히 위험합니다.* 일을 맡기려면 우선 광고에 대한 콘셉트와 상위 전략을 갖고 계셔야 합니다. 그렇지 않으면 광고를 통한 매출 개선을 기대하기 어렵습니다.

레퍼러(Referral)

레퍼러Referral는 웹사이트에 방문하기 전에 어떤 도메인 혹은 URL에서 유입되었는지 판단할 수 있는 데이터입니다. 앞에서 언급한 소스Source와 의미가 유사하지만 플랫폼별로 쓰임의 차이가 있습니다. 소스는 GA에서 주로 쓰이며, 일반적으로 레퍼러Referral를 더 많이 언급합니다. 예를 들어 웹사이트 방문 이전 페이지의 URL이 'facebook.com/11025462325'라면 레퍼러 값은 'facebook.com'이 됩니다. 일반적으로 웹사이트에 방문하기 직전의 레퍼러 값은 페이지 경로는 제외하고 도메인만 보여줍니다.

랜딩 페이지에서 레퍼러 값을 조회했는데 레퍼러 값이 없거나 셀프 도메인으로 조회되는 경우가 종종 있습니다. 대표적인 경우는 랜딩 과정에서 리디렉션이 발생해서 이전 페이지 경로에 해당하는 레퍼러 값이 남지 않는 케이스입니다. 이때는 개발팀에 이전 페이지의 도메인 값이 레퍼러 값으로 조회될 수 있도록 작업 요청을 하셔야 합니다. 그렇지 않으면 GA 추적 코드는 고객의 모든 여정을 추적하지 않으므로, GA에서는 웹사이트에 방문하기 전 어디서 유입이 되었는지 알기 어렵습니다.

쿠키(Cookie)

쿠키를 떠올리면 입 안에 침이 고이지만 여기서 말하는 쿠키란 방문자의 브라우저에 담긴 작은 파일이라고 생각하시면 됩니다. 쿠키에는 사용자가 어떤 브라우저에서 접속했고, 기기는 어떤 기기를 사용하고 있는지, 이전에 어떤 페이지를 통해 유입되었는지 등의 정보가 담겨 있습니다. 사실 브라우저 쿠키의 활용도는 점점 떨어지고 있습니다. 데이터의 무분별한 수집이 이뤄지

---

* 편집자주: 구글 애즈 광고를 집행하고자 하는 초보 광고주라면, 자사 도서 "구글 광고 하는 여자"를 추천합니다. 초보 광고주 입장에서 이해할 수 있는 실전 광고 지식과 경험을 생생하게 전달해 드립니다.

고 이로 인해 개인정보 침해 소지가 빈번해지면서 개인정보의 투명성이 점점 강조되는 추세라 그렇습니다.

유럽에서는 이미 **GDPR**General Data Protection Regulation이라는 개인정보보호 법령을 만들고 이를 위반할 경우 엄청난 금액의 벌금을 물리고 있습니다. 고객의 쿠키 정보를 활용한 광고 사업으로 돈을 버는 페이스북 같은 업체의 주가가 곤두박질치는 건 바로 이러한 이유 때문입니다. 한편 애플이 만든 사파리 브라우저는 써드 파티3rd Party 쿠키를 지원하지 않고 있으며, 구글이 만든 크롬 브라우저 역시 원래는 2023년까지만 써드 파티 쿠키를 지원하겠다고 선언했다가, 최근 다시 2024년까지 써드 파티 쿠키를 지원하겠다고 밝힌 상태입니다.

참여(Engagement)

참여Engagement는 고객이 방문해서 얼마나 참여했는지를 측정하는 지표입니다. 기존 UA에서는 없었으나 GA4에서 신규로 생긴 개념입니다. 이 지표로는 기존에 주로 사용했던 지표인 이탈률Bounce rate과 더불어 참여율Engagement rate을 체크하실 수 있습니다. GA4에서 고객이 참여했다고 판별하는 기준은 랜딩 페이지에서 10초 이상 체류하거나(단, 설정에서 시간을 변경할 수 있음) 랜딩 페이지에서 다른 페이지로 이동한 경우 혹은 랜딩 페이지에서 전환 이벤트가 발생한 경우입니다.

기존에는 랜딩 페이지에서 아무리 오래 머물러도 창을 닫으면 이탈했다고 측정했지만, GA4에서는 그렇지 않습니다. 이로 인해 블로그 및 콘텐츠 중심의 서비스는 고객의 행동을 좀 더 정확하고 자세히 관찰할 수 있게 되었습니다. 뿐만 아니라 GA4에서는 UA와 다르게 마지막 페이지에서 체류한 시간도 **참여 시간**이라는 이름으로 계산하기 때문에 훨씬 정확한 측정이 가능하게 개선되었습니다.

이벤트(Event)

이벤트Event는 방문자가 접속해서 발생하는 일련의 상호작용을 의미합니다.

예를 들어 서비스에 새로운 방문자가 랜딩되면 페이지뷰(page_view) 이벤트와 첫 방문(first_visit) 이벤트, 그리고 세션 시작(session_start) 이벤트가 발생합니다. GA4에서는 고객의 모든 행동을 이벤트로 수집하며, 결과적으로 UA보다 더 유연한 분석이 가능해졌습니다.

앞에서 설명한 것과 같이 자동으로 수집되는 이벤트가 있지만, 고객의 특정 행동을 데이터로 수집하려면 맞춤 이벤트를 별도로 수집해야 합니다. 이벤트를 수집하는 과정에서 구글 태그 매니저 활용을 적극 권장합니다. 그리고 이벤트를 바로 세팅하는 것보다는 별도의 문서에 수집하려는 이벤트 및 파라미터를 정리한 뒤 진행하시기를 권장합니다.

전환(Conversion)

전환Conversion이란 서비스에서 고객에게 기대하는 목표 액션이 달성되었는지를 의미합니다. 예를 들어 이커머스의 경우 회원가입과 구매가 중요한 이벤트이며, 이들을 전환으로 측정합니다. GA4에서 전환 데이터는 '이벤트 메뉴'에서 이미 수집된 이벤트의 토글을 활성화할 경우 전환으로 변경되며 이를 관리할 수 있습니다. 이벤트 중에서도 서비스 지표의 성장을 위해 반드시 관리되어야 할 이벤트는 전환으로 활성화해서 모니터링해야 합니다.

모든 전환을 동일한 가중치로 관리하는 것보다는 Macro나 Micro 전환으로 구분해서 중요도에 따라 분류하기를 권장합니다. 일반적으로 Macro 전환은 구매나 회원가입처럼 서비스의 성장에 직접적으로 연결되는 이벤트가 포함되며, Micro 전환은 Macro 전환을 지원하는 역할로 이메일 등록이나 로그인 같은 액션이 포함됩니다.

퍼널(Funnel)

퍼널Funnel은 흔히 깔때기 분석이라고도 부르며 고객의 여정을 주요 단계별 흐름에 따라 정량적으로 측정하고 관리하는 것을 의미합니다. 이를테면 이커머스에서 구매를 완료할 때 일반적으로 발생하는 고객의 여정을 생각해보면, 상품을 조회하고 이를 장바구니에 담고 결제 정보를 입력한 뒤 구매를 완료하게 됩니다.

퍼널은 이렇게 각각의 단계를 수치로 관리해서 어느 단계에서 이탈이 많이 발생했는지를 분석할 수 있습니다. 퍼널 분석은 서비스의 성장을 위해 반드시 필요하며, 퍼널 분석 없이 고객의 행동을 체계적으로 분석하기는 어렵습니다. 퍼널 단계의 많고 적음에는 정답이 없지만, 처음부터 단계를 너무 많게 세팅하는 것보다는 주요 퍼널의 흐름을 파악한 뒤 단계를 점차 늘려가면서 고객의 이탈 지점을 파악하기를 권장합니다.

세그먼트(Segment)

세그먼트Segment란 특정 성향을 가졌거나 동일한 액션을 한 방문자 또는 세션 그룹을 의미합니다. 예를 들어 여성이면서 '회원가입' 이벤트를 통해 방문한 그룹을 별도로 분석하고 싶을 때 해당 그룹을 **세그먼트**라고 부릅니다. 분석에서 굉장히 중요한 개념이며, 데이터를 얼마나 다양한 관점에서 나누고 분석하느냐가 인사이트를 도출할 수 있는 가장 빠른 방법입니다. 평균 지표는 단순히 현재 상태를 나타낼 뿐이며, 이를 통해 서비스의 개선을 기대하는 액션 아이템은 도출할 수 없기 때문입니다.

GA4에서는 다양한 조건을 활용해서 세그먼트를 생성할 수 있으며 생성된 세그먼트는 분석 보고서에 적용해서 다양한 형태로 데이터를 조회할 수 있습니다. 세그먼트는 별도의 잠재고객Audience으로 생성해서 구글 광고 캠페인의 모수로 활용하거나 구글 옵티마이즈를 통해 **A/B 테스트**의 실험 모수로 활용할 수 있습니다.

지금까지 데이터 분석을 위해 기본적으로 알아야 할 용어들의 개념을 설명드렸습니다. 매번 강조드리지만 상대를 설득하려면 내가 사용하는 단어의 정확한 의미를 알고 있어야 합니다. 그렇지 않으면 상대방의 질문과 공격에 흔들리게 되며 주장 전체가 무너지는 경우를 종종 봅니다. 앞서 설명드린 용어의 개념을 이해하셨다면 이제 본격적으로 구글 애널리틱스 4에 대한 공부를 시작해보겠습니다.

데이터 기반 마케팅의 시작,
구글 애널리틱스 4

구글은 2022년 3월 구글 애널리틱스 공식 블로그를 통해, 무료 버전을 이용하는 계정의 경우 2023년 7월부터 기존 구글 애널리틱스 버전(이하 UA)에서 신규 데이터를 수집할 수 없고, 기존 데이터(2023년 6월까지 만든 데이터)는 2024년 6월까지 조회할 수 있습니다. 그 이후로는 UA가 완전히 종료될 것이므로 모든 데이터가 삭제됩니다.[*] 참고로 GA360 유료 버전을 이용하는 경우, 2024년 6월까지 UA 데이터 수집이 가능합니다.

이제 구글 애널리틱스 4(이하 GA4)는 선택이 아닌 필수입니다. GA4가 새롭게 출시된 지 꽤 많은 시간이 지났지만 아직 많은 분들이 구체적으로 어떤 점이 바뀌었는지 정확히 모르는 경우가 많습니다. 이번 글에서는 GA4가 기존 UA 대비 어떤 점이 바뀌었는지 설명드리겠습니다.

---

[*] https://support.google.com/analytics/answer/11583528?hl=ko

구글 애널리틱스 4, UA 대비 어떤 점이 바뀌었을까

　결론부터 말씀드리면 '구글 애널리틱스가 완전히 새로운 버전으로 탈바꿈했다'라고 해도 될 정도로 바뀌었습니다. 우선 데이터 모델이 전부 이벤트 기반으로 변경되었습니다. 기존에는 조회(Hit)라는 이름 하에 페이지뷰, 이벤트, 거래와 같은 유형으로 데이터가 수집되었다면, GA4에서는 모든 데이터가 이벤트로 정의됩니다. 즉, 페이지뷰도 하나의 이벤트로 측정됩니다. UA에서는 이벤트 안에 카테고리, 액션, 라벨, 값(Value)이 존재했지만, GA4에서는 이벤트 안에 **파라미터**라는 변수를 50개까지 수집할 수 있습니다.

　세션과 더불어 사용자 관점을 유입 및 전환 기준에 추가해서 사용자 관점에서 이전보다 정확하게 전환을 트래킹하고, 웹과 앱 데이터를 통합 수집할 수 있도록 변경되었습니다. 구글 애널리틱스(이하 GA)의 변화에는 고객 여정에 따른 성과 추적을 이전 대비 정확하게 하겠다는 의도가 보입니다.

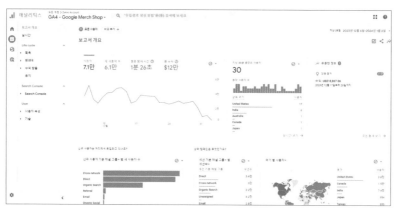

▲ 구글 애널리틱스 4 처음 접속했을 때 보여지는 대시보드

　UA에서는 홍길동이라는 사람이 여러 기기에서 다양한 브라우저로 방문하게 되면 브라우저마다 쿠키 값이 다르니 각각 다른 사용자로 인지되었습니다. 실제 사용자는 1명이지만 GA에서는 사용자가 여러 명으로 측정되었고, 이는 분석의 결과를 흐리는 주요 원인이었습니다. 구글에서도 이러한 문제점을 예전부터 인지하고 있었고, 완벽하게는 아니더라도 이를 최대한 통합해서

보여주겠다는 의지가 GA4에 반영되었습니다. 그럼 구글은 어떤 방법으로 사용자를 통합해서 보여주는 걸까요?

▲ 광고 최적화 데이터 수집에 동의한 사용자들의 정보는 어떻게 활용될까요?

사용자를 통합해서 보여주기 위해, 구글은 브라우저 쿠키, 로그인 ID, 구글 시그널 기능을 활용하겠다고 구글 공식 문서를 통해 발표했습니다. **구글 시그널 데이터**란 구글 계정에 로그인한 사용자가 개인 계정 설정에서 관심사 기반의 광고 최적화에 동의한 경우 특정 웹이나 앱에 접속했을 때의 데이터입니다. 사실 구글 시그널 기능은 UA에서도 존재했던 기능이며, GA4에서는 **관리** 메뉴에서 활성화할 수 있습니다. 성별이나 연령대와 같은 인구통계 데이터가 GA에서 확인되지 않는다면, **관리 〉 데이터 수집 및 수정 〉 데이터 수집 설정**에서 구글 시그널 기능이 비활성화되어 있는지 확인해보시기 바랍니다.

이 기능을 활성화하면 구글 시그널 데이터와 함께 앞에서 언급한 브라우저 쿠키 및 로그인 ID 데이터를 참고해서 특정 방문자가 어떤 사람인지를 이전보다 정확하게 측정할 수 있습니다. 구글에서 공식적으로 밝힌 수치가 없어 정확한 수치는 알 수 없지만, 특정 방문자 식별에 대한 정확도가 많이 개선될 것이라고 개인적으로 예상하고 있습니다. 당연히 광고 최적화에 동의하지 않은 사람들의 데이터는 활용할 수 없겠지만요.

▲ 구글 계정 설정에 들어가시면 최적화 설정이 가능합니다

▲ 광고 개인 최적화에 동의한 경우 구글이 수집하는 데이터의 일부 목록

이렇게 수집한 데이터는 구글 클라우드 플랫폼의 빅쿼리(BigQuery)라는 구글의 데이터 웨어하우스(구글에서 유료로 제공하는 클라우드 상의 데이터 저장 공간)로 보내서 수집된 데이터를 토대로 머신러닝을 구현할 수 있고, 이를 통해 전환할 것으로 예상되거나 이탈할 것으로 예상되는 사용자 그룹을 잠재고객으로 생성할 수 있습니다.

다만 잠재고객을 식별하기 위해서는 최근 28일 이내 7일이라는 기간 동안 구매 혹은 이탈한 1,000명의 재방문 사용자가 존재해야 하며, 머신러닝을 위한 데이터 학습을 위해 이와 정반대의 케이스에 해당하는 1,000명의 재방문 사용자 데이터가 존재해야 합니다. 다시 말해, 예측 잠재고객이 생성되려면 해당 잠재고객의 요건을 충족하는 최소 2,000명의 사용자 데이터가 7일이라는 기간 안에 확보되어야 합니다. 그리고 이러한 데이터 패턴이 일정 기간 유지되어야 정확한 예측 잠재고객이 생성될 수 있습니다. 마지막으로, 이커머스 서비스가 아닌 경우 해당 기능 활용에 제약이 있습니다. 기능 활용에 있어 다소 제한이 있지만, 충분한 양의 데이터가 존재하면 구글에서 데이터 분석 및 활용을 최대한 도와주겠다는 의미로 해석할 수 있습니다.

뿐만 아니라 기존 GA 360(GA 유료 버전)에서만 제공되던 분석 기능(Funnel, Path Analytics 등)을 GA4에서는 누구나 사용할 수 있어 데이터 분석과 연관된 기능이 이전 대비 많이 개선되었습니다. 이렇게 제공되는 기능을 충분히 활용하려면 고객 여정에 따라 이벤트를 설계하고 이에 맞춰 정확한 데이터가 GA4로 수집된 상태여야 합니다.

UA에서 기존에 별도로 수집해야 했던 스크롤이나 외부 링크 클릭과 같은 이벤트는 설정에서 향상된 측정 기능을 활성화하면 자동으로 이벤트가 수집됩니다. UA에서 항상 문제가 되었던 샘플링 이슈에서도 쿼리당 1,000만 개 이상의 이벤트를 조회하지 않는 이상 데이터 샘플링에 걸리지 않도록 개선되었습니다. 이에 따라 일 방문자가 10만이 되지 않는 웹사이트 또는 앱의 경우, 데이터 분석적인 측면에서 정확하고 유연한 분석이 가능해졌습니다. 기존 구글 애널리틱스 버전 대비 개선된 주요 장점들은 큰 줄기에서 이 정도로 설명드릴 수 있습니다.

▲ GA4 향상된 측정 활성화 시 제공하는 이벤트 목록

구글 애널리틱스 4, 이제는 본격적으로 사용할 시기

구글은 이전에도 Classic Analytics(GA2)에서 UA로 변화하면서 기존 GA2에 대한 데이터 수집 및 지원을 즉시 중단하지 않았습니다. 물론 지금은 다음 그림과 같은 GA2 버전을 사용하시는 분은 거의 없고, 이전 버전이 존재했다는 사실조차 모르시는 분들이 많을 것입니다. 아마 5년 뒤에 UA와 GA4를 본다면, 이러한 상황이 회상되지 않을까 싶네요.

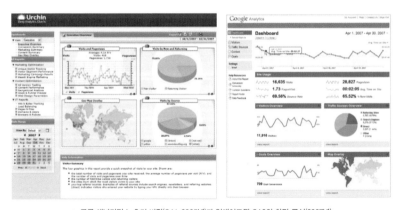

▲ 구글 애널리틱스 초기 버전(GA1, 2005년)과 업데이트된 GA2의 화면 구성(2007년)

GA4를 사용해야 하는 결정적인 이유는 기존에 수집된 UA 데이터를 GA4로 옮길 수 없기 때문입니다. GA4를 본격적으로 활용하기 위한 콘텐츠 및 가이드는 아직 많이 부족하지만, 이는 GA4 사용 유저가 많아지면 자연스럽게 해결될 것입니다. 필요할 때마다 가이드와 이 책을 참고하면서 공부를 깊게 하시면 되겠습니다.

데이터는 축적이 되면 비로소 힘을 발휘합니다. 물론 신뢰할 수 있는 데이터를 수집했을 때의 얘기입니다. 그렇게 축적된 데이터가 머신러닝이라는 기술과 만나게 되면 인간이 하기 힘들었던 분석을 AI 알고리즘이 대신 수행할 수 있고, 인간은 AI의 도움을 받아 더 정밀화된 타겟팅과 분석을 할 수 있게 됩니다. 어떻게 보면 굉장히 이상적인 그림입니다.

항상 변화의 시작점에서는 일정량의 시간과 노력이 필요합니다. 기존에 익숙했던 UA의 화면 구성에서 벗어나 새로운 GA4 화면 구성에 익숙해져야 하는 수고도 감내해야 합니다. 지금으로부터 10년 전 GA를 사용하던 마케터들이 GA 클래식 버전에서 UA로 바뀌면서 겪었던 경험처럼 말입니다.

서비스의 지표를 개선하기 위해 데이터를 수집하고 성과를 분석하여 사용자 경험을 개선하는 작업을 많은 실무자 분들이 반복하고 있습니다. 이 과정에서 필요한 경우 다양한 솔루션을 활용하고 Raw data에 접근해서 웹사이트나 앱에 방문한 고객의 행동을 파악하기 위해 노력합니다.

구글 애널리틱스가 데이터 모델을 바꾸면서까지, 기존 사용자의 불편함을 감내하면서 GA4로 변화한 이유도 이와 크게 다르지 않을 겁니다. '고객을 이해하는 데 좀 더 도움이 될만한 데이터 수집 및 분석 환경을 제공하겠다'라는 게 변화의 주요 포인트로 판단됩니다. 그럼 다음 장에서는 GA4의 주요 지표들이 측정되는 기준에 대해 알아보고, 새롭게 추가된 지표에 대해 알아보겠습니다.

구글 애널리틱스 4
세션에 관한
정확한 진실

세션과 더불어 사용자 관점에서 전환 성과 측정

기존 UA에서는 방문자의 성과를 측정하기 위해 **세션**이라는 지표를 활용했습니다. 특정 광고 캠페인을 분석하거나 랜딩 페이지의 최적화 여부를 판단할 때 항상 '세션'을 중심으로 데이터를 측정했는데요. 이를 통해 개선이 필요한 부분이 발견되면 사용자 경험을 개선하고 '세션'을 기준으로 지표가 어떻게 변화하는지 모니터링하는 경우가 많았습니다.

GA4에서는 성과 판단의 기준에 **세션**과 더불어 **사용자**가 추가되었습니다. 지표도 세션 관점의 지표와 사용자 관점의 지표로 나뉩니다. 이는 데이터를 해석하는 관점에 많은 변화가 있음을 보여줍니다. 나아가 이를 이해하지 못하면 데이터를 잘못 해석하게 되는 불상사가 발생하게 됩니다. 잘못된 데이터 해석은 잘못된 액션으로 이어질 가능성이 높겠죠. 따라서 마케터와 데이터 분석가들은 GA4에서 세션 지표가 어떻게 바뀌었는지 심도 있게 이해해야 합니다.

GA4의 핵심은 사용자 이벤트 맞춤형 설계

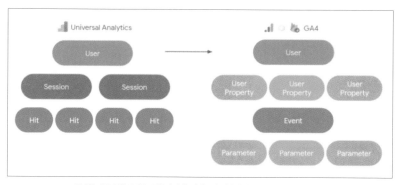

▲ GA4의 기존 구성 요소는 사용자이며, 이벤트와 연관된 파라미터와 사용자 속성입니다

위 그림을 보시면 GA4 데이터 모델은 기존 UA와 조금 다르다는 것을 알수 있습니다. UA에서는 사용자 하위에 세션이 있고, 세션 안에서 페이지뷰나 이벤트와 같은 여러 Hit 데이터가 수집되는 모델입니다. 하지만 GA4에서는 사용자가 여러 속성(User Property)를 갖고 있으며, 사용자가 어떤 액션을하느냐에 따라 다양한 이벤트가 발생합니다. 그렇게 발생한 이벤트는 경우에따라 매개변수(Parameter)를 같이 수집할 수도 있죠.

예를 들어 보겠습니다. 책을 판매하는 온라인 서점 서비스에서 홍길동이라는 사용자의 회원등급은 VIP 입니다. 그는 주말을 맞아 소설 1권과 아이가읽을 수 있는 동화책 1권을 구매했습니다. 여기서 회원등급이 바로 사용자속성이며, 사용자 DB 안에 그가 부모라는 정보를 갖고 있다면 해당 정보 또한 사용자 속성으로 수집할 수 있습니다. 다시 말해, 사용자 속성은 이 사람이 어떤 사용자라는 것을 특정할 수 있는 정보입니다.

홍길동은 책을 2권 구매했으므로 구매(purchase) 이벤트가 발생합니다. 구매 이벤트가 발생하면서 같이 수집되어야 하는 정보는 상품(items) 정보입니다. 해당 상품이 어떤 카테고리인지(예: 소설, 동화책)는 이벤트 매개변수로 같이 수집해야겠죠. 추가로 어떤 결제수단을 사용했는지도 매개변수로 수집하면 나중에 그가 한 액션을 분석하고 살펴보는 데 도움이 될 것입니다. 이처럼사용자 속성, 이벤트 및 매개변수는 GA4에서 수집할 수 있는 모든 데이터라고 볼 수 있으며, 이를 체계적으로 설계하고 정확하게 수집하는지가 GA4 구축의 핵심이라고 볼 수 있습니다.

정리하면 GA4에서는 '세션'이라는 지표가 존재하지만 좀 더 사용자 관점에서 데이터를 바라볼 수 있게 바뀌었고, 사용자는 각각의 사용자를 특정할 수 있는 사용자 속성이 존재하며, 사용자가 발생시키는 모든 액션은 이벤트 및 매개변수로 수집됩니다.

세션을 카운팅하는 기준이 UA와 어떻게 다를까

UA에서는 특정 세션이 카운팅되고 나서 다른 캠페인 URL을 만나면 새로운 세션이 카운팅되지만 GA4는 그렇지 않습니다. 예를 들어, 네이버 광고를 통해 특정 웹사이트에 접속한 상태에서 동일한 브라우저로 이메일 열람 후, 메일 본문에 있는 UTM 캠페인 링크를 클릭해 해당 웹사이트에 다시 방문했다면 UA에서는 세션이 2번 카운팅되지만, GA4에서는 1번만 카운팅됩니다. 뿐만 아니라 밤 11시 50분에 세션이 시작되고 자정이 지나면 기존 UA는 새로운 세션이 카운팅되지만, GA4에서는 신규 세션이 카운팅되지 않습니다. 때문에 GA4에서 **session_start** 이벤트 수치는 UA의 세션 수치와 비교했을 때 적게 조회될 가능성이 굉장히 높으며, UA와 다르게 일별 세션수의 합이 전체 조회 기간의 세션수와 일치하지 않을 가능성이 존재합니다.

Session source/medium ▾	+	Users	Sessions	Engaged sessions
Totals		90,730 100% of total	127,680 100% of total	84,232 100% of total
1 (direct) / (none)		35,292	48,821	32,775
2 google / organic		30,157	46,828	31,144
3 google / cpc		9,545	11,317	6,009
4 youtube.com / referral		6,228	6,743	4,928
5 (not set) / (not set)		5,294	770	282
6 analytics.google.com / referral		2,300	3,360	2,049
7 baidu / organic		1,742	1,815	1,209

▲ 획득(Acquisition) 〉 트래픽 획득(Traffic acquisition) 보고서

참여(Engagement)라는 개념을 반드시 이해하자

GA4에서는 **user_engagement**라는 이벤트가 생겼습니다. 앞서 5장에서 말씀드린 **참여**라는 개념을 기억하시나요? 고객이 방문 후 참여했다고 판별하는 기준을 3가지로 말씀드렸습니다. **참여**(Engagement) 이벤트는 웹사이트나 앱에 접속한 지 10초가 지났거나 페이지 조회수가 2회 이상이거나 전환 이벤트가 1회 이상일 때 이벤트가 카운팅됩니다. GA4에서는 전환 이벤트를 세팅하는 방법이 UA와 조금 다릅니다. GA4는 '목표(전환)' 기능이 별도로 존재하지 않기 때문에, 기존에 수집된 이벤트 중 전환(Conversion)으로 관리하고 싶은 이벤트의 토글을 활성화해서 전환으로 관리합니다. 이를테면 **add_to_cart** 이벤트를 전환으로 측정하고 싶으면 **Mark as conversion** 탭에서 토글을 파란색으로 활성화시키면 됩니다.

Existing events					
Event name ↑	Count	% change	Users	% change	Mark as conversion ⑦
add_to_cart	10	-	3	-	⬤▶
add_to_wishlist	1	-	1	-	▷
begin_checkout	5	-	4	-	⬤▶
first_visit	16	-	16	-	▷
page_view	124	-	19	-	▷

▲ GA4는 목표를 따로 설정하지 않고, 이벤트 목록에서 토글을 활성화하면 전환으로 수집되요

이탈(Bounce)과 더불어 얼마나 참여(Engaged)했는지 측정

콘텐츠 중심의 서비스를 운영하는 경우 UA에서는 일반적으로 이탈률이 높게 조회됩니다. 방문자들이 특정 콘텐츠만 보고 이탈하는 경우가 많기 때문인데요. 기존에는 특정 콘텐츠를 열람하고 3분 동안 페이지에 머무른 상태에서 이탈해도 이탈한 것으로 집계가 되었지만, GA4에서는 10초 이상 머무른 경우 engaged 되었다고 판단합니다. 그리고 **engagement**의 기준이 되는 조건은 기본 **10초**로 설정되어 있지만, 관리자 화면에서 최대 **60초**까지 조

정 가능합니다. 만약 10초가 너무 짧다고 생각되시면 더 길게 조정하셔도 됩니다. 콘텐츠나 기사 중심의 서비스를 운영한다면 사용자 입맛에 맞는 추천 콘텐츠를 노출시켜서 다른 콘텐츠를 클릭하게 만든 다음 체류시간을 늘리는 게 굉장히 중요합니다.

또한 GA4에서는 **Engagement rate** 지표를 통해 고객의 engaged(참여) 정도를 좀 더 정확하게 모니터링하면서 콘텐츠가 고객에게 얼마나 어필되며 흡입력이 있는지를 체크할 수 있습니다. 참여율(Engagement rate) 지표는 이탈률(Bounce Rate) 지표와 정반대의 개념이라 할 수 있습니다. 예를 들어 Engagement rate가 30%라면, Bounce Rate는 100%에서 30%를 뺀 70% 입니다.

Session source/medium ▾	+	Users	Sessions	Engaged sessions	Average engagement time per session
Totals		90,730 100% of total	127,680 100% of total	84,232 100% of total	1m 27s Avg 0%
1　(direct) / (none)		35,292	48,821	32,775	1m 36s
2　google / organic		30,157	46,828	31,144	1m 26s
3　google / cpc		9,545	11,317	6,009	0m 49s
4　youtube.com / referral		6,228	6,743	4,928	0m 54s
5　(not set) / (not set)		5,294	770	282	6m 45s
6　analytics.google.com / referral		2,300	3,360	2,049	0m 31s
7　baidu / organic		1,742	1,815	1,209	0m 11s

▲ 획득(Acquisition) 〉 트래픽 획득(Traffic acquisition) 보고서

GA4는 UA 대비 정확한 체류시간 측정이 가능해져

체류 시간에도 변화가 생겼습니다. UA에서는 마지막 페이지에서 머무른 시간은 세션 시간에 포함하지 않아 체류시간을 있는 그대로 해석하기 애매했습니다. GA4에서는 사용자가 세션을 종료하기 직전 페이지 또는 앱 화면에 체류하는 동안에도 **user_engagement** 이벤트가 체류한 시간을 수집합니다. 따라서 체류 시간을 이전 대비 정확하게 측정할 수 있고, 해당 데이터는 획득 보고서에서 **Average engagement time per session**이라는 지표를 통해 확인

할 수 있습니다.

눈치가 빠르신 분들은 '아, 그렇다면 세션 타임아웃_{세션이 종료되는 타이밍}에도 영향을 주는 게 아닌가?'라는 생각을 하셨을 텐데요. GA4에서는 세션이 카운팅되고 추가 이벤트가 발생하지 않은 지 30분이 지나면 UA와 마찬가지로 세션이 종료됩니다. GA4에서 체류시간을 이전 대비 정확하게 측정하게 되었으니 당연히 세션 타임아웃도 그에 발맞춰 발동하겠죠. 쉽게 말해, 고객의 이탈 또한 UA 대비 정확하게 측정할 수 있게 개선되었다고 이해하시면 됩니다.

Session source/medium ▾	+	Users	Sessions	Engaged sessions	Average engagement time per session	Engaged sessions per user
Totals		90,730 100% of total	127,680 100% of total	84,232 100% of total	1m 27s Avg 0%	0.93 Avg 0%
1 (direct) / (none)		35,292	48,821	32,775	1m 36s	0.93
2 google / organic		30,157	46,828	31,144	1m 26s	1.03
3 google / cpc		9,545	11,317	6,009	0m 49s	0.63
4 youtube.com / referral		6,228	6,743	4,928	0m 54s	0.79
5 (not set) / (not set)		5,294	770	282	6m 45s	0.05
6 analytics.google.com / referral		2,300	3,360	2,049	0m 31s	0.89
7 baidu / organic		1,742	1,815	1,209	0m 11s	0.69

▲ Acquisition(획득) 〉 Traffic acquisition 보고서

GA4 지표를 정확히 이해해야 정확한 데이터 분석 가능

이처럼 데이터가 수집되는 메커니즘이 바뀌게 되면 그에 따른 지표들도 전부 바뀌게 됩니다. **Engaged sessions per user** 지표는 **특정 사용자당 참여된 세션이 평균적으로 몇 개인가**로 해석할 수 있습니다. UA에는 없는 지표입니다. UA에서는 **Engagement**라는 개념이 적용되지 않았으니까요. 때문에 **Number of Sessions per User** 지표로 사용자당 얼마나 많은 방문이 발생했는지를 판단했습니다. 해당 세션이 이탈했더라도 지표를 계산하는 데 포함되다 보니 사실 사용자를 정확하게 해석한다고 볼 수 없었습니다. GA4에서는 참여_{Engagement}라는 개념이 생기면서 참여하지 않은 세션은 **Engaged sessions per user**에 포함되지 않게 되었습니다. 지표를 하나씩 보니 GA4에서 어떠한 변화가 생겼는지 조금씩 이해가 되시나요?

Users	New Users	Sessions	Number of Sessions per User
69,065	63,346	89,687	1.30

Pageviews	Pages / Session	Avg. Session Duration	Bounce Rate
448,343	5.00	00:03:17	46.51%

▲ UA에서 사용자당 세션에는 이탈 세션도 포함되어 있습니다

　새롭게 바뀐 '구글 애널리틱스 4'를 한 번에 이해하는 건 어렵습니다. 하지만 하나씩 깊게 파고들면 지표들이 서로 연결되어 있기 때문에 공부하는 재미(?)를 느낄 수 있으실 겁니다. 고객의 행동을 이전보다 훨씬 유연하게 세분화해서 분석할 수 있도록 개선되었기 때문에 그에 따른 잠재고객과 타겟팅도 정교하게 집행할 수 있습니다. 다음 장에서는 **구글 시그널**이 무엇인지 설명드릴 텐데요.

　앞으로는 퍼스트 파티1st Party 데이터를 체계적으로 설계하고 관리하는 게 매우 중요해졌습니다. 브라우저 쿠키는 점점 활용 범위가 줄어들 것이고 다양한 기기에서 발생하는 데이터를 연결하고 각 고객의 상황에 따라 어떻게 하면 상품을 매력적으로 제안할 것인지가 중요해질 겁니다.

구글 시그널 데이터 활성화로
얻을 수 있는 효과

구글 시그널Google Signal 데이터는 서비스에 방문하는 고객이 누구인지 좀 더 정확히 확인할 수 있게 도와주는 기능입니다. 구글에서 계정을 생성할 때 광고 개인 최적화에 동의한 경우에만 수집됩니다. 구글 계정에 로그인한 상태로 유튜브나 지메일Gmail 같은 구글의 서비스를 이용하거나, 구글과 파트너 관계를 맺고 광고를 게재하는 웹사이트 및 앱에 방문했던 사용자 데이터를 의미합니다.

구글 시그널 기능을 활성화한다는 의미는 **구글 애널리틱스로 수집한 방문자 데이터의 품질을 높여준다**고 생각하시면 됩니다. 이번 장에서는 구글 시그널 기능이란 무엇이며, 이를 왜 활성화해야 되는지 말씀드리겠습니다.

특정 사용자가 접속한 여러 기기를 통틀어 사용자 통합 측정

다음 두 가지 데이터가 있다고 가정해보겠습니다. 분석 및 마케팅 활용 측면에서 활용 가치가 높은 데이터는 어느 쪽일까요?

[데이터 1] 특정 방문자가 A 상품을 장바구니에 담았다

[데이터 2] '25-34세' 연령대이면서 뷰티에 관심이 많은 여성 방문자가 A 상품을 장바구니에 담았다

당연히 구체적인 조건이 명시된 '데이터 2'일 것입니다. 시간과 공을 들여 고객의 액션을 이벤트로 트래킹하는 이유도 위와 같이 원하는 조건으로 데이터를 조회하기 위해서인데요. 구글 시그널 데이터는 특정 사용자가 접속한 여러 기기를 통틀어서 사용자를 측정한다고 구글 도움말에 명시되어 있습니다. 속성별 일 사용자가 월 평균 500명은 되어야 보고서에서 구글 시그널 데이터를 조회할 수 있기 때문에 트래픽이 너무 낮은 속성에서는 트래픽이 일정 수준에 도달해야 해당 기능을 활용할 수 있습니다.

구글 시그널 비활성화 시 인구통계 및 관심분야 데이터 조회 불가

만약 구글 시그널 데이터를 활성화하지 않는다면 조회할 수 없는 데이터는 뭘까요? 우선 성별이나 연령대와 같은 인구통계 데이터를 비롯해 각 사용자의 관심분야 데이터는 구글 시그널 데이터가 비활성화 상태라면 조회되지 않습니다. 뿐만 아니라 구글 애즈 Google Ads 와 연계한 리마케팅도 구글 시그널 비활성화 시 활용할 수 없습니다. 로그인 기반 서비스라면 회원의 실제 성별이나 연령 데이터를 별도의 사용자 속성으로 수집할 수 있겠지만, 비회원 방문 데이터 또는 로그인 기반 서비스가 아닌 경우라면 인구통계 데이터는 오로지 구글 시그널 데이터 활성화를 통해 수집된 데이터에 의존해야 합니다.

▲ 구글 시그널 데이터는 GA4 속성을 만드는 시점부터 활성화하세요

물론 해당 데이터가 100% 정확도를 보장하진 않습니다. 예전에 제가 고객사의 실제 인구통계 데이터와 비교했을 때 75~80%의 일치율을 보였던 것으로 기억합니다. 다시 말해 구글 시그널 데이터는 완전히 정확한 데이터는 아니지만 분석이나 잠재고객 생성 시 중요한 역할을 합니다. 사용자를 통합할 수 있는 건 어쩌면 구글이 가진 생태계 덕분에 가능한 것인지도 모르겠습니다. 전 세계에서 구글의 서비스를 이용하지 않는 사람을 찾는 건 쉽지 않을 테니까요.

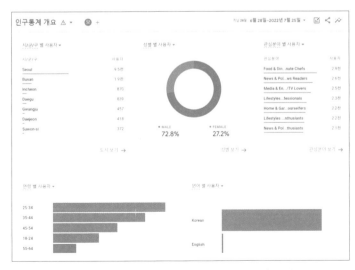

▲ 인구통계(Demographics) 〉 인구통계 개요(Demographics overview) 보고서

구글의 생태계를 이용하는 사용자가 전 세계적으로 절대적으로 많은 만큼 데이터를 신뢰하지 못하는 수준은 아니기에, 구글 시그널 데이터는 보조 데이터로써 충분히 활용 가치가 높다고 생각합니다. 대표적으로 GA를 활용한 리마케팅을 진행할 때 잠재고객을 만들게 되는데, 이때 잠재고객 조건으로 관심분야를 넣을 수 있습니다. 이렇게 생성된 잠재고객은 구글 애즈를 비롯한 구글 마케팅 플랫폼에 광고 캠페인의 모수로 활용되며, 더 나은 광고 타겟팅이 가능합니다.

데이터 설정 하위 데이터 수집 메뉴에서 구글 시그널 활성화

구글 시그널 데이터를 활성화하면 또 다른 이점이 있습니다. 로그인하지 않은 사용자라 하더라도 동일 사용자가 추후 로그인했을 때 같은 사용자로 인식하게 하는 구글의 기술이 적용되는데요. 이는 기기를 교차하여 방문하는 경우(예: 스마트폰 → PC)에도 동일한 사용자로 식별할 수 있습니다. 구글에 따르면, 결과적으로 사용자를 이전보다 정확하게 측정하도록 개선되었다고 합니다.

구글 시그널 데이터 기능을 활성화하려면 GA4 관리(좌측 하단에 위치한 톱니바퀴 모양) 메뉴로 접속 후, **데이터 수집 및 설정 〉 데이터 수집** 하위 메뉴에서 토글 버튼을 활성화하시면 됩니다.

▲ 데이터 설정(Data Settings) 〉 데이터 수집(Data Collection) 〉 구글 시그널(Google Signals) 데이터 활성화

단, 구글 시그널 데이터로 집계된 일련의 데이터는 구글 빅쿼리로 내보낼 수 없습니다. 사용자 데이터 전체를 내보내지 못하는 게 아니라, 구글 시그널 데이터 활성화에 의해 수집된 사용자의 일부 데이터 정보만 내보내는 게 불가능하다고 이해하시면 됩니다. 실제로 빅쿼리에서 쿼리 조회 시 구글 시그널과 연관된 데이터는 조회가 불가능한 것을 확인할 수 있습니다.

사용자 및 이벤트 데이터 보관 기간을 14개월로 설정하자

구글 시그널과 더불어 GA4 속성을 세팅할 때 필수로 해줘야 되는 항목이 있는데요. 바로 데이터 보관 기간입니다. **관리 〉 데이터 수집 및 설정 〉 데이터 보관** 메뉴에서 설정할 수 있습니다. 이벤트 데이터 보관에 대한 기본값은 2개월로 되어 있지만, 이를 **14개월**로 변경하시기 바랍니다.

> Q. **왜 데이터 보관 기간을 2개월이 아닌 14개월로 설정할까?**
> 구글이 수집된 이벤트 데이터를 얼마나 보관할지 세팅할 때, 2개월만 보관한다면 시간이 지났을 때 데이터를 조회하는 데 문제가 있겠죠? 따라서 이벤트 보관 기간을 14개월로 변경하시길 권장드립니다.

추가로 하단에 **새 활동에 대한 사용자 데이터를 재설정**하는 토글 버튼 역시 **활성화**하셔야 합니다. 이 기능을 활성화할 시 구글은 특정 사용자로부터 새로운 이벤트가 발생하면 해당 사용자의 데이터 보관 시작 시점을 마지막 이벤트가 발생한 시점으로 업데이트합니다.

▲ 데이터 수집 및 수정 〉 데이터 보관 〉 이벤트 데이터 보관

지금까지 구글 시그널 데이터 활성화로 얻을 수 있는 효과 및 한계점을 확인했습니다. 수집된 고객 데이터의 보안이 우려된다는 이유로 이를 활성화하지 않는 분들을 가끔 봅니다. 하지만 저는 구글 시그널 기능 활성화로 인해 얻을 수 있는 이득이 훨씬 크다고 생각합니다. 제가 GA4 속성을 생성하자마자 설정하는 게 바로 구글 시그널 기능 활성화입니다. GA4로 수집된 사용자 데이터의 정확성을 높이고 사용자 ID가 없는 고객을 대상으로 리마케팅과 더나은 분석을 하기 위해서는, 구글 시그널 기능을 반드시 활성화하시고 이벤트 데이터 보관 기간도 14개월로 반드시 변경하시기 바랍니다.

'첫 술에 배부르랴'라는 속담이 있죠. 처음부터 너무 욕심내서 배우기보단 우선 눈으로 내용을 좇으며 큰 틀에서 GA4를 알아가시기 바랍니다. 실무에서 GA4를 하다 모를 때 이 책을 참고서처럼 활용하면서 지식을 단단히 하시기 바랍니다.

GA4 이벤트 수집에 앞서
알아야 할 **필수 지식**

이벤트는 GA4에서 유일하게 수집할 수 있는 데이터 유형입니다. '이벤트'라는 단어를 들었을 때 사랑하는 연인들이 서로에게 해주는 이벤트가 아니라, 구글 애널리틱스가 머릿속에 떠오른다면 여러분은 이미 데이터와 연애를 하고 계신 것일지도 모르겠습니다. 이벤트는 방문자가 웹이나 앱에 접속해서 페이지를 조회하거나 버튼 클릭이나 페이지 스크롤 같은 특정 액션을 했을 때 수집할 수 있는 데이터 유형입니다.

GA4는 별도의 세팅을 하지 않아도 일부 이벤트를 기본적으로 수집하지만 이것만으로는 완전한 분석을 할 수 없습니다. 결국 맞춤 이벤트를 수집하고 퍼널 및 세그먼트 분석을 통해 전환을 개선하는 작업이 요구됩니다. 이번 장에서는 GA4에서 제공하는 이벤트 유형과 이벤트를 설계할 때 주의해야 할 점을 알아보겠습니다.

GA4에는 크게 총 4가지 유형의 이벤트가 존재

고객이 웹이나 앱에서 발생시키는 특정 액션을 일반적으로 **이벤트**라고 부릅니다. 페이지뷰나 세션 역시 수많은 이벤트 중 하나일 뿐이며, 구매 또한 하나의 이벤트입니다. 이번 장에서는 GA4에서 수집할 수 있는 이벤트의 종류와, 설계와 수집 과정에서 주의할 점은 무엇인지 알려드리겠습니다. 이벤트는 GA4의 핵심 요소입니다. 이벤트는 총 4가지 유형이 있는데, **자동 수집(기본)/향상된 측정/추천/맞춤** 이벤트가 있습니다. 지금부터 말씀드릴 내용을 기억하시면 변화된 GA4를 이해하는 데 도움이 되실 겁니다.

GA4에서 자동으로 수집되는 이벤트는 다소 제한적

GA의 데이터 모델이 세션에서 **사용자 및 이벤트 중심**으로 변경되었다고 앞에서 말씀드렸습니다. 그렇다고 세션이 없어졌다고 생각하시면 안 됩니다. 세션 지표는 GA4에서도 여전히 존재합니다. 다만 성과 측정 방식에 세션과 더불어 사용자 기준이 추가되었다고 이해하시면 됩니다.

일부 이벤트는 설정에서 버튼만 누르면 자동으로 수집되지만, GA4를 제대로 쓰려면 결국 이벤트를 맞춤형으로 수집해야 합니다. 다시 말해, 맞춤형으로 이벤트를 수집하지 않으면 고객의 행동을 분석하는 데 한계가 있습니다. 맞춤 이벤트를 설명드리기 전에 우선 자동으로 수집되는 이벤트를 알아보겠습니다.

Event name ▾	+	↓ Event count	Total users	Event count per user	Total revenue
Totals		345 100% of total	24 100% of total	14.38 Avg 0%	₩278,975 100% of total
1 page_view		133	24	5.54	₩0
2 user_engagement		66	14	4.71	₩0
3 view_item		29	4	7.25	₩0
4 scroll		26	4	6.50	₩0
5 session_start		26	24	1.08	₩0
6 first_visit		21	21	1.00	₩0

▲ 이벤트 이름은 영문 소문자와 밑줄(_) 부호 조합을 쓰길 권장합니다.

우선, 세션이 시작되거나 첫 방문일 때(Web, App) 이를 인지할 수 있는 이벤트는 자동 수집됩니다. 당연히 방문에 따라 페이지뷰가 발생하면 해당 이벤트도 자동 수집합니다. 여기에 접속한 뒤 10초 이상 머무르면 **engagement** 이벤트가 발생합니다. 앱을 업데이트하거나 삭제(Android만 해당)했을 때 이벤트를 자동으로 수집합니다. 참고로 인앱 구매(in_app_purchase) 이벤트의 경우 Android 및 iOS 앱의 자동 구독 추적 기능을 지원하지만, 유료 앱 구매 수익 및 환불은 이벤트가 자동으로 추적되지 않습니다. Android 앱용 인앱 구매(in_app_purchase) 이벤트 데이터를 수집하려면 GA4 속성을 Google Play에 연결해야 합니다. 앱 삭제(app_remove) 및 인앱 구매 환불(app_store_refund) 같은 일부 이벤트는 Android 환경에서만 지원된다는 점을 참고하시기 바랍니다.

다소 아쉬움이 남는 GA4 향상된 측정 이벤트 목록

GA4의 장점 중 하나는 **향상된 측정** 기능을 데이터 스트림 설정에서 활성화할 경우 일부 이벤트를 자동으로 수집합니다.* 이를테면 페이지 세로 길이 기준 90% 이상 스크롤했을 때(App은 해당되지 않음) 외부 링크를 클릭했을 때 해당 링크를 자동으로 추적합니다. 뿐만 아니라 동영상 참여 및 파일 다운로드와 관련한 이벤트도 자동으로 수집합니다. 기존 UA에서는 구글 태그 매니저를 활용해서 수동으로 트래킹이 필요했던 이벤트입니다. 하지만 이렇게 자동으로 수집되는 이벤트만으로는 구매가 발생하는 쇼핑몰이나 리드를 수집해야 하는 웹사이트 및 앱에서 분석을 통해 사용자 경험을 개선하는 건 사실상 불가능합니다. 따라서 구글에서 추천하는 이벤트 이름으로 별도의 이벤트를 수집하는 작업이 반드시 필요합니다.

---

* 참고로 10장에서 GA4의 향상된 측정 기능으로 일부 이벤트를 자동 수집하는 방법을 다룹니다.

× 향상된 측정

저장

페이지 조회

페이지가 로드되거나 웹사이트에서 브라우저 방문 기록 상태를 변경할 때마다 페이지 조회 이벤트를 캡처합니다. 원하는 경우 고급 설정에서 브라우저 방문 기록 기반 이벤트를 사용 중지할 수도 있습니다.

고급 설정 표시

스크롤

방문자가 페이지 하단으로 이동할 때마다 스크롤 이벤트를 캡처합니다.

이탈 클릭

방문자가 내 도메인에서 나가는 링크를 클릭할 때마다 아웃바운드 클릭 이벤트를 캡처합니다. 기본적으로 아웃바운드 클릭 이벤트는 현재 도메인 외부로 연결되는 모든 링크에 대해 발생합니다. 태그 설정에서 교차 도메인 측정을 구성한 도메인으로 연결되는 링크는 아웃바운드 클릭 이벤트를 트리거하지 않습니다.

사이트 검색

방문자가 내 사이트에서 검색을 할 때마다 검색결과 조회 이벤트로 기록됩니다 (쿼리 매개변수 기준). 기본적으로 검색결과 이벤트는 URL에 일반 검색 쿼리 매개변수가 있는 페이지가 로드될 때 발생합니다. 고급 설정에서 검색결과 이벤트에 사용할 매개변수를 조정하세요.

고급 설정 표시

동영상에 호용

방문자가 내 사이트에서 삽입된 동영상을 조회할 때 동영상 재생, 진행, 완료 이벤트로 기록 됩니다. 기본적으로 JS API가 지원되는 사이트에 삽입된 YouTube 동영상 의 경우 동영상 이벤트가 자동으로 실행 됩니다.

파일 다운로드

방문자가 일반 문서, 압축된 파일, 애플리케이션, 동영상, 오디오 확장 프로그램에서 링크를 클릭할 때마다 파일 다운로드 이벤트를 캡처합니다.

▲ 스크롤, 외부링크 클릭, 동영상, 파일 다운로드 이벤트를 자동으로 수집해줍니다

이커머스에서 이벤트를 추가로 수집한다면?

온라인에서 사람들의 행동을 분석할 때 가장 재밌는 카테고리는 누가 뭐래도 이커머스eCommerce 라고 생각합니다. 상품을 매력적으로 보여주고 구매를 해야겠다는 생각이 들었을 때 막힘없는 사용자 경험을 제공해서 구매까지 이끄는 건 모든 사람들이 바라는 이상적인 그림인데요. 이를 실현하는 건 굉장한 노력과 근성과 기술 및 분석적 스킬이 요구됩니다. 이와 더불어 해당 산업

에서의 경험까지 갖췄다면 베스트입니다. 하지만 그런 완벽한 환경 속에서 일한다는 건 사실상 가능하지 않습니다. 그런 환경 속에 계시다면 여러분은 인재일 가능성이 높습니다. 그런 회사에 입사하는 게 힘들 테니까요.

여하튼, 이커머스에서 구글이 수집을 권장하는 이벤트는 아래와 같습니다. 모든 이벤트는 필수로 수집할 필요는 없지만 무엇을 수집해야 할지 모르겠다면 구글이 제안하는 이벤트는 먼저 수집하기를 권장합니다. 여기 있는 이벤트만 제대로 수집해서 고객을 제대로 분석한다면 적지 않은 전환율 개선을 맛볼 수 있을 것이라 생각합니다. 아래 표에 있는 이벤트만으로도 이커머스에서의 고객 여정을 충분히 파악할 수 있기 때문입니다.

이벤트	트리거하는 경우
add_payment_info	사용자가 자신의 결제 정보를 제출할 때
add_shipping_info	사용자가 배송 정보를 제출할 때
add_to_cart	사용자가 장바구니에 상품을 추가할 때
add_to_wishlist	사용자가 위시리스트에 상품을 추가할 때
begin_checkout	사용자가 결제를 시작할 때
generate_lead	사용자가 양식을 제출하거나 정보를 요청할 때
purchase	사용자가 구매를 완료할 때
refund	환불이 처리되었을 때
remove_from_cart	사용자가 장바구니에서 상품을 삭제할 때
select_item	사용자가 목록에서 상품을 선택할 때
select_promotion	사용자가 프로모션을 선택할 때
view_cart	사용자가 장바구니를 조회할 때
view_item	사용자가 상품을 조회할 때
view_item_list	사용자가 상품 또는 서비스 목록을 조회할 때
view_promotion	사용자에게 프로모션이 표시될 때

▲ 이커머스 서비스를 운영하신다면 수집을 권장하는 이벤트 목록

정말 필요한 데이터 위주로 체계적으로 수집해야 데이터 관리에 따른 문제를 사전에 방지할 수 있습니다. 항상 이벤트를 수집할 때 이름을 어떻게 지을지가 고민인데 이렇게 구글이 이벤트 이름을 정해주니 선택하고 적용하시면 됩니다. 가급적이면 구글이 권장하는 이름으로 데이터를 수집하는 게 좋습니다. 특정 솔루션이나 플랫폼을 이용할 때 그들이 정한 규칙을 위반해서

좋을 건 없습니다. 검색 엔진 상단에 노출되려면 플랫폼 사업자들이 공지한 검색 엔진 최적화 원칙을 따라야 하는 것과 동일한 맥락입니다. 따라서 특별한 사유가 없는 이상 그들의 제안에 따르는 게 경험상 좋다고 생각합니다.

결국엔 맞춤 이벤트까지 설계해야 원하는 데이터 수집 가능

자동으로 수집되는 이벤트와 추천 이벤트를 통해서도 원하는 분석을 수행할 수 없는 경우 맞춤 이벤트를 수집하면 됩니다. 다행히도 구글은 총 500개의 이벤트를 생성할 수 있게 지원합니다.(추천 이벤트도 500개의 이벤트 안에 포함됩니다.) 다만 이벤트를 인지할 때 대소문자를 구분한다는 점을 주의하세요. **Login**과 **login**은 다른 이벤트라는 의미입니다. 가급적 이벤트 이름을 정의할 때 소문자만 사용하시길 권장합니다. 대문자를 쓴다고 문제가 발생하는 건 아니지만 일관된 네이밍 정책은 반드시 필요합니다.

이벤트를 정의하실 때 **한글** 문자를 넣으시면 안 됩니다. GA4에서 이벤트 수집은 정상적으로 되지만, 추후 잠재고객 생성 시 문제가 생기기 때문입니다. 좀 더 설명하자면, 잠재고객을 생성할 때 수집된 이벤트를 활용하는데 이벤트 이름에 한글이 있으면 잘못된 문자로 인식합니다. 즉, 잠재고객 생성 자체가 안 되는 것이죠. 이벤트 이름은 무조건 영문 알파벳으로 정의해야 된다는 사실을 꼭 기억하세요.

이벤트 매개변수는 1개의 이벤트당 25개까지 생성할 수 있습니다. 다만 이벤트(영문 40자) 및 매개변수(영문 100자)의 이름 길이에는 제약이 있기 때문에 적당한 선에서 이름을 지어주는 것을 권장드립니다. 공백도 사용하지 마세요. 문자, 숫자, 밑줄만 사용하시기 바랍니다.

기록되는 항목	한도	한도에 근접하면 항목을 삭제할 수 있나요?
고유한 이름이 지정된 이벤트	앱 인스턴스당 500개(앱) first_open 및 in_app_purchase 등의 자동 수집 이벤트와 향상된 측정을 통해 수집하는 이벤트는 한도 초과 여부의 근거가 되는 집계에서 제외됩니다.	아니요
이벤트 이름의 길이	40자(영문 기준)	해당 없음
이벤트당 이벤트 매개변수 수	25개	예
이벤트 매개변수 이름의 길이	40자(영문 기준)	해당 없음
이벤트 매개변수 값의 길이	100자(영문기준)	해당 없음
사용자 속성 수	속성당 25개	아니요
사용자 속성 이름의 길이	24자(영문 기준)	해당 없음
사용자 속성 값의 길이	36자(영문 기준)	해당 없음
User-ID 값의 길이	256자(영문 기준)	해당 없음

▲ 500개의 이벤트에는 Web과 App이 포함되며, 이벤트당 최대 25개 매개변수 생성이 가능해요

데이터를 수집할 때는 바로 데이터를 수집하기보다 일단 문서로 어떤 데이터를 수집할지에 대한 그림을 그린 뒤 우선순위를 정하시기 바랍니다. 그렇게 하지 않으면 관리도 안 될뿐더러 나중에 해당 데이터가 어떤 의미인지 찾는 데 시간을 낭비하게 됩니다. 데이터 분석가의 역량 중 문서화 및 커뮤니케이션 스킬은 매우 중요합니다. 문서화를 하지 않으면 결과적으로 크고 작은 리소스가 많이 낭비된다는 사실을 기억하는 게 좋습니다.

GA4는 기능적인 면에서 매월 혹은 분기마다 업데이트 진행 중

GA4는 기능적인 면에서 순차적으로 업데이트하는 중이며, 거의 매월 공식 도움말 페이지에서 업데이트 내역을 공개하고 있습니다. 아직 오픈되지 않은 기능은 시간이 지남에 따라 하나씩 오픈될 것으로 예상됩니다.

새로운 것을 배우기 위해, 새로운 환경에의 적응이라는 작은 고통(?)을 견

려야 하는 건 별 수 없나 봅니다. 다만 이 과정에서 확실히 얻어가는 것도 있습니다. 내가 애매모호하게 알던 지식을 빈틈없이 알게 됩니다. 무언가를 배워서 글로 정리할 때 얻는 큰 장점이라 할 수 있죠. GA4를 내 것처럼 다루고자 한다면 이 방법을 활용해 학습하시면 도움이 될 것입니다. 다음 장에서는 향상된 측정 설정으로 수집되는 이벤트를 자세히 알아보겠습니다.

향상된 측정 설정으로
수집되는 **이벤트** 알아보기

GA4는 기본 페이지뷰 이벤트 외에도 서비스에서 발생하는 일부 상호작용을 이벤트로 자동 수집합니다. 모든 상호작용 이벤트가 자동으로 수집되면 좋겠지만, 일부 이벤트만 자동으로 수집된다는 점을 기억하세요. 그렇다면 GA4에서는 어떤 종류의 이벤트가 자동으로 수집되며, 수집 과정에서 별도의 추가 세팅이 필요하진 않은지 알아보겠습니다.

데이터 스트림 생성 시 일부 이벤트 자동 수집

향상된 측정Enhanced measurement 설정은 데이터 스트림을 생성할 때 따로 체크해 주지 않아도 자동 수집되도록 세팅되어 있습니다. 웹사이트의 URL을 입력하고 스트림 이름을 넣으면 하단에 향상된 측정으로 자동 수집되는 이벤트 목록이 확인됩니다.

향상된 측정 설정을 자세히 살펴보겠습니다. 먼저 GA4의 **관리 〉 데이터 수집 및 수정 〉 데이터 스트림**을 클릭해 데이터 스트림 설정으로 들어갑니다.

▲ 향상된 측정을 이용하고 싶다면 파란색 토글을 활성화하세요

페이지 조회(page_view) 이벤트 외에 추가로 수집되는 이벤트 목록이 확인됩니다. 총 5가지 이벤트가 자동으로 수집되네요. 만약 수집을 원하지 않는 이벤트가 있다면 파란색 토글을 클릭해서 비활성화하면 됩니다. 그럼 구체적으로 어떤 이벤트가 수집되는지 하나씩 살펴보겠습니다.

▲ 향상된 측정 이벤트 토글은 기본적으로 활성화되어 있습니다

스크롤(Scroll)

스크롤 이벤트는 페이지 접속 후 페이지 전체 세로 길이의 90% 이상 스크롤 했을 때 발생하는 이벤트입니다. UA에서도 스크롤 이벤트는 고객의 행동 패턴 파악을 위해 거의 필수로 세팅하는 이벤트였는데요. GA4에서는 향상된 측정 기능이 활성화되어 있다면 스크롤 이벤트를 자동으로 트래킹합니다. 단, 아쉬운 점이 있다면 얼마나 스크롤했는지 스크롤 비율 값을 **90%**만 제공한다는 겁니다.

다시 말해, 특정 방문자가 페이지를 25%, 50%, 75% 스크롤했는지는 알 수 없고 오직 90%에 도달하는 경우에만 스크롤 이벤트가 실행됩니다. 뭔가 이벤트가 자동으로 수집되어서 좋긴 한데 2% 부족한 느낌이 드는 건 어쩔 수 없네요.

저는 스크롤 이벤트는 향상된 측정 기능으로 자동 수집하지 않고, 별도의 태그를 생성해서 스크롤 비율에 대한 값까지 같이 수집하기를 권장합니다. 대신 이벤트 수집 과정에서 스크롤 정도를 수집하기 위한 매개변수(Parameter) 이름을 **percent_scrolled**로 세팅하시기 바랍니다. 왜냐하면 자동으로 수집되는 스크롤 이벤트의 매개변수 이름을 보면 페이지 스크롤 90%에 도달했을 때 해당 이름으로 스크롤 비율 값을 수집하기 때문입니다. 해당 매개변수를 나중에 GA4에서 측정기준(dimension)으로 활용하려면 반드시 맞춤 측정기준(Custom Dimension)으로 등록해줘야 합니다. 그렇지 않으면 GA4에서 수집한 **스크롤 정도** 값을 보고서에 활용할 수 없습니다.

이벤트 이름 별 이벤트 수	
← scroll	1
이벤트 매개변수 키	이벤트 수
ga_session_id	2
ga_session_number	2
page_location	2
percent_scrolled	2
engagement_time_msec	1

▲ Scroll 이벤트 수집 시 스크롤 정도(percent_scrolled)에 대한 매개변수를 같이 수집

그럼 스크롤 이벤트를 GTM을 활용해서 별도로 수집하려면 어떻게 해야할까요? 다음 과정을 통해 함께 알아보겠습니다. 먼저 GTM의 **태그** 메뉴로 접속해서 **새로 만들기** 버튼을 클릭합니다.

▲ 구글 태그 매니저(GTM) '태그' 메뉴에서 '새로 만들기' 버튼 클릭

태그 유형은 아래와 같이 **GA4 이벤트** 유형으로 선택합니다. 앞서 말씀드렸듯이 GA4는 모든 데이터를 이벤트로 수집하므로 GA4 관련 태그 유형은 **Google 태그**와 **이벤트 태그** 이렇게 2가지만 존재합니다.

▲ GA4 태그 유형 선택에서 'Google 애널리틱스: GA4 이벤트' 태그 유형 선택

저는 태그의 이름을 **GA4 - Event - scroll**으로 명명하겠습니다. 태그 이름은 최대한 일관성 있게 지어주는 게 데이터 관리 및 유지보수를 위해 좋다고 이 책의 앞부분에서 말씀드렸습니다. 측정 ID 필드에는 데이터 스트림 설정

에서 확인되는 측정 ID를 넣거나, 측정 ID를 구글 태그 매니저에서 상수 유형의 변수로 생성해서 해당 변수를 입력합니다. 그리고 이벤트 이름은 **scroll**로 입력합니다. 자동으로 수집되는 이벤트 이름과 동일하게 맞추기 위해 대소문자 역시 동일하게 세팅합니다.

▲ GA4 이벤트 유형으로 생성한 Scroll 태그 구성

이벤트 매개변수에 **percent_scrolled**를 추가하고 값에 **{{Scroll Depth Threshold}}** 변수를 넣어줍니다. 참고로 해당 매개변수는 **스크롤 비율**이라는 측정기준으로 GA4에서 활용할 수 있습니다. 변수를 넣을 때에는 중괄호를 2번 입력하면 선택 가능한 변수 목록이 뜹니다. 만약 여기에 해당 변수가 없다면 **변수** 메뉴로 가서 스크롤 관련 변수를 활성화해주면 됩니다. 스크롤 관련 변수의 종류는 3가지로, **기본 제공 변수 구성** 목록에서 활성화할 수 있습니다.

(다음 쪽 그림 참조)

▲ GTM '변수' > '기본 제공 변수 구성'에서 스크롤 관련 변수를 모두 체크

태그를 설정했으니 이제 태그에 적용할 트리거를 생성합니다. 저는 트리거 이름을 Scroll tracking - All pages라고 명명하겠습니다. 트리거 유형은 **스크롤 깊이**를 선택하고 **세로 스크롤 깊이** 체크박스에 체크한 뒤 비율에 스크롤 정도를 수집하고자 하는 값을 넣어줍니다. 페이지 전체 세로 길이의 **25%**가 지날 때마다 스크롤 이벤트가 수집되도록 **25,50,75,90**을 입력했습니다.

더 세부적으로 스크롤 이벤트를 수집하고 싶다면 숫자를 추가하면 되며, 너무 많은 이벤트를 수집하기보다는 4구간으로 수집하시길 권장합니다. 모든 페이지에서 스크롤 이벤트를 수집하고 싶다면 **모든 페이지** 라디오 버튼을 체크하고, 특정 페이지에서만 수집하고 싶다면 **일부 페이지**를 선택한 후 조건을 넣어줍니다.

▲ Scroll 태그의 트리거에서 세로 스크롤 깊이 비율을 정의

세팅이 완료되었다면 GTM의 **미리보기** 모드를 켜고 **미리보기** 창과 GA4 **관리** 메뉴의 **DebugView**에서 스크롤 이벤트가 정상적으로 잡히는지 QA_{Quality Assurance, 데이터 검증}를 진행합니다. 검증 후 이상이 없다면 GTM 컨테이너를 제출(Submit)하고 GA4 스크롤 이벤트 트래킹 설정을 완료합니다.

이탈 클릭(Outbound clicks)

이탈 클릭 이벤트는 방문자가 접속 후 다른 도메인으로 가는 링크를 클릭할 때 트래킹되며 수집되는 이벤트명은 **click**입니다. **웹 스트림 세부정보**의 추가 설정 섹션의 **태그 설정 더보기** 메뉴에서 도메인 구성 설정에 추가된 외부 도메인이 아니라면, 기본적으로 외부 도메인 링크 클릭 시 모두 이벤트로 잡힌다고 이해하시면 됩니다. 예를 들어 **abc.com**이라는 도메인 안에서 **def.com** 도메인으로 이동하는 링크를 클릭하는 경우 이탈 클릭 이벤트가 수집됩니다. 이벤트가 수집되면서 같이 수집되는 매개변수는 다음과 같습니다.

- link_classes (클릭 시 HTML 속성 class 값)
- link domain (클릭된 링크의 도메인)

- link_id (클릭 시 HTML 속성 ID 값)
- link_url (클릭 URL)

사이트 검색(Site search)

사이트 검색은 방문자가 웹사이트 랜딩 이후 어떤 단어를 검색했는지를 의미합니다. 다시 말해 외부 검색 엔진에서 입력한 단어가 **키워드**라면, 접속한 이후 검색 기능을 활용해 입력한 단어는 **검색어**입니다. 사이트 검색 기능이 존재해야 수집되는 이벤트이며, 이벤트 이름은 **view_search_results**입니다.

아래 화면에서 **고급 설정** 보조 메뉴를 클릭하면 **검색어 쿼리 매개변수**에 관한 내용이 보입니다. 5개의 쿼리 매개변수가 기본으로 입력되어 있는데, 만약 운영하시는 서비스의 검색어 쿼리 매개변수가 5개 안에 들어 있지 않다면 쉼표로 구분해서 입력하시면 됩니다. 예를 들어 검색 결과 URL이 **www.abc.com/search.html?kwd=검색어**라면 검색어 매개변수는 **kdw**입니다. 5개의 쿼리 매개변수에는 해당 값이 포함되지 않으므로, 검색어 쿼리 매개변수 목록에 추가하시면 됩니다. 보통 검색어 쿼리 매개변수가 기본 설정된 5개 변수 안에 포함되는 경우가 많습니다.

▲ 검색을 했을 때 확인되는 검색어 쿼리 매개변수를 입력 필드에 넣으세요

검색어 쿼리 매개변수 밑에 보이는 **추가 쿼리 매개변수**는 검색결과 URL 에서 검색어 쿼리 매개변수가 다수일 때 추가로 수집할 수 있는 기능입니 다. 예를 들어 검색결과 URL이 **www.abc.com/search.html?keyword=검색 어&order_by=name**라면 검색어 매개변수는 keyword이고, **order_by**가 추가 쿼리 매개변수가 됩니다. 추가 쿼리 매개변수 이름은 GA4에서 **q_order_by** 로 수집되며, 이를 보고서에서 활용하려면 맞춤 측정기준(Custom dimension) 으로 등록해야 합니다. 보통 검색어가 입력되는 카테고리 값을 추가 쿼리 매 개변수로 수집하는 경우가 종종 있습니다. 하지만 서비스에 검색어 카테고리 매개변수가 없다면 굳이 수집하지 않으셔도 됩니다.

동영상 참여(Video engagement)

웹사이트 안에 유튜브 동영상이 있고 영상을 재생하는 등의 상호작용이 발생할 때 이벤트가 수집됩니다. 총 3개의 이벤트가 조건에 따라 자동으로 수집되며 각 이벤트의 트리거 조건은 아래와 같습니다.

- **video_start**: 동영상 재생이 시작될 때
- **video_progress**: 동영상 재생 시간이 전체 시간의 10%, 25%, 50%, 75% 를 넘을 때
- **video_complete**: 동영상이 끝날 때

다만 아쉽게도 유튜브를 제외한 다른 동영상 플레이어는 방문자가 동영 상과 관련해서 상호작용이 발생해도 이벤트가 수집되지 않을 가능성이 높습 니다. 스크롤 이벤트와 마찬가지로 유튜브 역시 재생에 따른 이벤트가 정상 적으로 수집되는지 체크하고, 수집이 안 될 경우 GTM에서 태그를 활용해 별 도로 수집하기를 권장합니다. 데이터가 자동으로 수집된다고 하지만, 데이터 가 제대로 찍히는지 항상 눈으로 직접 확인하는 습관을 기르시기 바랍니다.

파일 다운로드(File downloads)

웹사이트 페이지 안에서 다운로드 가능한 파일을 클릭했을 때 파일 다운

로드 이벤트가 수집되며 이벤트 이름은 **file_download**입니다. MS 오피스 관련 문서를 비롯해 pdf, exe, mp4 등 다양한 형태의 확장자를 가진 파일들이 대부분 포함됩니다. 이벤트가 수집될 때 같이 수집되는 이벤트 매개변수는 파일 이름과 파일 확장자, 링크의 제목과 URL이 있습니다.

이번 장에서는 GA4가 UA와 다르게 자동으로 수집해주는 이벤트를 알아봤습니다. 파일 다운로드나 내부 검색 같은 이벤트는 별도의 설정 없이도 데이터가 수집되니 시간을 절약해줍니다. 하지만 스크롤 이벤트 수집 시 스크롤 비율이 90%에 도달했을 시에만 이벤트가 수집되는 부분이나, 동영상 종류가 유튜브인 경우에만 이벤트가 수집되는 건 다소 아쉬움이 남습니다.

스크롤이나 동영상 이벤트는 별도의 세팅을 통해 부족한 데이터를 보완해서 수집하시기 바랍니다. 더 많은 이벤트를 자동으로 수집해주면 어땠을까하는 아쉬움이 남지만, 추가적으로 수집할 이벤트는 맞춤 이벤트로 설계해서 GTM을 통해 별도로 수집해야 합니다.

GA4 주요 지표,
UA와 구체적으로
무엇이 다를까

GA4를 본격적으로 사용하기 전에, GA4 화면에 보이는 수많은 지표들은 UA에서 사용했던 지표와 동일한 의미를 가지는지, 다르다면 구체적으로 어떤 점이 다른지 이해할 필요가 있습니다. 지표의 정확한 의미를 모르면 데이터를 제대로 해석할 수 없기 때문입니다. 따라서 지표와 관련해서는 누가 뭐라 할 거 없이 확실하게 짚고 넘어가야 합니다.

분석에서 '대충'이란 단어는 데이터 신뢰도 하락시켜

데이터 분석에서 대충이란 말은 존재하면 안 됩니다. 분석된 데이터는 누군가에게 의사결정의 근거가 되고, 잘못된 의사결정은 비즈니스의 명운을 결정하는 데 영향을 줍니다. GA4에서는 기존 UA에서 사용했던 지표를 다르게 정의하기도 하고, 참여율 처럼 기존에 없던 지표도 존재합니다. 이번 장에서는 GA4에서 조회되는 지표들이 UA와 달라진 점을 자세히 설명드리겠습니다.

GA4 세션은 UA보다 적게 집계될 가능성이 높아

UA에서 세션은 방문이라는 의미로 해석되고, 다양한 상황과 조건에 따라 세션이 카운팅되었습니다. 이를테면, 세션에는 만료 시간(30분)이 존재하고, 하나의 세션 안에서 발생한 마지막 조회 액션 이후 30분 이상 활동이 없으면 세션은 종료되었습니다. 뿐만 아니라 동일한 세션에서 기존과 다른 캠페인 매개변수를 만나거나, 자정이 지난 뒤 다른 페이지를 조회하게 되면 UA에서는 기존 세션과 다른 새로운 세션이 시작되었습니다.

GA4에서도 세션이라는 지표는 존재합니다. 그런데 자세히 들여다 보면 세션은 **session_start**라는 이름의 이벤트로 수집됩니다. 사용자가 앱이나 웹사이트에 접속하면 해당 이벤트가 자동으로 실행됩니다. 모든 세션에는 고유한 세션 ID가 존재하며, 동일한 사용자가 여러 세션을 발생시킬 경우 세션 번호가 생성됩니다. GA4는 UA와 다르게 전날 23시 50분에 세션이 시작되고 나서 자정을 넘겨 다른 페이지를 조회해도 새로운 세션이 카운팅되지 않습니다. 뿐만 아니라 기존 세션에서 다른 캠페인 URL을 만나더라도 UA처럼 새로운 세션이 카운팅되지 않고 기존 세션이 유지됩니다.

예를 들어 홍길동이라는 방문자가 네이버 광고를 통해 쇼핑몰에 방문해서 특정 상품을 장바구니에 담았다고 가정해봅시다. 그가 쇼핑몰에서 상품을 둘러보다가 동일한 업체에서 전송한 이메일에 담긴 프로모션 캠페인 링크를 클릭했습니다. 이 시나리오처럼 하나의 세션이 시작되고 다른 캠페인 링크를 만나 다시 웹사이트로 유입되는 경우라면 세션수는 얼마로 카운팅될까요?

UA의 경우 세션이 **2**로 카운팅되지만 GA4에서는 세션이 **1**로 측정됩니다. 실제로 트래픽이 어느 정도 나오는 계정들의 GA4와 UA 세션수를 기간 단위로 비교해보면 GA4 세션수가 UA 대비 적게 조회되는 경우가 많습니다. 제가 판단하기에는 조회 기간이 길수록 세션수 차이가 더 크게 벌어질 가능성이 높습니다.

GA4 세션수를 UA와 비교해보면 약 10~15% 적게 집계

GA4와 UA의 세션수 차이가 발생하는 것은 당연한 현상이며, 이는 데이터가 제대로 수집되지 않는 등의 오류가 아닙니다. 뿐만 아니라 UA에서는 필터 기능이 존재하지만 GA4에서는 아직 내부 트래픽을 IP 주소 기반으로 제외할 수 있는 필터를 제외하고 해당 기능이 존재하지 않습니다. 필터 기능은 아마도 사용자들의 요청이 많을 시 업데이트될 가능성이 있습니다. 개인적으로 필터 기능은 정확한 고객 데이터를 수집할 수 있도록 UA와 동일한 형태로 기능 업데이트가 필요하다고 생각하는 입장입니다. GA4에서도 봇Bot이나 스팸Spam 트래픽은 자동으로 걸러지지만, UA에 다른 필터가 적용되어 있다면 당연히 세션수 차이가 발생할 수밖에 없습니다.

GA4에서도 UA와 마찬가지로 세션 만료 시간은 조정할 수 있습니다. 기본 30분으로 설정되어 있지만, 최대 7시간 55분까지 수정 가능합니다. 물론 그렇게까지 수정하는 경우는 없겠지만요. 뿐만 아니라 기존에 없던 참여된 세션Engaged sessions이라는 지표가 신규로 생겼습니다.

GA4에서 참여Engagement와 이탈Bounce은 정확히 반대되는 개념입니다. UA에서는 이탈한 세션의 개념이 단일 조회Hit 세션, 다시 말해 세션 안에서 페이지 뷰 혹은 이벤트처럼 조회가 1번만 발생한 세션이었습니다. 하지만 GA4에서 이탈률Bounce rate은 전체 세션에서 참여하지 않은Not engaged 세션의 비율입니다.

뿐만 아니라 GA4에서는 사용자가 웹사이트나 앱에 얼마나 머물렀는지 타이머 역할을 하는 **user_engagement** 이벤트가 존재합니다. 해당 이벤트는 사용자가 브라우저 탭이나 창을 닫을 때 또는 다른 페이지 또는 화면으로 이동할 때 발생합니다. 결과적으로 UA 대비 GA4에서는 세션의 측정이 훨씬 정교해졌다고 해석할 수 있습니다.

전환수는 GA4가 UA보다 높게 집계될 수도 있어

UA에서 전환Conversion은 목표Goal라는 이름으로 세팅하고 관리했습니다. 보기

(View) 설정에서 목표에 대한 유형을 선택하고 각 유형에 맞는 목표 조건값을 넣으면 목표가 설정된 이후 시점부터 데이터가 쌓이는 구조였습니다. 한편 GA4에서는 목표Goal라는 단어는 사라졌고 오직 전환Conversion만 보고서에 존재합니다. 전환도 별도의 세팅이 필요한 게 아니라 이미 수집된 이벤트에서 전환 토글만 활성화하면 전환 데이터가 카운팅됩니다. 그럼 UA와 GA4의 전환 지표에는 어떤 차이점이 있을까요?

UA에서는 하나의 세션에서 동일한 목표가 두 번 전환될 경우 전환수는 1로 집계되었습니다. 예를 들어 **양식 제출** 이벤트를 목표로 정의할 경우 사용자가 동일한 세션에서 양식을 2번 제출하면 목표에 대한 전환은 1회만 집계되는 구조였습니다. 반면에 GA4는 **양식 제출** 이벤트를 전환 이벤트로 지정하면 양식을 제출할 때마다 전환수가 카운팅됩니다. 다시 말해 동일한 세션에서 전환으로 설정한 이벤트가 5회 발생했다면, UA는 1회만 집계되겠지만 GA4는 전환 이벤트가 5회로 집계됩니다. 이는 UA와 비교했을 때 굉장히 큰 변화입니다. 따라서 GA4 전환수는 UA보다 일반적으로 높게 집계될 가능성이 높습니다. 이러한 메커니즘을 모른 채 지표의 절대적인 수치만 비교한다면 불필요한 시간만 낭비할 수 있습니다.

이탈률(Bounce Rate)과 함께 참여율(Engagement Rate)을 체크

UA에서 이탈률은 랜딩 페이지에서 상호작용이 발생하지 않은 단일 조회Hit 세션의 비율이었습니다. 예를 들어 특정 페이지에 랜딩 후 추가로 페이지를 열람하거나 이벤트가 발생하지 않고 세션이 종료된다면 이탈로 간주되었습니다. 단, 랜딩 페이지 조회 후 종료된 세션에서 페이지뷰 이벤트를 제외하고 추가 수집된 이벤트의 비상호작용 조회Non Interaction Hit 값이 **거짓**인 경우라면 히트가 2번 발생했기 때문에 이탈로 처리되지 않습니다.

이는 몇 분 동안 홈페이지의 특정 페이지에 접속해서 1개의 기사를 읽거나 특정 상품의 상세 페이지를 오랜 시간 동안 조회하더라도, 별도의 다른 상호작용이 발생하지 않았다면 이탈로 간주되었기 때문에 논란의 여지가 많았습니다. 그래서 저는 페이지에서 20초 이상 머문 경우 강제로 이벤트를 발생시켜 이탈이 아닌 세션으로 인지되게 설정하거나, 스크롤이 긴 페이지에서 스크롤을 75%까지 한 경우는 강제로 스크롤 이벤트를 수집해서 이탈로 측정되지 않게 꼼수(?)를 썼었습니다. 이렇게 수집된 사용자 데이터를 구글 애즈 캠페인 집행 시 광고 모수로도 활용했었죠.

GA4에서는 참여율Engagement Rate이라는 새로운 지표가 생겼습니다. GA4에서 정의하는 참여 세션이란 랜딩 페이지에서 10초 이상 머물렀거나, 전환 이벤트가 발생했거나, 페이지 또는 화면 조회가 2회 이상 발생한 세션입니다. 다시 말해 전체 세션 중 참여된Engaged 세션의 비중이 참여율Engagement Rate이라는 지표입니다. 세션의 데이터를 UA보다 명확하게 볼 수 있게 바뀌었다고 이해하시면 됩니다.

콘텐츠 중심의 서비스에서는 UA에서 이탈률을 제대로 측정하기 어려웠지만, GA4에서는 참여율이라는 지표로 방문자가 서비스에 얼마나 참여하고 관여했는지를 측정할 수 있게 되었습니다. 지표가 달라졌다고 해야 할 일이 크게 달라지는 건 아닙니다. 랜딩 페이지를 최적화하고 각 상품 또는 콘텐츠와 연관된 상품을 적절한 공간에 배치하고 상황에 맞는 카피를 배치하는 등의 노력은 여전히 필요할 것입니다.

UA에서 조회되는 평균 세션 시간은 사실 정확하지 않음

UA에서 조회되는 지표 중 페이지에 머문 평균 시간Avg.Time on Page과 평균 세션 시간Avg.Session Duration이라는 지표가 있습니다. 엄밀히 말하면, 위에서 언급된 지표에는 모순이 있습니다. 왜냐하면 UA에서 세션의 마지막 페이지에서 머문 시간은 세션 시간을 계산할 때 포함되지 않기 때문입니다.

예를 들어 특정 방문자의 평균 세션 시간이 3분이라고 했을 때, A페이지로 랜딩되어 B페이지로 이동했다가 C페이지에서 세션이 종료되는 경우라면 평균 세션 시간 3분은 A페이지와 B페이지에 머문 시간의 합을 의미합니다.

C페이지에서 10분을 머물렀다 할지라도, C페이지가 세션의 마지막 페이지라면 세션 시간에 포함되지 않습니다.

평균 세션 시간도 마찬가지로 모순이 있습니다. 이 지표에 관해 구글 애널리틱스 도움말을 살펴보면, 평균 세션 시간은 **세션의 마지막 상호작용과 세션의 첫 번째 상호작용 사이의 평균 시간**이라고 조회됩니다. 일단 UA에서 이탈한 세션은 전체 세션 시간의 총합에 포함되지 않습니다. 뿐만 아니라 위에서 언급된 것처럼 세션의 마지막 페이지에 머문 시간도 당연히 세션 시간에 포함되지 않습니다.

이러한 모순 때문에 세션에서 페이지를 종료하기 전에 강제로 이벤트를 날리는 방법도 있지만, 대부분의 계정에서는 별도의 액션을 취하지 않으므로 UA에서 확인되는 세션 및 페이지 평균 시간은 정확히 말하면 실제 체류한 시간보다 적게 측정됩니다.

GA4는 UA와 다르게 진짜 평균 참여 시간을 조회할 수 있음

GA4에서는 이러한 데이터의 모순(?)이 어느 정도 해결되었습니다. GA4에는 평균 참여 시간Average engagement time이 존재하며, 해당 지표는 앱이 포그라운드실행된 상태, foreground에 있었던 평균 시간 또는 웹사이트가 브라우저에 표시되어 있었던 평균 시간을 의미합니다. UA와 비교해서 말씀드리면 세션이 종료된 페이지에 머문 시간도, 이탈한 세션의 시간도 평균 참여 시간에 포함됩니다. 당연히 UA 지표와 비교했을 때 GA4의 참여 시간 관련 지표가 훨씬 정확할 수밖에 없습니다.

GA4가 참여 시간을 좀 더 정확하게 측정하지만 동일한 기간의 UA 평균 세션 시간과 GA4 세션당 평균 참여 시간을 비교해보면 GA4가 적게 측정될 가능성이 높습니다. 왜냐하면 UA는 세션의 마지막 페이지에 머문 시간이 세션 시간을 계산할 때 포함되지 않고, 이탈한 세션 역시 평균 세션 시간을 계산할 때 제외됩니다. 반면 GA4는 세션의 마지막 페이지가 참여 시간에 포함되고, 이탈하지 않았지만 참여Engage했다고 분류된 세션 또한 전체 참여 시간을 계산할 때 포함됩니다. 그동안 UA에서 확인되는 세션 시간을 조회하면서 의구심이 드셨다면, GA4를 설치한 뒤 참여 시간 관련 지표와 비교해보시기 바랍니다.

이번 장에서는 GA4의 주요 지표들을 해석할 때 주의해야 할 점을 알아봤습니다. UA 지표들과 동일하게 해석한다면 분석 결과에도 분명 영향을 줄 것이고, 그렇게 분석된 보고서는 신뢰할 수 없습니다. 어떤 솔루션을 쓰든지 해당 솔루션에서 정의하는 지표들의 개념을 명확히 인지할 필요가 있습니다. 제가 GA4를 학습하면서 가장 많이 참고하는 문서는 구글의 공식 도움말 문서입니다. 항상 공식 도움말에 나온 내용을 참고하고 테스트를 통해 설명이 맞는지 검증한 끝에 글을 완성합니다. 집요하게 파고들면서 공부하면 절대 까먹지 않습니다. 덧붙여 콘텐츠로 다시 한번 정리하거나 남들에게 알려주게 되면 정말 본인의 지식이 됩니다. 어느 곳에서나 적용되는 불변의 법칙이니 꼭 기억하시기 바랍니다.

12

간소화된 GA4 메뉴, 반면 **보고서는 더 풍성해졌다**

구글 애널리틱스 4 보고서를 UA Universal Analytics 와 비교하면 일단 눈에 보이는 보고서 메뉴의 개수가 많이 줄어든 게 확연히 느껴집니다. 심지어 기본으로 노출되는 보고서마저 숨기길 원한다면 **라이브러리** 기능을 활용해서 기본 보고서 메뉴에서 제외할 수 있습니다. **보고서(Reports)** 메뉴 바로 아래에는 이전에는 볼 수 없었던 **탐색(Explore)** 메뉴가 새로 생겼는데요. 탐색 메뉴에서는 총 6가지 형태의 보고서가 있고, 이 중에서 유형을 선택해 수집된 데이터를 조회할 수 있습니다. 데이터가 체계적으로 수집되어 있다면 퍼널 분석이나 경로 탐색 분석을 활용해서 고객의 행동 패턴을 이전 대비 구체적으로 파악할 수 있게 개선되었습니다. 이번 장에서는 GA4 메뉴 구성이 어떻게 바뀌었고, 실무에서는 어떻게 활용해야 하는지 말씀드리겠습니다.

보고서의 종류가 많다고 무조건 분석에 도움이 되는 건 아님

GA4의 기본 메뉴 구성과 UA의 기본 메뉴 구성을 비교해보면 한눈에 봐도 보고서가 많이 간소화되었습니다. 물론 각각의 메뉴를 클릭하면 연관된 서브 메뉴들이 조회되지만 UA에 비해 연관된 서브 메뉴들이 많이 줄었습니다(다음 쪽 그림 참조).

▲ 훨씬 간소화된 메뉴의 기본 구성(왼쪽: GA4 / 오른쪽: UA)

분석 툴을 활용하는 실무자 입장에서 보고서 메뉴의 종류가 많다고 좋을까요? 결코 그렇지 않습니다. 오히려 혼란만 야기합니다. TV 리모콘을 생각해보세요. 수많은 버튼이 있지만 그중 우리가 자주 사용하는 버튼은 몇 안되죠. 그래서 다양한 기능의 버튼을 제공하기보단 필요한 버튼만 모아 적절한 위치에 배치하는 것이 사용자 경험을 개선하는 데 도움이 됩니다. 툴에서 제공되는 보고서도 같은 맥락입니다. 무엇보다 제공되는 보고서의 데이터가 실무적으로 활용 가치가 있어야 합니다. 그래야 데이터 조회를 위해 자주 클릭해보고 사용하게 됩니다. 그렇지 않은 보고서는 선택되지 않기 마련입니다. UA에서 사용 빈도가 적었던 보고서를 떠올리면 고개를 끄덕이실 겁니다.

GA4는 이러한 실무자의 의견이 많이 반영된 것으로 보입니다. GA4를 쓰면서 모든 보고서를 활용하겠다는 마음은 애초에 접어두시는 게 좋습니다. 그리고 나와 맞지 않는 유형의 보고서가 있다면 억지로 쓰실 필요는 없습니다. 그런 보고서는 과감히 보고서 메뉴에서 제외하기를 권장합니다.

보고서를 메뉴에서 제외할 수 있냐고요? UA에서는 불가능했지만 GA4에서는 가능합니다. UA에서 보고서 메뉴를 통해 주로 데이터를 조회했다면, GA4에서는 **탐색(Explore)** 메뉴를 적극적으로 쓰셔야 합니다. 이전에는 이미 틀에 짜인 요리를 주로 먹었다면, 이번에는 데이터로 직접 요리를 한다고 생각하시면 되겠습니다. 좀 더 직관적으로 표현하자면 GA4 탐색 보고서는 UA 맞춤 보고서(Custom Report)의 업그레이드 버전입니다. 그럼 GA4의 각 메뉴에 대한 특징을 살펴보겠습니다.

1. 홈(Home) 메뉴: 기본 지표와 실시간 사용자, 추천 통계 위젯

우선 **홈(Home)** 메뉴부터 살펴보겠습니다. 맨 위에는 데이터 조회 기간에 따른 주요 지표와 실시간 사용자수 위젯이 있습니다. 또한 데이터를 좀 더 자세히 볼 수 있게 보고서 링크를 제공합니다. 그 아래에는 최근에 본 메뉴는 무엇인지 한눈에 보여줍니다. 마지막으로 화면 하단에는 요약된 통계 카드가 보이네요. 이전 기간 대비 지표에 변화가 있거나 가장 많은 전환을 보인 유입경로 등을 알려줍니다. 사용자가 따로 분석을 하지 않았는데 구글의 알고리즘이 수집된 데이터를 기반으로 유용한 정보를 제공합니다.

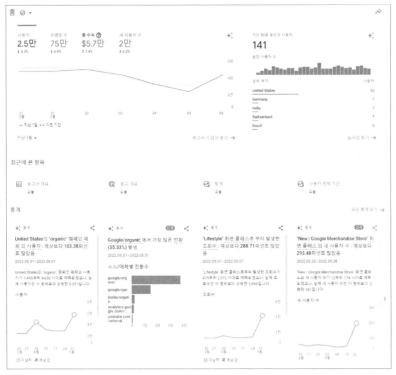

▲ 통계 위젯에서는 조회된 데이터가 기존 데이터 패턴과 다를 경우 관련 정보를 알려줍니다

이렇게 제공되는 통계 데이터는 일반적인 내용을 알려주기도 하지만, 시간을 꽤나 절약해주는 중요한 정보를 알려주기도 합니다. 예를 들어 결제 대

행사(PG, Payment Gateway) 도메인을 통한 주문 금액이 많이 잡혔다고 알려준다면, 원치 않는 추천 목록(List unwanted referrals)에 해당 도메인을 추가해야 된다는 것을 의미합니다. 그렇지 않으면 유입경로별 정확한 성과 파악이 어렵기 때문입니다.

2. 보고서(Report) 메뉴: 구체적인 유입 / 전환 지표 및 사용자 데이터 조회

다음은 홈 메뉴 밑에 있는 **보고서(Reports)** 메뉴로 가보겠습니다. 보고서 메뉴를 클릭하면 보고서 개요(Reports snapshot) 화면이 보입니다. 홈 메뉴 대시보드보다 좀 더 많은 데이터 위젯이 확인됩니다. 크게 **Life cycle** 카테고리와 **사용자** 카테고리 메뉴가 있고, 하위에 각 카테고리에 맞는 섹션이 조회됩니다.

Life cycle 카테고리의 **획득, 참여도, 수익창출** 섹션은 UA에서 익숙했던 **획득, 행동, 전환** 보고서와 유사합니다. 그리고 **유지(Retention)**라는 보고서가 추가되었는데, 사용자가 얼마나 서비스에 재방문하며 서비스를 계속 이용하는지에 대한 데이터를 살펴볼 수 있습니다. 사용자 카테고리에서는 인구통계 정보나 접속 환경과 관련된 데이터를 조회할 수 있네요. UA 보고서에 익숙하신 분들이라면 금방 감이 잡히실 겁니다.

▲ 보고서 하위 메뉴를 클릭하면 각 메뉴의 하위 메뉴가 보여집니다

GA4 보고서는 UA와 다르게 보고서에 보이는 위젯 편집이 가능합니다. **보고서를** 선택하고 오른쪽 상단의 날짜 영역 우측을 보면 4개의 아이콘이 보입니다. 여기서 **연필** 모양 아이콘을 클릭하면 보고서 맞춤설정이 활성화되어 화면에 보이는 위젯을 삭제하거나 추가할 수 있습니다.

또한 **보고서 맞춤설정**에서 특정 보고서 위젯을 클릭한 상태에서 마우스를 위아래로 드래그하면 화면에 보이는 위젯의 순서도 변경할 수 있습니다. 참고로 데모 계정에서는 **연필** 모양이 보이지 않습니다. 소유하고 계신 GA4 속성에서 직접 확인해보세요.

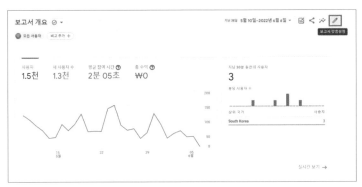

▲ '보고서 맞춤설정'을 하려면 화면 우측 상단 '연필' 모양 아이콘을 클릭하세요

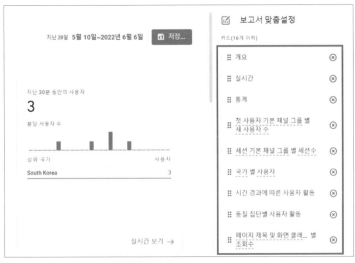

▲ 원하지 않는 위젯이 있다면 화면에서 제외할 수 있어요

이 밖에도 GA4에서는 보고서 메뉴 구성에 변화를 주는 것이 가능합니다. 보고서 메뉴를 클릭하면 좌측 메뉴 목록에서 맨 밑에 라이브러리 메뉴가 보입니다. 이 메뉴를 클릭하면 카테고리 구성을 확인할 수 있습니다. 보고서 모음 수정을 클릭한 뒤, 카테고리 이름을 바꾸거나 사용하지 않는 보고서는 메뉴에서 제외할 수 있네요. 이를테면 앱이 존재하지 않고 웹만 서비스하는 경우라면 수익 창출 보고서 섹션에 있는 인앱 구매 보고서는 별로 도움이 되지 않겠죠. 광고 수익 보고서 역시 서비스 안에 광고 상품이 존재하지 않는다면 데이터가 들어오지 않을 겁니다. 이런 경우는 보고서 구성에서 해당 보고서를 과감하게 제외 처리하시면 됩니다.

▲ 보고서 메뉴 접속 후 좌측 하단에 위치한 '라이브러리' 메뉴를 클릭해보세요

▲ '보고서 모음 수정' 버튼 클릭 시 메뉴 구성에 변화를 줄 수 있어요

▲ 많이 사용하지 않거나 삭제해도 되는 보고서가 있다면 제외 처리 할 수 있어요

3. 탐색(Explore) 메뉴: 6가지 유형의 탐색 보고서로 데이터 조회

다음은 **탐색(Explore)** 메뉴입니다. 메뉴를 클릭하면 상단에 6가지 보고서 유형이 확인되고, 하단에 가장 최근에 조회한 보고서 목록이 보입니다. 목록에 보이는 보고서는 복제하거나 이름을 변경할 수 있습니다. 개인적으로 6가지 유형 중 가장 유용한 보고서는 **유입경로 탐색 분석(Funnel)**이라고 생각합니다.

UA에서는 퍼널 형태의 보고서를 만들려면 목표(Goal) 메뉴에서 유입경로 시각화 세팅이 필요했고, 세팅된 이후 수집된 데이터로만 퍼널 분석이 가능했습니다. 하지만 GA4는 퍼널 세팅 이전에 수집된 데이터에도 퍼널의 단계별 데이터가 소급 적용됩니다. 무엇보다 데이터 샘플링에서 비교적 자유롭다는 건 분석의 정확도를 높여주고 신뢰할 수 있는 데이터 안에서 빠른 액션에 드라이브를 걸어줍니다. 원래 UA에서는 GA 360 UA 유료 버전을 사용하는 유료 고객에게만 제공되는 기능인데, GA4로 넘어오면서 모든 사용자들이 사용할 수 있게 풀렸습니다.

다만 아무리 탐색이 좋은 기능이라 해도 퍼널을 직접 만들어보지 않으면 의미가 없겠죠? 고객의 여정에 따라 퍼널을 만들어보시고 퍼널을 설계하기에 부족한 데이터가 있다면 추가로 이벤트 데이터를 수집하는 방향으로 데이터를 관리하시기 바랍니다.

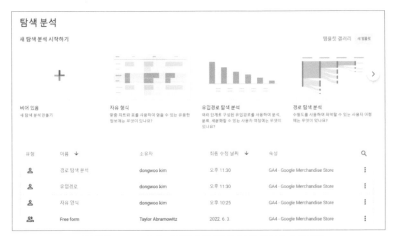

▲ 탐색 분석(Explorations) 메뉴에서 템플릿을 활용하거나 빈 화면 보고서 선택 가능

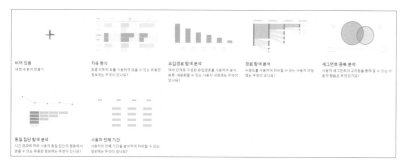

퍼널 분석을 활용하면 고객의 여정을 분석하면서 이탈이 가장 크게 발생하는 지점을 파악할 수 있습니다. 다만 이전 단계에서 너무 많은 이탈이 발생한다면 퍼널의 단계를 좀 더 세분화할 필요가 있습니다. 그렇지 않으면 분석을 하더라도 헛다리를 짚을 가능성이 높기 때문입니다. 따라서 이 경우엔 특정 이벤트를 기점으로 단계를 세분화할 것을 권장합니다.

특정 이벤트를 기점으로 퍼널 단계를 세분화하려면 고객 여정에 따른 이벤트가 사전에 수집되어 있어야 합니다. 하지만 원하는 이벤트가 수집되어 있지 않아도 걱정할 필요는 없습니다. 처음부터 모든 데이터를 수집하는 것보다는 필요에 의해 수집된 데이터가 훨씬 효용 가치가 높기 때문입니다. 물론 사전에 데이터에 대한 기획이 체계적으로 설계되어 원하는 데이터가 이미 수집되어 있다면 베스트겠지만 그런 경우는 흔치 않습니다. GA4 데이터를 분석하게 되면 기본 보고서에서도 데이터를 조회하고 비교하겠지만, 주로 탐색 메뉴에 있는 자유형식 및 퍼널 보고서를 주로 사용하게 되실 겁니다.

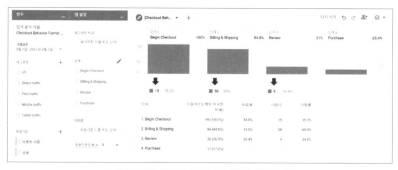

▲ 퍼널 보고서를 활용하면 단계별 전환/이탈 분석이 가능해요

4. 광고(Advertising) 메뉴: 전환 과정에서 경로별 기여도 측정

광고(Advertising) 메뉴는 어떤 경로로 고객이 유입되어 전환이 발생했는지, 그 과정에서 어떤 채널 및 캠페인이 기여를 많이 했는지를 보여줍니다. 쉽게 말해, 전환 기여도를 전환 경로의 터치포인트Touch Point t에 어떻게 부여할지를 정하는 규칙을 기여 분석 모델이라 부릅니다. 기여 분석 모델의 종류는 다양한데 GA4에서 기본으로 적용된 기여 분석 모델은 데이터 기반Data-driven 기여 분석 모델입니다. 구글의 머신러닝 알고리즘을 활용해서 전환 및 비전환 경로를 평가합니다. 이는 데이터를 기반으로 광고를 운영하는 실무자 입장에서 매체 운영 전략을 설계할 때 참고할만한 데이터로 유용합니다.

▲ 모델 비교(Model comparison) 보고서에서 초반/중반/후반 터치포인트에 따른 채널별 전환수

	기본 채널 그룹 ▾	↓ 전환	구매 수익	전환까지의 소요 일수	전환까지의 터치포인트 수
		1,949.00	$261,539.33	6.22	2.50
		총계 대비 100%	총계 대비 100%	평균과 동일	평균과 동일
1	Direct 100%	1,050.00	$129,267.37	0.00	1.00
2	Organic Search × 2 100%	141.00	$18,461.38	5.60	2.00
3	Organic Search 100%	120.00	$23,499.76	4.79	1.00
4	Organic Search × 3 100%	89.00	$9,429.31	11.64	3.00
5	Organic Search × 4 100%	62.00	$6,280.76	14.02	4.00
6	Referral 100%	45.00	$5,735.64	5.31	1.00
7	Paid Search 100%	40.00	$2,531.88	2.48	1.00
8	Organic Search × 6 100%	25.00	$3,702.43	16.28	6.00
9	Referral × 2 100%	22.00	$1,324.56	12.73	2.00
10	Organic Search × 5 100%	21.00	$3,409.33	13.29	5.00

▲ 전환 경로(Conversion paths) 보고서에서 전환에 따른 채널별 고객 여정

전환 경로 보고서를 활용하려면 수집된 이벤트 중 전환으로 활성화된 이벤트가 있어야 합니다. 따라서 이벤트를 수집하고 나서 이벤트 목록에서 전환으로 관리해야 할 이벤트의 토글 버튼을 활성화하시기 바랍니다.

기존 이벤트					
이벤트 이름 ↑	수	변동률(%)	사용자	변동률(%)	전환으로 표시 ⑦
add_to_cart	1	↓ 50.0%	1	↓ 50.0%	⬤
areaClick	18	-	4	-	◯
begin_checkout	10	↑150.0%	3	↑ 0.0%	⬤
click	3	-	3	-	◯
Exit-intent	0	↓100.0%	0	↓100.0%	◯
first_visit	79	↑ 88.1%	79	↑ 88.1%	◯
hover	3	↓ 83.3%	2	↓ 60.0%	◯
page_view	347	↑184.4%	80	↑ 90.5%	◯
purchase	10	↑400.0%	3	↑ 50.0%	◯
scroll	377	↑866.7%	34	↑ 21.4%	◯
select_item	36	↑350.0%	8	↑100.0%	◯

▲ 이벤트를 전환으로 표시하고 싶다면 각 이벤트 우측 토글을 활성화하세요

5. 관리(Admin) 메뉴: 전환 이벤트, 이벤트 생성 및 수정, 맞춤정의 세팅, 데이터 검수를 위한 DebugView

마지막으로 좌측 하단에 위치한 **관리(Admin)** 메뉴입니다. **관리** 메뉴 접속 후 **속성 설정** 하위에 있는 **이벤트** 메뉴를 클릭하면 수집된 이벤트를 전환 이벤트로 변경하거나, 규칙에 기반해서 이벤트를 수정하거나 생성할 수 있습니다. 쉽게 말해, GTM을 활용하지 않아도 않아도 GA4에서 제공하는 이벤트 생성(Create Event) 기능을 활용하면, 수집된 이벤트의 페이지 URL 매개변수를 이벤트 생성 조건으로 세팅해서 신규 이벤트를 생성할 수 있습니다. 이를테면 다음 쪽 그림처럼 **register**라는 이름의 회원가입 이벤트를 생성하고 싶을 때, 이미 수집되어 있는 **page_location** 및 **event_name** 매개변수로 조건식으로 만들어서 해당 이벤트를 생성할 수 있습니다.

이벤트 만들기

설정

맞춤 이벤트 이름 ⓘ

register

일치 조건

다른 이벤트가 다음 조건과 모두 일치할 때 맞춤 이벤트를 만듭니다

매개변수	연산자	값
page_location	포함 ▼	/welcome
매개변수	연산자	값
event_name	같음 ▼	page_view

조건 추가

▲ 기존에 수집된 이벤트의 매개변수 조건을 조합해서 신규 이벤트를 생성해보세요

뿐만 아니라 **잠재고객** 메뉴에서는 수집된 데이터에 기반한 신규 잠재고객 (Audience)을 생성해서 구글 애즈를 활용한 리타겟팅 광고 캠페인을 집행하거나, 구글 옵티마이즈에서 A/B 테스트를 진행할 때 테스트 모수로 활용할 수 있습니다. 잠재고객은 UA에서 세그먼트를 만들었던 것처럼 조건 기반으로 생성 가능하며, 추천 잠재고객이라고 해서 **7일 이내 구매 가능성이 높은 사용자** 또는 **28일 동안의 예상 상위 소비자**와 같은 잠재고객을 생성할 수 있습니다.

처음부터 새로 시작

👤 맞춤 잠재고객 만들기

추천 잠재고객
고려할 만한 추가 잠재고객 추천

일반   템플릿   추천 잠재고객   새로운 기능

👤 **최근에 활동한 사용자**
최근에 활동한 사용자

💲 **구매자**
구매한 적이 있는 사용자

🚫 **최근 7일 동안 사라진 구매자**
한때 활동이 있었지만 최근 7일 동안 활동이 없는 구매자입니다.

💲 **비구매자**
구매하지 않은 사용자

🚫 **최근 7일 동안 사라진 사용자**
한때 활동이 있었지만 최근 7일 동안 활동이 없는 사용자입니다.

▲ 잠재고객은 생성되는 시점부터 모수가 쌓이는 점을 꼭 기억하세요

추천 잠재고객은 UA에서는 볼 수 없었던 새로운 기능입니다. GA4에서는 구글의 머신러닝ML 기술이 적용되어 전환 및 광고 캠페인 운영에 도움이 될만한 잠재고객을 자동으로 생성할 수도 있습니다. 이 기능을 활용하려면 구글의 데이터 분석 알고리즘이 데이터를 학습하기 위한 최소 데이터가 누적되어야 합니다. 예를 들어 **구매 가능성이 높은 고객**과 같은 잠재고객을 생성하려면, 최근 28일 이내 7일이라는 기간 동안 '구매(purchase)' 이벤트가 발생한 1,000명의 재방문 사용자가 존재해야 하며, 이와 정반대 케이스에 해당하는 1,000명의 구매 이벤트가 발생하지 않은 재방문 사용자 데이터가 존재해야 합니다. 아무리 구글의 머신러닝 기술이 뛰어날지라도 학습할 데이터가 충분하지 않으면 기술을 이용할 수 없다고 이해하시면 됩니다.

마지막으로, **관리** 메뉴의 **데이터 표시** 하위에 있는 **DebugView**는 GTM 컨테이너에서 태그를 생성하고 실제 웹사이트에 반영하기 전에 생성한 데이터가 실제로 어떻게 수집되는지 시간 흐름에 따라 검수할 수 있는 기능을 제공합니다. 예를 들어 purchase 이벤트가 발생했다면 주문 ID(transaction_id), 주문금액(value), 상품정보(items) 등의 매개변수가 어떻게 수집되는지 직접 실시간으로 확인할 수 있습니다.

UA에서는 GTM 미리보기 모드와 함께 크롬 확장 프로그램을 활용하거나 브라우저 개발자 콘솔을 활용해서 데이터 QAQuality Assurance를 진행했는데, GA4로 넘어오니 QA가 한층 수월해졌다고 느끼는 분들이 많을 겁니다. 데이터를 수집할 때 항상 GTM 미리 보기 모드에서 발생하는 이벤트 및 변수 정보와 더불어 마지막에는 항상 DebugView를 통해 데이터를 검수하시기 바랍니다.

▲ GA4 데이터 수집 과정에서 반드시 거쳐야 하는 DebugView 체크

지금까지 GA4의 메뉴 구성 및 메뉴별 주요 특징을 알아봤습니다. GA4에서 처음 보는 메뉴도 있고 기존에 UA에서 자주 보셨던 메뉴도 확인됩니다. 뻔한 대답이지만 아무래도 익숙해지려면 많이 사용해보는 방법이 최선입니다. 특히 탐색(Explore) 보고서는 여러 유형의 보고서를 많이 만들어봐야 원하는 형태의 보고서를 만드실 수 있습니다.

GA4와 UA를 비교하면 GA4에서는 데이터 조회 및 분석에 필요한 메뉴만 남기고, 좀 더 사용자에게 친화적인 방향으로 개선되었다고 보시면 됩니다. 모든 메뉴를 자세하게 설명하는 건 크게 의미가 없다고 생각됩니다. 이번 장에서 설명한 내용에서 추가로 궁금하신 사항이 있다면 메뉴를 직접 눌러보시고 구글 도움말 문서도 찾아보면서 GA4에 익숙해지기 바랍니다.

- 13 -

구글 태그 매니저로
GA4 기본 이벤트 수집하기

GA4를 활용해서 웹사이트에 방문한 사용자의 기본 이벤트 데이터를 수집하는 방법을 알려드리겠습니다. 저는 GA4로 수집되는 모든 데이터를 가능하면 구글 태그 매니저로 수집합니다. 구글 태그 매니저를 사용해야 데이터 수집 및 관리를 위한 리소스를 줄일 수 있으며, GA4 관련 추적 코드 및 이벤트 수집을 위한 자바스크립트 함수를 매번 웹사이트에 직접 삽입하는 것보다 훨씬 장점이 많습니다. 이번 장에서는 구글 애널리틱스와 구글 태그 매니저를 처음 접하는 분들을 위해 계정 생성 시 주의할 점부터, 계정 세팅 과정에서 어떤 점을 고려해야 하는지 설명하겠습니다.

구글 계정 생성 후 GA4 속성 및 웹 스트림 설정

GA4는 구글에서 제공하는 데이터 분석 솔루션이므로 반드시 구글 계정이 있어야 합니다. 구글 계정이 없다면, 아쉽지만 GA4를 비롯한 구글 태그 매니저(이하 GTM) 같은 구글의 다양한 솔루션들을 이용할 수 없습니다. 구글 계정이 없으신 분들은 이번 기회에 계정을 만드시길 바랍니다.

구글 계정 생성 후 GA 속성 생성, GTM과의 연동까지 차례로 진행해보겠습니다. 먼저 구글 검색 엔진에서 **구글 계정 만들기**를 검색해서 첫 번째로 나오는 링크를 클릭합니다.

▲ 구글 애널리틱스 4를 사용하려면 구글 계정이 있어야 해요

 계정 보안을 위해 구글 계정은 지메일(Gmail)이 아닌 회사 이메일로 생성 권장하세요

자신이 운영하는 웹사이트나 블로그를 분석하는 게 아니라 회사 홈페이지나 쇼핑몰을 분석하는 경우라면 회사 이메일로 구글 계정을 생성하시기 바랍니다. 일반적으로 회사에서는 **'@이하'** 주소에 회사명이 들어가는 경우가 많습니다. 회사 계정으로 구글 계정을 만들면 추후 GA4로 수집된 데이터를 조회하기 위해 추가되는 직원들의 계정 관리 및 보안에 용이하며, 구글의 대시보드 솔루션인 루커 스튜디오(Looker Studio)의 대시보드 소유권을 넘길 때 별도의 조치 없이 간단히 넘길 수 있습니다.

▲ '대신 현재 이메일 주소 사용' 클릭 후 회사 이메일 계정 입력

구글 계정을 만들기 위한 기본 정보를 입력합니다. 아래와 같이 **회사 이메일 주소**를 입력하고 기본 정보를 넣은 뒤 **다음** 버튼을 클릭합니다.

▲ 회사 이메일로 계정 접근 권한을 관리해야 데이터 보안이 유지됩니다

회사 이메일로 구글 계정을 만드셨다면 구글 검색창에 **구글 애널리틱스**라고 검색 후, 첫 번째로 나오는 **Google 애널리틱스** 링크를 클릭합니다.

▲ 구글 검색창에서 '구글 애널리틱스'를 검색하세요

구글 애널리틱스에 처음 접속하면 다음과 같은 안내말이 나옵니다. **측정 시작** 버튼을 클릭합니다.

Google 애널리틱스에 오신 것을 환영합니다

Google 애널리틱스를 사용하면 비즈니스 데이터 분석에 필요한 무료 도구를 한곳에서 이용할 수 있으므로, 이를 통해 더욱 현명한 결정을 내릴 수 있습니다.

측정 시작

▲ 구글 애널리틱스 시작을 환영하는 화면에서 '측정 시작' 버튼 클릭

계정 이름에는 회사 이름을 입력합니다. 회사에는 기업 웹사이트를 비롯해 여러 도메인의 홈페이지가 존재하므로 특정 서비스명을 넣는 것보다 회사 이름을 넣으시기 바랍니다. 참고로 GA4는 계정 하위에 속성(Property)이 존재합니다.* **계정 데이터 공유 설정**과 관련한 체크박스에 체크하고 **다음** 버튼을 클릭합니다.

▲ 구글 애널리틱스 계정 이름에는 회사명을 입력해주세요

---

* GA4의 계정 구조는 '계정 〉 속성 〉 스트림(Stream)'으로 구성됩니다. 속성은 실질적으로 데이터가 수집되는 공간이며, 그 하위에 존재하는 스트림은 웹 또는 앱 스트림을 선택해 생성할 수 있습니다. 계정에 회사 이름을 넣지 않고 서비스명을 넣으면 1개 회사에 여러 계정이 생기게 되는데, 이는 계정 구조상 적절하지 않습니다.

다음은 속성 정보를 입력할 차례입니다. 속성 이름과 시간대 및 통화를 선택합니다. 속성 이름에는 앞에 GA4를 붙이고 어떤 서비스인지를 입력합니다. 현재 UA를 사용하는 계정이 대다수이므로 속성 구분을 위해 앞부분에 GA4를 입력하는 것을 권장합니다. 시간대는 **대한민국**, 통화는 **대한민국 원 (KRW)**을 선택합니다.

▲ GA4 속성 정보 입력

속성 설정을 마쳤으면 다음으로 넘어가서 여러분이 운영하시는 서비스에 맞는 비즈니스 정보를 선택합니다. 크게 중요한 사항이 아니므로 고심하지 않으셔도 됩니다. 선택을 마쳤다면 **만들기** 버튼을 클릭합니다.

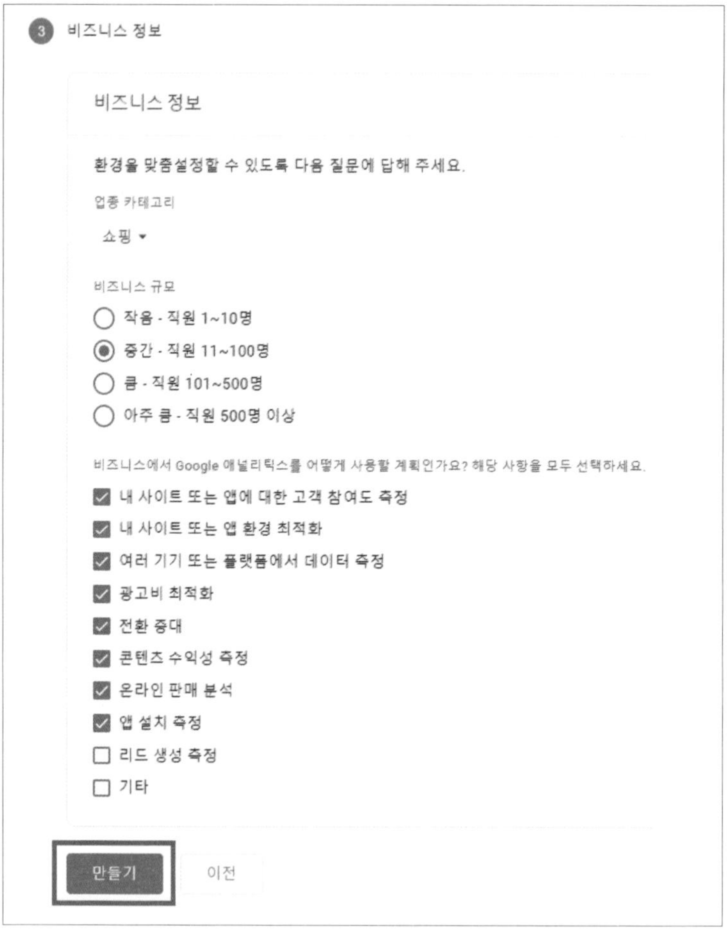

③ 비즈니스 정보

비즈니스 정보

환경을 맞춤설정할 수 있도록 다음 질문에 답해 주세요.

업종 카테고리

쇼핑 ▾

비즈니스 규모
- ○ 작음 · 직원 1~10명
- ⦿ 중간 · 직원 11~100명
- ○ 큼 · 직원 101~500명
- ○ 아주 큼 · 직원 500명 이상

비즈니스에서 Google 애널리틱스를 어떻게 사용할 계획인가요? 해당 사항을 모두 선택하세요.
- ☑ 내 사이트 또는 앱에 대한 고객 참여도 측정
- ☑ 내 사이트 또는 앱 환경 최적화
- ☑ 여러 기기 또는 플랫폼에서 데이터 측정
- ☑ 광고비 최적화
- ☑ 전환 증대
- ☑ 콘텐츠 수익성 측정
- ☑ 온라인 판매 분석
- ☑ 앱 설치 측정
- ☐ 리드 생성 측정
- ☐ 기타

[만들기] 이전

▲ 업종 카테고리는 정확하게 입력해주셔야 나중에 잠재고객 생성 시 추천 템플릿을 쓸 수 있어요

구글 애널리틱스 기능 개선을 위한 몇 가지 체크박스가 나타납니다. 원하시는 항목에 체크한 뒤 **저장** 버튼을 클릭합니다. 이제 GA4 속성 생성이 완료되었습니다.

내 이메일 커뮤니케이션

Google 애널리틱스와 관련된 새로운 소식을 이메일로 받아보실 수 있습니다. 그러나 Google에서 받아보실 이메일 유형은 언제든지 직접 선택하실 수 있으므로 아래에서 수신을 원하시는 이메일 유형을 알려 주시기 바랍니다.

선택하신 환경설정과 관계없이 계정에 영향을 미치는 중요한 제품 소식에 대해서는 계속 이메일을 받으실 수 있습니다. 그 밖의 다른 이메일은 전송되지 않습니다. Google에서는 사용자의 개인 정보를 기밀로 취급하며 제3자 또는 파트너와 공유하지 않습니다.

☑ 실적 개선을 위한 추천 및 관련 소식
Google 애널리틱스 계정을 최대한 활용하는 데 도움이 되는 관련 소식 및 도움말을 받아보세요. 처음에는 액세스 권한을 보유하고 계시는 최대 5개의 Google 제품에 대한 추천 및 관련 소식이 발송됩니다. 해당하는 제품은 Google 애널리틱스에 의해 선정됩니다. 이 설정은 관리자 > 사용자 설정에서 수정할 수 있습니다.

☑ 기능 알림
Google 애널리틱스의 최신 변경사항, 개선사항, 새 기능에 대해 알아봅니다.

☑ 의견 및 테스트
Google 애널리틱스의 개선을 위해 Google 설문조사 및 파일럿 프로그램에 참여합니다.

☑ Google에서 제공하는 혜택
관련 Google 제품, 서비스, 이벤트, 특별 프로모션에 대해 알아봅니다.

모두 선택 해제 및 저장   저장

▲ 구글 애널리틱스 4에 대한 업데이트 내역을 메일로 받고 싶다면 체크하세요

GA4 속성 하위에는 UA와 다르게 보기가 없습니다. 대신 **데이터 스트림 (Stream)**이 존재합니다. 데이터 스트림의 종류는 웹, Android 앱, iOS 앱 이렇게 3가지입니다. 웹사이트 방문자 데이터를 수집할 목적이므로 **웹**을 선택합니다. GA4에서는 이처럼 웹과 앱 데이터를 스트림으로 수집할 수 있으며, 하나의 속성에서 웹과 앱 데이터를 통합해서 조회 및 분석할 수 있습니다.

다음 단계: 데이터 수집을 시작하기 위한 데이터 스트림 설정
데이터 스트림을 만들고 나면 웹 스트림에 대한 태그 정보 및 측정 ID를 받게 됩니다.
자세히 알아보기: 데이터 스트림 추가 및 데이터 수집 설정

플랫폼을 선택하세요.

| 웹 | Android 앱 | iOS 앱 |

▲ 속성(Property) 하위에 있는 스트림(Stream)의 종류는 크게 3가지입니다

데이터 스트림 정보를 설정할 차례입니다. http 혹은 https 프로토콜을 제외한 웹사이트 기본 도메인 URL과 스트림 이름을 입력합니다. 스트림 이름과 URL은 나중에 수정할 수 있습니다. **웹** 스트림을 생성하므로 앞에 **Web**이라는 구분자를 넣고 서비스 또는 쇼핑몰 이름을 입력하시길 바랍니다. 입력을 마쳤다면 **스트림 만들기** 버튼을 클릭합니다.

▲ http 프로토콜을 제외한 도메인을 입력하고 스트림을 이름에 플랫폼 구분자를 넣어줍니다

GA4 속성 하위에 웹 스트림이 생성되었습니다. 데이터 스트림이 생성되었다고 데이터가 수집되는 건 아닙니다. 별도의 추적 코드를 웹사이트 안에 삽입하거나 GTM을 활용해서 데이터를 수집해야 합니다. GTM 태그로 기본 이벤트를 수집하기 위해 화면에 보이는 측정 ID를 복사해서 메모장에 붙여넣습니다.

▲ 측정 ID는 복사해뒀다가 GTM에서 기본 구성 변수의 측정 ID 변수를 만들 때 입력합니다

구글 태그 매니저(GTM) 계정 생성 후 추적 코드 삽입 및 체크

이제 구글 태그 매니저(GTM) 계정을 만들고 추적 코드를 삽입해보겠습니다. 구글 태그 매니저GTM는 태그와 트리거를 활용해서 데이터를 수집하고 관리할 수 있는 구글의 솔루션입니다. (구글 애널리틱스와는 별개의 솔루션이라고 생각하시면 됩니다.) GTM을 활용하면 마케터나 분석 담당자들이 데이터 수집 과정에서 겪는 번거로움을 크게 해소할 수 있습니다.

GTM 계정을 생성해보겠습니다. 구글에서 **구글 태그 매니저**를 검색한 후 **Google Tag Manager** 도메인 링크를 클릭합니다.

▲ 구글 검색창에서 '구글 태그 매니저'를 검색합니다

구글 태그 매니저에 접속했을 때 구글에 로그인된 상태라면 아래와 같은 화면이 보이실 겁니다. **계정 만들기** 버튼을 클릭합니다.

▲ 구글 계정이 있다면 구글 태그 매니저 계정을 생성할 수 있습니다

구글 태그 매니저는 계정이 있고 하위에 컨테이너가 존재하는 구조입니다. 계정 이름을 GA4와 동일하게 입력하고 국가는 **대한민국**을 선택합니다. 그다음은 계정 하위에 생성될 컨테이너 설정을 할 차례입니다. 컨테이너 이름을 넣고 타겟 플랫폼을 **웹**으로 선택한 뒤 **만들기** 버튼을 클릭합니다.

▲ GTM 계정 이름은 GA 계정과 마찬가지로 회사 이름을 입력합니다

계정과 컨테이너가 생성되었습니다. 구글 애널리틱스 데이터를 수집하기 위해 첫 번째 빨간 박스 안에 있는 GTM 컨테이너 스니펫을 웹사이트의 공통 head 영역에 삽입하거나 회사의 개발팀에 요청합니다. 일반적으로 웹사이트의 대부분의 페이지들은 동일한 head 영역을 사용하는 경우가 많기

때문에, 한번 삽입하면 모든 페이지에 GTM 스니펫 추적 코드이 적용됩니다.

두 번째 빨간 박스의 스니펫은 웹사이트 body 태그 바로 뒤에 삽입합니다. 추후 **구글 서치 콘솔** 연동 작업 시 웹사이트 소유권 확인 방법으로 구글 태그 매니저를 선택해서 간단하게 소유권 확인을 할 수 있습니다.

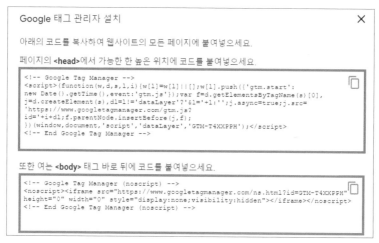

▲ GTM 추적 코드를 복사해서 웹사이트의 head 영역 및 body 시작 태그 바로 다음에 삽입합니다

 GTM 추적 코드를 가급적 head 영역에 넣어야 하는 이유

페이지를 구성하는 HTML 정보들은 페이지 최상단부터 순차적으로 호출됩니다. 그렇기 때문에 가급적이면 스니펫 추적 코드을 head 영역의 최상단에 삽입하는 것을 권장합니다.

그런데 간혹 개발팀에서 스니펫을 head 영역에 삽입하는 걸 꺼리는 경우가 있는데요. 스니펫을 웹사이트 footer 웹사이트 하단 공통 영역에 넣을 경우 데이터가 정상적으로 수집은 되겠지만, 웹사이트가 열리는 도중에 고객이 이탈한다면 footer에 있는 GTM 스니펫이 실행되지 않으므로 데이터 또한 수집되지 않습니다. 그리고 트래픽이 많은 웹사이트의 경우 스니펫 위치에 따라 사용자수 차이가 많이 벌어질 가능성도 배제할 수 없습니다.

개발팀과 커뮤니케이션 할 때 팁을 드리자면, 가급적 최대한 논리적인 이유를 제시하면서 작업 요청을 하시는 게 서로를 위해 좋습니다. 무조건 해달라는 식의 요청은 개발팀 입장에서 난처할 뿐더러 웹사이트의 유지보수 및 운영의 책임을 지는 입장에서 곤란할 수밖에 없습니다.

GTM 설치를 위한 추적 코드가 웹사이트에 정상적으로 삽입되었다면 GTM 사용을 위한 준비가 완료된 것입니다. 개발팀으로부터 구글 태그 매니저 스니펫 삽입이 완료되었다고 전달받으면, 분석 담당자는 정말로 제대로 삽입되었는지 체크해야 합니다. 개발팀을 믿지 못해서가 아니라 요청하는 입장에서 해야 하는 업무라고 생각하시기 바랍니다. 일반적으로 개발자 모드에서 추적 코드 삽입 여부를 확인할 수도 있지만, 개인적으로는 크롬 확장 프로그램 사용을 권장합니다.

 Tag Assistant를 실행해 GTM 추적 코드가 정상적으로 삽입되었는지 확인

Tag Assistant라는 크롬 확장 프로그램을 이용해 GTM 스니펫 삽입 여부를 간단하게 확인할 수 있습니다. 설치 및 실행 방법을 안내해드리니 참고해보세요.

구글에서 **크롬 웹스토어**를 검색해서 접속한 뒤 **Tag Assistant**라는 확장 프로그램을 설치합니다

▲ 크롬 웹스토어에는 GA4 활용에 도움을 주는 다양한 확장 프로그램이 있어요

프로그램을 설치하면 브라우저 주소 입력창 우측에 **태그** 아이콘이 나타납니다. 특정 웹페이지에 접속한 뒤 이 아이콘을 클릭하면 GTM 스니펫이 조회되는지 확인할 수 있습니다. 이때 초록색 아이콘이 뜬다면 GTM이 정상적으로 설치된 것입니다. 이 방법으로 GTM뿐만 아니라 GA4 데이터도 검수할 수 있습니다.

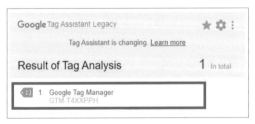

▲ Tag Assistant를 켠 상태에서 GTM 추적 코드가 정상적으로 조회되는지 체크합니다

GTM 태그를 이용한 GA4 기본 이벤트 수집

앞서 추적 코드도 잘 심었으니 태그를 활용해서 GA4 기본 이벤트를 수집해보겠습니다. 다시 GTM으로 돌아와서 생성한 컨테이너를 클릭한 뒤 화면의 좌측 메뉴바에서 **태그** 메뉴를 선택하고 **새로 만들기** 버튼을 클릭합니다.

▲ '태그' 메뉴에서 '새로 만들기' 버튼을 클릭해서 태그를 생성합니다

태그 유형에서 **Google 애널리틱스** 태그 유형을 선택하고 이후 **Google 태그**를 선택합니다. 해당 태그는 처음 GA4 기본 페이지뷰 이벤트를 수집할 때 사용되며, 이후부터는 GA4 이벤트 태그 유형을 주로 사용할 것입니다.

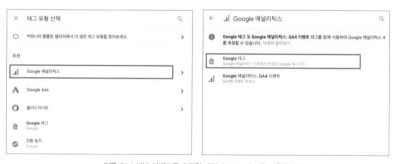

▲ 처음 GA4 기본 이벤트를 수집할 때만 Google 태그를 사용합니다

Google 태그 이름을 입력합니다. 저는 **GA4 - Google Tag**로 입력했습니다. 측정 ID 필드에는 데이터 스트림 세부정보에서 확인되는 **측정 ID**를 입력해도 되지만, 그렇게 하지 않고 변수 선택 아이콘을 클릭하겠습니다.

▲ GA4 관련 태그는 이름을 지을 때 'GA4'를 이름 앞에 기입합니다

변수 선택 화면에서 우측 상단에 있는 파란색 + 아이콘을 클릭합니다.

▲ 기본 제공 변수 화면에서 우측 상단 추가 아이콘 클릭

변수 유형에서 **상수**를 선택합니다. 특정 문자열이나 숫자를 입력할 수 있는 변수 유형입니다.

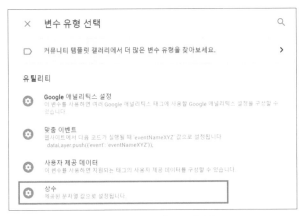

▲ 변수 유형에서 '상수(Constant)' 선택

상수 이름을 **GA4 – Measurement ID – Web**이라고 입력한 뒤, 값 필드에는 방금 메모장에 복사한 웹 스트림 ID 값을 넣어줍니다. 모든 스트림에는 고유한 ID가 부여됩니다.

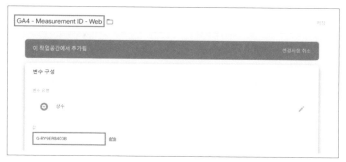

▲ 측정 ID를 호출하는 변수는 앞으로 이벤트 수집 과정에서 반복해서 호출될 예정입니다

태그 설정이 완료되었습니다. 이제 태그가 언제 실행되는지를 결정하는 트리거를 생성할 차례입니다. 항상 태그는 트리거를 동반합니다. 태그만 존재할 수 없으며, 트리거 또한 트리거만 존재할 수 없습니다. 태그 하단의 트리거 영역을 클릭합니다.

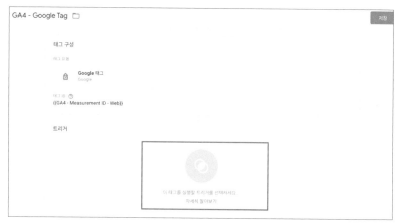

▲ 태그에 트리거를 적용하려면 트리거 영역의 빈 공간을 아무 곳이나 클릭해주세요

트리거 목록에서 **All Pages** 트리거를 체크하고 **추가** 버튼을 클릭합니다. 모든 페이지에서 태그가 실행된다는 의미입니다.

▲ 태그를 모든 페이지에서 실행시켜야 하므로 'All Pages' 트리거를 선택합니다

수집한 기본 이벤트 확인

기본 이벤트를 수집하기 위한 태그 및 트리거 설정을 완료했습니다. 먼저 태그가 정상적으로 실행되는지 검수해보겠습니다. GTM의 태그 메뉴 화면에서 우측 상단의 **미리보기** 버튼을 클릭합니다.

▲ 항상 데이터를 수집하는 과정의 마지막은 QA라는 걸 잊으시면 안 됩니다

미리보기(Preview) 모드가 적용될 웹페이지 URL을 입력합니다. 여기서는 홈페이지 메인 URL을 입력하고, 추후 특정 페이지에 대한 검수를 할 때에는 해당 페이지의 URL을 넣어주시면 됩니다.

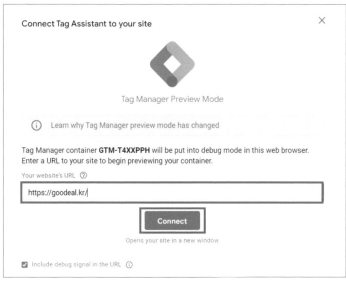

▲ GTM 미리보기 모드가 실행될 페이지 URL을 입력합니다

연결이 정상적으로 되었다면 아래와 같이 **Connected** 팝업 메시지가 노출됩니다. **Continue** 버튼을 클릭합니다.

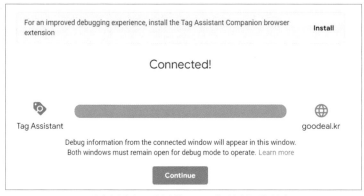

▲ 연결이 정상적으로 되었다면 'Connected!' 메시지가 노출됩니다

GTM 화면이 미리보기 모드로 바뀌며 해당 페이지에서 어떤 태그가 실행되고, 실행되지 않았는지 표기됩니다. **Tags Fired** 영역에 방금 생성한 GA4 기본 태그가 확인된다면 태그가 정상적으로 실행된 것입니다. 좌측에는 GTM에서 순차적으로 실행된 이벤트 목록이 보입니다. 이벤트가 실행되는 대로 태그가 작동하며, 그에 따라 GA4로 데이터가 수집된다고 이해하시면 되겠습니다.

▲ 페이지 접속 시 Google 태그가 정상적으로 호출된 모습

GA4에는 수집된 데이터를 실시간으로 확인하는 기능으로, DebugView 메뉴가 있습니다. 해당 메뉴를 이용해 이벤트가 잘 수집되는지 확인해보겠습니다.

GA4 접속 후 좌측 메뉴에서 **관리**를 클릭합니다. 그다음 **데이터 표시**의 하위 메뉴인 DebugView를 클릭하면 현재 수집되는 이벤트 목록을 확인할 수 있습니다. 여기서는 **first_visit, page_view, session_start** 이렇게 3가지 이벤트가 실행되며, 화면 우측 위젯에서 이벤트별 매개변수의 값까지 확인됩니다. 이벤트가 제대로 수집되는지를 확인하고 싶다면 DebugView에서 검수 과정이 반드시 필요합니다.

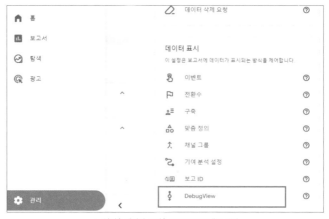

▲ 관리 〉 데이터 표시 〉 DebugView 메뉴 클릭

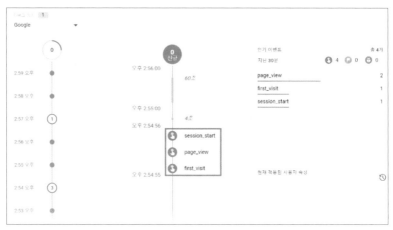

▲ GA4 DebugView는 데이터 검수 과정의 마지막이며 반드시 거쳐야 합니다

데이터를 좀 더 확실하게 체크하려면 **보고서** 메뉴를 클릭한 뒤 **실시간** 하위 메뉴로 접속합니다. 아래 그림에는 현재 접속한 사용자가 **1**로 확인됩니다. 다른 페이지도 방문하면서 page_view 이벤트 및 페이지 제목 값이 바뀌는지 체크합니다. 이상이 없다면 GA4 기본 이벤트 수집이 정상적으로 완료된 것입니다.

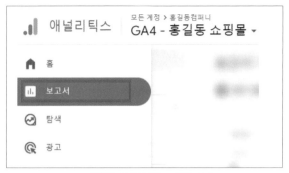

▲ GA4 메뉴 중 '보고서(Report)' 메뉴 클릭

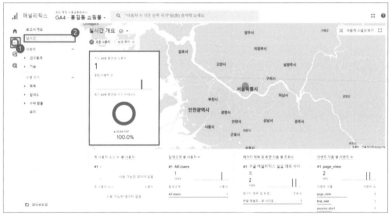

▲ 실시간 보고서에서 데이터가 확인된다면 정상적으로 적용된 것입니다

지금까지 GTM을 활용해서 GA4 이벤트 데이터를 수집하는 과정을 하나
씩 보여드렸습니다. 여기서 추가로 수집하고 싶은 이벤트는 맞춤 이벤트로
수집하면 되고, GTM을 활용해서 데이터를 수집하면 됩니다. 뭐든 처음이 가
장 중요합니다. 처음부터 습관을 잘 들이면 시간이 지났을 때 효과를 봅니다.
그렇게 만들어진 습관은 쉽게 바뀌지 않습니다.

앞으로 GTM을 자주 접하면서 데이터 수집 과정을 익히게 될 것입니다.
처음 사용하면 다소 생소하고 어려울 수 있지만 데이터 수집 및 관리에 대한
오너십ownership을 가지고 하나씩 익숙해지면, 맞춤 이벤트부터 시작해서 광고

스크립트와 히트맵_{Heatmap} 같은 외부 트래킹 솔루션의 추적 코드 삽입까지 전부 GTM으로 관리할 수 있을 겁니다. 이 과정에서 자바스크립트에 대한 기초 지식이 있으면 GTM을 이해하는 데 많은 도움이 됩니다. GTM 마스터가 되고 싶다면 시간이 나실 때마다 자바스크립트를 비롯한 HTML 및 CSS 공부를 틈틈이 하시기 바랍니다.

14

GA4 성과를
정확하게 측정하기 위한
필수 설정

분석 솔루션을 이용하는 가장 큰 이유는 유입경로별 성과를 정확하게 측정해서 현재 상황을 데이터로 파악하고 채널과 매체별 예산을 최적화하기 위해서입니다. 따라서 유입경로에 따른 성과가 제대로 측정되지 않는다면 이후 액션 플랜을 도출할 수 없고, 최악의 경우 잘못된 데이터로 의사결정을 하게 되는 경우가 발생합니다.

캠페인 UTM 파라미터 값을 광고를 비롯한 여러 매체 링크에 아무리 열심히 체계적으로 세팅해도, 이번 장에서 말씀드릴 설정을 하지 않으면 아무런 소용이 없다고 해도 과언이 아닙니다. 지금부터 GA4에서 정확한 성과 측정을 위해, 속성을 생성하고 즉시 진행해야 되는 **원치 않는 추천**(unwanted referrals) 설정을 알아보겠습니다.

추천(Referral) 정보는 특정 페이지에 방문하기 직전 도메인 정보

구글 애널리틱스에서 조회되는 이전 경로(referrals) 데이터는 현재 웹사이트의 도메인을 제외한 다른 소스(source)를 통해 내 웹사이트로 유입되는 경우를 인식해서 해당 도메인 이름을 **추천 트래픽 소스**로 표기합니다. 여기서 추천이란 **recommend**가 아니라 **referral**를 의미합니다. 즉, 방문자가 어떤 도메인에서 현재 도메인으로 이동했는지 알려주는 정보라고 생각하시면 됩니다. 예를 들어 방문자가 네이버 검색 광고를 통해 웹사이트로 유입되었고, 광고 링크에 별도의 UTM 값으로 소스(utm_source)를 **naver**, 매체(utm_medium)를 **cpc**로 세팅했다면, 해당 세션의 소스(source)/매체(medium) 값은 **naver/cpc**가 됩니다.

구글 광고를 운영한다면 자동 태그(GCLID)를 추가하자

구글 플랫폼의 광고 상품은 별도의 값을 세팅하지 않고 구글 애즈의 **자동 태그** 기능을 사용할 경우(구글 애즈에서 자동 태그는 기본적으로 활성화되어 있음), 세션의 **소스/매체** 값은 **google/cpc**로 자동 세팅됩니다. 일반적으로 구글 광고 캠페인 세팅 시 자동 태그 기능을 사용하면 여러 이점이 있기 때문에 수동 태그(UTM)를 붙이지 않는 경우가 많습니다. 구글 광고에는 별도의 UTM을 붙이지 않으셔도 구글 플랫폼 안에서 정의한 별도의 **소스/매체** 값이 적용된다는 점을 기억하세요.

UA에서는 UTM 변수가 구글 광고 자동 태그와 함께 랜딩 링크에 존재할 때, UTM 변수가 먼저 인식되도록 세팅할 수 있었습니다. 하지만 GA4에서는 해당 기능이 존재하지 않습니다. 따라서 둘이 동시에 존재할 경우 무조건 자동 태그에 우선순위가 부여됩니다. GA4에서 자동 태그를 사용하지 않으면 구글 광고와 관련된 측정기준 및 측정항목을 조회할 수 없으므로 가급적 활성화하는 게 좋습니다. 자동 태그는 구글 애즈에서 기본적으로 활성화되어 있기 때문에 비활성화만 하지 않으시면 됩니다. (단, 구글 광고의 경우 매체 값이 대부분 cpc로 자동 세팅됩니다. 광고 링크에 내가 원하는 형태의 UTM 값을 붙이고 싶다면 자동 태그를 비활성화하시면 됩니다.)

GA는 결제 대행 도메인을 자동으로 식별하지 않아

방문자가 구매까지 완료하게 되면 구매 성과는 해당 **소스/매체**에 부여됩니다. 그렇게 되면 유튜브 광고를 통해 얼마나 많이 방문했고, 구매가 몇 건 발생했는지 GA 획득 보고서를 통해 확인할 수 있습니다. 그런데 만약 결제 과정에서 PG 도메인_{결제 대행 도메인}을 거쳐서 결제를 완료하거나, 로그인을 할 때 일반 ID 로그인이 아닌 **네이버(Naver)** 계정 등을 이용한 간편 로그인을 하게 된다면 어떤 현상이 발생할까요?

GA는 이전에 저장하고 있던 소스/매체 값을 PG 도메인이나 소셜 로그인 페이지의 도메인으로 변경합니다. 그러면 유튜브 광고를 통해 방문해서 결제를 했더라도 결제에 대한 성과는 유튜브 광고가 아닌 PG 도메인으로 잡히게 됩니다. 이것이 바로 **원치 않는 추천** 설정이 필요한 이유입니다.

아래 그림 시나리오를 예로 들어보겠습니다. Sam이라는 신규 방문자(first_visit)를 통해 세션이 발생했고, 네이버 검색 광고(naver/cpc)를 통해 유입되었습니다. 결제를 하면서 PG 도메인(paypal.com)을 의도치 않게 방문했고 결제가 완료되어 다시 기존 도메인으로 이동했습니다. 이 과정에서 소스/매체 값은 **naver/cpc**에서 **paypal.com/referral**으로 바뀌게 됩니다. 왜 그럴까요? GA에서 세션은 최초 랜딩되어 **소스/매체** 값이 측정되고, 해당 세션 안에서 다른 도메인 이동하고 나서 셀프 도메인으로 다시 유입되는 경우 기존 **소스/매체** 값이 변경되기 때문입니다.

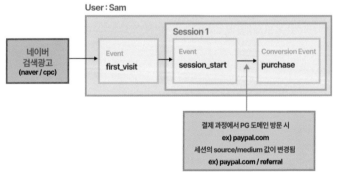

▲ 결제 과정에서 PG 도메인을 만나면 세션의 소스/매체 값이 변경됩니다

다른 매체나 오가닉 유입을 통해 결제가 발생해도 전부 앞의 그림과 같은 상황이 반복될 것입니다. 그러면 모든 세션의 구매 성과는 PG 도메인에 할당되는 황당한(?) 케이스가 발생하게 됩니다. 강조해 드리지만 GA는 여러분의 상황에 맞게 맞춤형으로 활용하셔야 합니다. 처음에 세팅된 상태로 GA를 활용하시게 되면 일부 데이터는 이상이 없겠지만 권장드리지 않습니다.

유입경로별 성과를 정확하게 측정하려면 원치 않는 추천 기능 적용

세션의 **소스/매체** 값이 PG 도메인으로 수집되는 건 구글 애널리틱스 가 PG 도메인을 자동으로 인식하지 못하기 때문입니다. 이런 경우 계정의 담당자가 PG 도메인을 수동으로 추가해야 하는데, 이때 GA4에서는 **원치 않는 추천(unwanted referrals)**이라는 기능을 이용합니다. UA 속성 설정 메뉴에 있는 **추천 제외 목록**이라는 기능이 이와 동일한 역할을 합니다. 따라서 **원치 않는 추천** 도메인 목록에 여러분이 운영하는 웹사이트에서 연결되는 PG 도메인과 소셜 로그인 도메인을 추가하셔야 합니다.

또한 회원가입 및 비밀번호 찾기 과정에서 외부 도메인을 거쳐서 다시 웹사이트로 이동하는 경우에도 소스 값이 변경된다면, 해당 외부 도메인을 입력하셔야 합니다. 페이지 경로를 포함한 전체 URL을 입력하실 필요는 없고 **http** 프로토콜을 제외한 기본 도메인만 입력하시면 됩니다.

상황에 맞는 도메인을 리스트에 추가하는 작업 필요

글로벌 기업에서 지역별로 웹사이트를 운영하는 경우, 결제 수단이 다름에 유의하셔야 합니다. 예를 들어 한국은 카카오페이 혹은 네이버페이 결제가 일반적이고, 페이팔 을 결제 수단으로 선택할 수 있는 쇼핑몰은 흔하지 않습니다. 반면에 해외는 페이팔 결제가 일반적이기 때문에 상황에 맞게

참고로 페이팔은 전 세계적으로 가장 규모가 큰 간편결제 회사로 해외에서는 대부분의 결제가 페이팔을 통해 가능합니다.

세팅을 해주셔야 합니다. 만약 페이팔 이외의 결제 대행사를 사용하고 있다면 해당 도메인도 추가하면 됩니다.

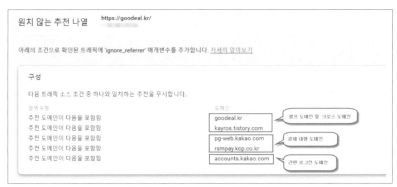

▲ 원치 않는 추천 나열 리스트에 결제 대행 및 간편 로그인 도메인을 추가하세요

여기에 추가로 셀프 도메인이나 크로스 도메인 설정이 된 도메인도 추가하시기 바랍니다. 구글의 도움말 문서를 보면 자체 도메인은 추천(Referral)으로 식별하지 않는다고 명시되어 있습니다. 하지만 제가 여러 계정에서 테스트해본 결과, 일부 트래픽은 자체 도메인 추천으로 표시가 됩니다. 추후 수정이 될 것으로 예상되지만, 완벽한 세팅을 위해 자체 도메인도 추가하시길 권장합니다. UA에서는 셀프 도메인이 기본으로 추가되어 있어서 추가할 필요가 없었지만, GA4는 별도로 추가해야 합니다.

GA4는 UTM 관련 측정기준이 UA 대비 세분화되었음

GA4가 UA와 다른 점이 있다면 **소스/매체**에 관한 측정기준이 더욱 세분화되었다는 것입니다. UA에서는 세션 기준의 **소스/매체** 측정기준 밖에 선택할수 없었지만, GA4에서는 **첫 사용자 소스/매체**(First user source/medium) 측정기준을 선택할 수 있습니다. 즉, **소스/매체** 값을 **사용자** 기준의 첫 번째 세션에서 측정된 값으로 조회할 수 있습니다. 다음 시나리오를 예로 들어보겠습니다.

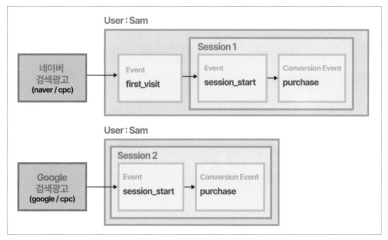

▲ 동일한 사용자가 다른 유입경로를 통해 방문한 뒤 각각 전환이 되는 시나리오

Sam이라는 방문자를 통해 2개의 세션이 발생했고, 각 세션의 유입경로는 다르지만 **First user source/medium** 값은 동일합니다. 사용자는 브라우저 쿠키를 삭제하지 않는 이상 동일하기 때문입니다. GA4는 이처럼 세션뿐만 아니라 사용자 관점에서의 전환 값까지 쉽게 조회할 수 있도록 바뀌었습니다. 어떤 매체가 전환에 기여했는지를 분석할 때도 유용하게 사용할 수 있습니다.

첫 번째 세션(First session)

- **First user source/medium**: naver / cpc
- **Session source/medium**: naver / cpc
- **Source/medium for the conversion event**: naver / cpc

두 번째 세션(Second session)

- **First user source/medium**: naver / cpc
- **Session source/medium**: google / cpc
- **Source/medium for the conversion event**: google / cpc

지금까지 GA4 계정 생성 후 속성 관련 설정을 할 때 반드시 추가해야 할 **원치 않는 추천(unwanted referrals)** 설정을 확인했습니다. 처음에 세팅할 때 이 과정을 그냥 지나쳤다가는 유입경로에 따른 전환 성과가 PG 도메인 혹은 간편 로그인 도메인에 할당되는 오류를 범하게 됩니다. GA4에서 어떤 이벤트를 수집할 것인지도 중요하지만, 이와 같이 필수로 적용해야 할 세팅 역시 놓치면 안 됩니다. 놓쳤다가 나중에 발견하게 된다면 기존에 쌓였던 데이터는 활용하기 어렵습니다. 앞서 말씀드렸던 것처럼 http 프로토콜을 제외한 기본 도메인 주소도 **원치 않는 추천 목록**에 추가하는 걸 잊지 마세요.

- 15 -

GA4 크로스 도메인 트래킹은
어떻게 할까

기본 도메인에서 다른 도메인으로 이동 시 세션이 유지되려면 크로스 도메인 세팅 필요

크로스 도메인 트래킹이란 웹사이트 소유권은 동일하지만 도메인이 서로 다른 웹사이트를 교차로 방문할 때 세션이 끊기지 않게 트래킹하는 방법입니다. 기본적으로 구글 애널리틱스는 어떤 고유한 도메인에서 발생한 데이터를 트래킹하도록 세팅되어 있습니다. 즉, 소유권이 동일한 사이트임에도 방문자가 다른 도메인으로 이동하면 세션이 끊어진다는 것입니다. 세션이 끊어지면 성과에 대한 추적이 또한 중단됩니다. 세션이 끊기게 되면 성과에 대한 추적 또한 중단됩니다. 때문에 이런 상황에서 세션이 유지되도록 트래킹하는 작업은 정확한 성과 측정과 연관되어 있습니다.

크로스 도메인 트래킹은 전제 조건이 있습니다. 소유권이 동일한 양쪽 도메인에 동일한 GTM 추적 코드를 삽입하고, Google 태그가 각 도메인 방문시 실행되도록 세팅해야 합니다. 다시 말해, 추적하고자 하는 도메인을 소유하지 않았다면 크로스 도메인 트래킹 또한 불가능합니다. 해당 도메인의 소

스 코드에 접근할 수 없다면 GTM 추적 코드 또한 삽입할 수 없으니까요.

만약 크로스 도메인 트래킹 설정을 하지 않으면 어떻게 될까요? GA는 기본 도메인에서 소유권이 동일한 다른 도메인으로 링크가 걸릴 때 발생하는 트래픽을 다른 세션으로 인지합니다. 이렇게 되면 고객의 여정이 끊기게 되므로 나중에 데이터 분석을 할 때 정확하게 성과를 파악하기 어렵습니다. 이번 장에서는 크로스 도메인 트래킹 설정이 왜 중요하며, GA4에서 어떻게 설정해야 되는지 설명하겠습니다.

이벤트성 도메인은 가급적 서브 도메인으로 생성하는 걸 권장

이커머스를 운영하다 보면 다양한 프로모션과 이벤트를 진행합니다. 규모가 큰 프로모션이나 이벤트성 행사는 별도의 마이크로 사이트를 만들어서 운영하는 경우도 종종 있습니다. 전부가 그렇진 않지만 간혹 도메인 주소를 기본 도메인과 다르게 하는 경우를 보기도 합니다. 사실 이런 경우에는 기본 웹사이트 도메인과 동일한 서브 도메인을 생성해서 마이크로 사이트를 운영하는 게 정석입니다.

하지만 담당자가 분석을 고려하지 않은 채 디지털 자산의 도메인을 설계한다면, 나중에 프로모션이 끝나고 데이터를 분석하고자 할 때 성과를 제대로 보지 못하는 상황이 발생하게 됩니다. 그러므로 마케팅 담당자들은 GA를 완벽하게 숙지하지 못하더라도 이런 상황에서 크로스 도메인이 필요하다는 정도는 인지하고 있어야 합니다. 그래야 어떻게든 방법을 쓸 수 있으니까요.

그런데 만약 담당자가 이 사실을 모른다면 어떻게 될까요? 아마 마이크로 사이트에 동일한 GA 스크립트 또는 GTM 기본 태그를 적용하고 방문자들이 들어오길 기다릴 것입니다. 방문자들은 광고나 오가닉으로 접속한 뒤 마이크로 사이트 안에 있는 상품을 클릭하게 됩니다. 그리고 상품에 걸린 링크는 대부분 기본 도메인으로 연결됩니다. 이때 크로스 도메인 설정이 되어 있지 않다면 방문자의 세션은 끊기게 됩니다. 왜 그럴까요? 서로 도메인이 다르기 때문입니다.

GA4의 소스(source) 보고서에 가면 마이크로 사이트 도메인이 찍힌 걸 보시계 될 것입니다. 하지만 크로스 도메인 트래킹이 적용되어 있다면 세션은 끊기지 않습니다. 세션이 끊기지 않는다는 건 소유권이 동일한 서로 다른 도메인에서 교차 방문이 발생해도 고객의 여정이 끊기지 않는다는 얘기입니다.

동일한 추적 코드가 삽입되어도 도메인이 다르다면 세션은 끊겨

대부분의 프로모션 사이트는 광고를 통해 랜딩이 됩니다. 그럼 최초 유입 경로는 네이버나 구글과 같은 외부 도메인이 됩니다. GA를 사용한다면 광고 링크에는 UTM 파라미터가 붙어있을 가능성이 높습니다. 그래야 해당 UTM 파라미터에 근거해서 유입경로별 성과를 측정하게 되기 때문인데요. 마이크로 사이트의 도메인 주소가 기본 사이트와 다르다면, 마이크로 사이트에 있는 상품 링크를 클릭해서 기본 웹사이트로 넘어오는 순간 소스(Source) 정보가 바뀌게 됩니다.

이런 경우, 캠페인 링크를 통해 유입되었던 최초 유입경로(예: 네이버, 구글)를 GA가 인지하지 못하게 됩니다. 따라서 기본 웹사이트와 마이크로 사이트의 도메인이 다르더라도 세션이 끊기지 않게 유지하는 작업이 필요합니다. 이를 GA에서는 크로스 도메인 트래킹이라고 정의합니다.

GA4에서 크로스 도메인 설정은 UA 대비 비교적 간단히 가능

UA에서 크로스 도메인 설정을 하려면 세팅 과정이 조금 복잡했으나, GA4에서는 비교적 간단하게 바뀌었습니다. 일단 크로스 도메인 설정을 하기 앞서 전제 조건이 있습니다. 웹사이트 소유권이 동일한 기본 도메인과 추가로 트래킹하려는 도메인 데이터를 수집할 때, 동일한 GA 속성의 스트림 측정 ID를 사용해야 합니다. 즉, 동일한 GTM 스크립트가 양쪽 사이트의 head 영역에 삽입되어 있어야 하고, 페이지 방문 시 동일한 스트림 ID로 데이터가 수집되어야 합니다. 만일 서로 다른 GA 속성의 스트림 ID가 적용된 경우, 정상적으로 크로스 도메인 설정을 하더라도 세션이 제대로 유지되지 않는다는 점을 기억하세요.

그럼 GA4에서 크로스 도메인 설정을 하는 방법을 GA4 화면을 보면서 순서대로 설명하겠습니다. GA 화면 좌측 하단의 **관리** 메뉴를 클릭하고, **속성 설정 〉 데이터 수집 및 수정 〉 데이터 스트림**을 클릭합니다.

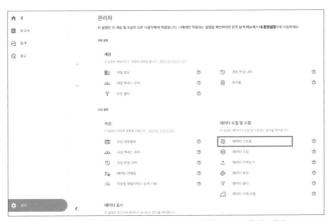

▲ GA4 관리 메뉴의 '속성' 섹션에서 '데이터 스트림(Data Stream)' 메뉴 클릭

수정 권한이 있는 웹 스트림을 선택한 뒤 Google 태그 설정에서 **태그 설정 구성** 메뉴를 클릭합니다. 다음 화면에서 설정 메뉴를 펼친 뒤 **도메인 구성** 메뉴를 클릭합니다.

▲ Google 태그 설정에서 '태그 설정 구성' 메뉴를 클릭

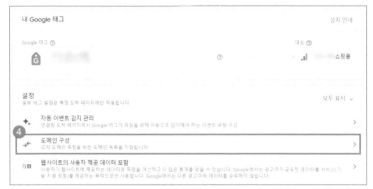

▲ 설정 메뉴 펼침 후 '도메인 구성' 메뉴 클릭

기본 도메인과 추가로 연결하고자 하는 도메인을 입력합니다. http 프로토콜을 제외하고 도메인 주소만 **다음 값을 포함** 조건으로 입력하시면 됩니다. 이렇게 하면 GA4에서 크로스 도메인 설정이 완료됩니다.

▲ 기본 도메인과 추가로 트래킹하려는 도메인 주소를 입력

이제 크로스 도메인 트래킹이 제대로 되는지 점검해볼 차례입니다. GTM 미리보기 모드를 실행한 뒤 자신이 소유한 A 도메인(첫 번째) 페이지를 접속한 뒤, 자신이 소유한 B 도메인(두 번째)으로 연결되는 링크를 클릭합니다. 저는 **goodeal.kr**이라는 쇼핑몰 도메인과 **kayros.tistory.com**이라는 블로그 도메인의 소유권이 있으므로 양쪽에 동일한 GTM 스크립트를 삽입하고 기본 페이지뷰(page_view) 이벤트가 같은 웹 스트림으로 수집되도록 세팅했습니다. 블로그 포스팅에 **goodeal.kr**로 연결되는 하이퍼링크를 넣고 클릭해보겠습니다.

▲ 소유하고 있는 기본 도메인 이외의 도메인에서 기본 도메인으로 연결되는 링크 클릭

페이지 주소 뒤에 _gl이라는 URL 쿼리 파라미터가 붙는 게 확인된다면 크로스 도메인 설정이 정상적으로 적용된 것입니다. 블로그 도메인과 쇼핑몰 도메인은 분명 다르지만 도메인이 바뀔 때 세션이 끊기지 않고 유지됩니다. 바로 크로스 도메인 설정을 했기 때문입니다.

▲ 연결된 기본 도메인 페이지 URL에 '_gl' 파라미터가 확인된다면 설정이 정상 적용된 것

GA4 DebugView로 접속해 크로스 도메인 설정이 잘 되었는지 확인해 보겠습니다. 다음 쪽 그림에서 기본 페이지뷰 이벤트의 매개변수를 보면 ignore_referrer 값이 true로 조회됩니다. 이전 페이지 경로가 kayros.tistory.com이지만 레퍼러 값을 무시하겠다는 의미입니다. 여기까지 확인되면 제대로 세팅이 된 것이라고 보시면 됩니다.

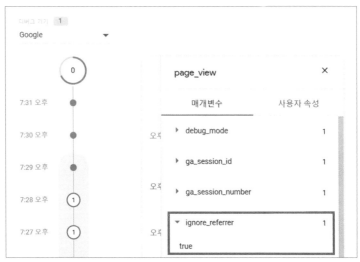

▲ GA4 DebugView에서 page_view 이벤트 조회 시 ignore_referrer 매개변수가 참(true)으로 조회됨

지금까지 GA4에서 크로스의 도메인 트래킹 세팅 방법을 설명드렸습니다. 크로스 도메인 설정을 모든 도메인에 적용할 필요는 없습니다. 다만 여러분이 소유한 도메인이 여러 개 있고, 그중 일부 도메인에서 다른 도메인으로 이동할 때 웹 스트림에서 세션이 끊기지 않고 분석하고 싶다면 크로스 도메인 설정이 필요합니다.

만약 도메인 주소가 기본과 동일한 서브 도메인이라면 크로스 도메인 설정은 필요하지 않습니다. 이 경우 서브 도메인은 기본 도메인과 도메인 이름이 동일하므로 동일한 방문자가 양쪽 도메인을 교차로 방문해도 세션이 끊기지 않고 유지됩니다. 데이터를 수집하는 담당자라면 언제 크로스 도메인을 적용해야 하는지 정확히 아는 것도 중요합니다. 상황에 따라 그에 맞는 설정과 적용한 세팅이 제대로 적용되었는지 체크하셔서 정확한 분석을 하시기 바랍니다.

16

UTM 변수를 활용한 GA4 데이터 수집 및 채널 분류

UTM 변수 종류가 늘었고, 관련 측정기준과 채널 그룹이 세분화됨

GA4에서도 UA와 동일하게 UTM 변수를 활용해서 캠페인 링크에 생성할 수 있습니다. 적용 방법은 기존 UA에서 생성했던 방식과 동일합니다. 랜딩될 예정인 웹사이트 URL 뒤에 UTM 변수를 넣어주시면 됩니다. GA4는 UA에 비해 UTM 변수 종류가 늘었습니다. 데이터를 체계적으로 수집하고 싶다면, 각 채널에 따른 매체별 랜딩 링크에 삽입되는 UTM 변수값을 정의하는 규칙을 만드는 것이 좋습니다. 매체별로 UTM 변수에 삽입할 값을 어떻게 넣을지 정리한 내부 가이드를 만들어보는 것입니다. 잘 만들어진 UTM 변수 가이드를 모든 구성원이 준수했을 때 아름답게 쌓이는 데이터를 확인하면, 조직에서 **데이터 거버넌스**를 만들고 이를 규칙화하는 게 얼마나 중요한지 알게 됩니다.

GA4에서는 채널 그룹 종류와 측정기준이 세분화되어 UA와 비교했을 때 변화가 다소 있습니다. 채널 단위로 데이터가 분류되는 로직을 정확하게 알고 있어야 데이터를 체계적으로 분류할 수 있습니다. GA4는 UA와 다르게 채널 그룹을 맞춤형으로 변경하는 기능을 제공하지 않습니다. 추후 해당 기

능을 제공할 것으로 예상되지만 2022년 11월 기준으로는 제공하지 않고 있습니다. 바꿔 말하면 GA4에서는 유입되는 트래픽을 채널 그룹으로 분류할 때, GA4가 정의한 채널 그룹 분류 규칙을 따라야 트래픽이 제대로 분류됩니다. 이번 장에서는 GA4를 활용하기 위해 알아야 할 UTM 변수의 종류와 개념, 그리고 새롭게 바뀐 GA4 채널 그룹 규칙을 알아보겠습니다.

캠페인의 UTM 변수에는 유입되는 세션의 추가 정보를 기입

GA4에서는 여러 유입경로에서 발생하는 트래픽과 관련하여 모든 정보를 알지 못합니다. 웹사이트에 방문하는 사람들이 어떤 도메인에서 유입되는지는 레퍼러 정보를 통해 알 수 있고, 구글 광고를 통해 유입되는 케이스는 자체 플랫폼에서 발생하는 데이터이므로 트래픽의 정체를 판단할 수 있습니다. 하지만 그 외의 유입경로를 통해 발생하는 트래픽은 GA4가 100% 정확하게 어떤 '소스/매체'인지 분류하고 판단하지 못합니다. 따라서 GA4가 인식할 수 있게 매체별 링크에 별명을 붙여주게 되는데 이게 바로 UTM 변수입니다.

 '네이버 배너 광고이면서 여름 특가 캠페인 소재 타입 A'라고 정의된 광고 랜딩 링크

[링크 예시]
https://goodeal.kr/?**utm_source=naver&utm_medium=display&utm_campaign=summer_deal&utm_content=typeA**

위 캠페인 링크를 보면 기본 URL 뒤에 여러 종류의 UTM 변수가 확인됩니다. 이렇게 UTM 변수가 붙여진 상태에서 특정 사용자가 광고를 클릭하고 유입되어 구매까지 하면 해당 소스(utm_source)와 매체(utm_medium)에 전환 성과가 할당됩니다. UTM 변수 값은 가급적 영어 소문자를 사용하도록 내부 가이드 방침을 만드시길 권장합니다. 만약 값을 대문자로 넣으면 동일한 UTM 값이라도 대소문자가 병행 사용되므로 데이터가 깔끔하지 않게 수집됩니다. 한글을 넣을 시 인코딩이 정상적으로 되지 않는다면 정체를 알 수 없는 문자가 GA4로 수집될 가능성이 높습니다. 그러므로 영문 입력을 권장합니다.

캠페인 링크 생성에 사용되는 캠페인 변수(UTM) 목록

UTM 변수에는 총 7가지 항목이 있습니다. 각각의 변수명과 간략한 설명을 드리자면 다음과 같습니다. '캠페인 이름, 소스, 매체' 이렇게 3가지 변수는 무조건 포함되어야 할 필수값이며, 나머지는 선택값입니다. 다시 말해, 필수값에 해당하는 **캠페인 이름(utm_campaign), 소스(utm_source), 매체(utm_medium)** 변수가 랜딩 URL에 존재하지 않으면, GA4는 해당 링크를 캠페인 링크로 인식하지 못합니다. 선택값(optional)에 해당하는 변수는 링크에 없어도 상관없지만, 만약 이를 넣는다면 해당 캠페인 링크의 정보를 분석하는 관점에서 좀 더 상세한 정보를 확인할 수 있습니다.

아래 표를 보시면 UTM 변수와 관련된 측정기준의 종류가 세분화되었다는 걸 확인할 수 있습니다. 전체적으로 보면 같은 소스(Source)라 하더라도 특정 방문자가 웹사이트에 처음으로 방문했을 때 어떤 유입경로(First user source)를 통해 방문했는지, 방문자(User) 기준과 별도로 각 세션별 유입경로(Session source)는 어떻게 되는지 구분할 수 있게 변경되었습니다.

구분	캠페인 변수명 (Parameters)	측정기준 (Dimensions)	설명 (Description)	필수값 여부 (Required?)	값 예시 (Example)
Campaign Source	utm_source	Source, First user source, Session source	캠페인 링크 출처	Yes	naver, google, facebook,...
Campaign Medium	utm_medium	Medium, First user medium, Session medium	캠페인 링크 유형	Yes	cpc, display, video,...
Campaign Name	utm_campaign	Campaign, First user campaign, Session campaign	캠페인 이름	Yes	summer_sale, signup_promo,...
Campaign Content	utm_content	Manual ad content, Session manual ad content, First user manual ad content	캠페인 링크 소재	No	typeA, typeB,...
Campaign Term	utm_term	Manual term, Session manual term, First user manual term	캠페인 링크 키워드	No	shoes, mouse....
Campaign ID	utm_id	Campaign ID, First user campaign ID, Session campaign ID	캠페인 ID	No	abc123, abc_012,...
Source Platform	utm_source_platform	Source platform, Session source platform, First user source platform	소스 플랫폼	No	Google Ads, Manual

▲ GA4에서 제공하는 캠페인 UTM 변수 목록 (총 7가지)

utm_content 변수는 캠페인 소재를 주로 다루는데, 만약 이 변수가 없다면 특정 캠페인이 어떤 경로를 통해 유입되었다는 건 알 수 있어도, 어떤 소재를 통해 전환까지 발생했는지는 알기 어렵습니다. 영향력 있는 유튜버나 블로거를 활용한 캠페인이라면 **utm_content** 변수에 유튜버명이나 블로거 이름을 넣어서 성과를 좀 더 자세하게 봐야 합니다.

utm_term 변수는 구글 플랫폼의 광고 캠페인은 아니지만 키워드 정보를 수집하는 경우에 사용합니다. 네이버 키워드 광고가 대표적입니다.

Campaign URL Builder를 이용해 캠페인 URL 생성하기

캠페인 링크는 아래와 같이 구글 검색창에서 **campaign url builder**를 검색 후 맨 처음 조회되는 사이트에서 생성할 수 있습니다.

▲ 구글 검색창에서 campaign url builder를 입력하세요

▲ 캠페인 URL 빌더에서 랜딩 링크와 각 UTM 변수를 입력하세요

캠페인 ID(utm_id)는 캠페인 비용 데이터를 GA로 업로드할 때 필요한 변수입니다. 캠페인 비용 데이터를 GA4에 업로드할 계획이 없다면 utm 캠페인 링크에 **utm_id**를 굳이 넣을 필요가 없습니다. 하지만 **utm_id**라는 key 값으로 데이터베이스 테이블을 조인 한다거나, 아래 표와 같은 형태의 비용 데이터를 업로드할 계획이라면 **utm_id** 변수를 사용해야 합니다. 제가 판단하기에 대규모의 캠페인을 진행하는 서비스가 아닌 이상 **utm_id** 변수를 실무에서 활용하는 경우는 드물 것이라 예상됩니다.

utm_id	utm_campaign	utm_source	utm_medium	날짜	노출수	클릭수	비용
101	Summer_fun	naver	cpc	2020-12-01	12,242,371	367,271	36,727
102	Fall_delight	facebook	cpc	2020-12-01	3,429,267	34,292	8,573
103	Winder_wonderland	kakao	cpc	2020-12-01	9,732,461	194,649	29,197

▲ 캠페인 비용 데이터를 GA4에 업로드할 계획이 있다면 'utm_id'를 활용하세요

Source Platform(utm_source_platform) 은 GA4에서 신규로 생긴 캠페인 변수이자 측정기준입니다. 캠페인 링크를 만들 때 별도로 입력하진 않지만 구글 광고 여부에 따라 값이 **Google Ads** 또는 **Manual**로 구분됩니다.

다음 그림을 예로 들어보겠습니다. 자유형식(Free from) 보고서에서 **Session source platform** 측정기준을 적용했을 때 Manual 로 분류되는 **소스/매체**를 보시면 구글 광고 플랫폼이 아닌 값들이 조회되며, Source Platform이 **Google Ads**인 경우의 **소스/매체** 값은 **google/cpc**만 확인됩니다. 아직까지는 Source Platform이라는 측정기준을 어떨 때 활용해야 할지 감이 잡히지 않지만, 일단 존재한다는 사실은 인지하시는 게 좋습니다.

Session source platform	Session source / medium	↓ Sessions	Engagement rate	Transactions
Totals		20,649 100% of total	76.97% Avg 0%	169 100% of total
1 Manual	naver / brandsearch_mo	6,034	84.95%	53
	m.search.naver.com / referral	1,517	72.25%	15
	naver / organic	1,427	75.19%	12
	naver / brandsearch_pc	1,160	83.19%	12
	naver.com / referral	1,092	79.85%	7
	naver / cpc	899	63.07%	10
	l.instagram.com / referral	751	92.01%	0
	newsletter / email	483	77.64%	0
	google / organic	473	68.08%	4
	IG / social	254	77.56%	0
2 (not set)	(direct) / (none)	4,083	65.96%	33
	(not set) / (not set)	87	3.45%	7
	google / cpc	37	54.05%	0
3 Google Ads	google / cpc	1,374	74.53%	9

▲ Source Platform 측정기준을 적용했을 때 GA4에서 조회되는 데이터 예시

GA4가 출시된 이후로 utm_content 및 utm_term 측정기준은 기본으로 제공하지 않았기 때문에 해당 변수에 수집된 데이터를 조회하려면 별도의 맞춤 측정기준(Custom Dimension)을 생성해서 데이터를 조회했었습니다. 하지만 구글에서 2022년 7월부터는 utm_content 및 utm_term 측정기준을 기본 측정기준에 포함하겠다고 공지를 했고, 이후부터 해당 측정기준이 GA4에서 조회됩니다.

각각의 측정기준은 세션 수동 광고 콘텐츠(Session manual ad content), 세션 수동 검색어(Session manual term)입니다. GA4를 한국어로 설정해서 데이터를 보면 번역에 다소 어색한 감이 있습니다. 이런 이유로 저는 GA4를 언어 설정을 영어(English)로 세팅해서 이용하기를 권장합니다.

- utm_content 변수의 GA4 측정기준 이름은 **세션 수동 광고 콘텐츠(Session manual ad content)**

- utm_term 변수의 GA4 측정기준 이름은 **세션 수동 검색어(Session manual ad content)**

GA4와 구글 애즈 연동 시 훨씬 다양한 데이터 조회 가능

구글 애즈와 같은 구글 플랫폼 광고 상품에 자동 태그_{GCLID} 추가 설정이 되어있는 경우, 아래 예시와 같이 광고 랜딩 링크의 마지막에 **gclid**로 정의되는 자동 태그가 붙습니다. 참고로 구글 애즈에서 자동 태그의 기본 설정값은 **사용**으로 되어 있습니다. 한편 GA4에서는 자동 태그 정보를 기반으로 모든 트래픽 데이터를 표시한다고 도움말 문서에 명시되어 있습니다. GA4와 구글 애즈를 속성 설정에서 연동하게 되면 구글 애즈에서 조회되는 다양한 측정기준과 측정항목을 GA4에서 조회할 수 있다는 장점이 있습니다.

 자동 태그가 랜딩 링크 뒤에 붙은 예시

[링크 예시]
https://www.example.com/?gclid=123xyz

구글 애즈 광고 랜딩 링크에 UTM 변수를 동시에 사용하는 경우, 자동 태그(gclid)에 우선순위가 있습니다. 하지만 구글 도움말 문서를 보면 둘을 병행해 사용하면 데이터 불일치가 발생할 수 있다고 언급하고 있습니다. 자동 태그와 UTM 변수를 동시에 사용하지 마세요. 자동 태그를 사용하지 않고 UTM 변수를 사용하고 싶다면, 구글 애즈에서 자동 태그 설정은 비활성화 상태로 변경하시기 바랍니다. 단, 그렇게 변경할 경우 GA4에서 구글 애즈 관련 측정기준(Dimensions)을 활용할 수 없습니다.

직접 유입(Direct) 채널 트래픽을 정확히 측정하고 싶다면?

UA에서 **직접 유입(Direct)** 채널 트래픽 비중이 높을 때, 이를 해결하는 방법은 담당자가 관리 가능한 매체의 랜딩 URL에 가급적 UTM 변수를 붙이는 것입니다. 그래야 트래픽이 어디에서 오는지 비교적 정확하게 판단할 수 있습니다. **직접 유입(Direct)**으로 분류되는 트래픽은 주소창에 URL을 입력하거나 모바일 앱을 통해 유입되는 경우도 있겠지만, 대부분은 출처가 불분명한 referrer 도메인이 쿠키에 기록되지 않은 트래픽이라고 생각하시면 됩니다.

랜딩 과정에서 리디렉션이 발생한다거나, https 도메인에서 http로 랜딩되는 경우에는 직접 유입(Direct) 트래픽으로 분류되지만, 이를 제외하더라도 메신저 링크를 통해 유입되거나 PDF 문서 안에 있는 링크를 클릭하는 등의 아주 많은 변수가 있습니다. 따라서 모든 트래픽을 100% 내가 관리한다는 마음가짐보다는 **할 수 있는 선에서 유입되는 트래픽에 최대한 정확하게 UTM 변수를 붙여서 소스/매체를 정의한다**는 마음가짐으로 채널 데이터를 분류하고 모니터링하시기 바랍니다.

데이터 수집에 있어 100% 완벽함은 존재하지 않습니다. 데이터의 정합성을 맞추려고 노력하는 것보다는, 트렌드와 추이를 보시면서 그 안에서 액션을 위한 근거를 하나라도 더 찾는 게 낫다고 생각합니다. 그렇지 않으면 분석을 위한 액션은 하지 않고 데이터만 맞추다가 분석도 못하고 시간을 허비하게 될 가능성이 높습니다.

만약 아래와 같이 여름 특가 내용이 포함된 카카오톡 채널 push 마케팅을 진행했다면 GA4에서는 이를 어떤 채널로 분류할까요?

 카카오톡 채널 push 메시지의 캠페인 링크 예시

[링크 예시]
https://goodeal.kr/?utm_source=kakaotalk&utm_medium=push&utm_campaign=summer_deal&utm_content=typeA

UA라면 트래픽이 Referral 채널로 분류되거나 별도로 정의한 맞춤 채널이 있다면 해당 채널로 데이터가 분류되겠지만, GA4에서는 **Mobile Push Notifications**라는 채널로 분류됩니다. 왜 그럴까요?

GA4에서 정의하는 채널 그룹 역시 UA 대비 세분화되었다

GA4에서 정의하는 해당 채널의 데이터 분류 규칙을 확인해보겠습니다. **utm_medium=push** 부분이 Mobile Push Notifications 채널의 조건과 일치합니다. 따라서 해당 트래픽은 **Mobile Push Notifications** 채널로 분류됩니다. 이는 UA에서는 볼 수 없었던 채널 이름입니다.

Mobile Push Notifications 채널 정의

Medium(매체) 값이 'push'로 끝나거나 Medium(매체) 값에 'mobile' 또는 'notification' 포함 시

채널	정의
Mobile Push Notifications	**Medium ends with "push"** OR Medium contains "mobile" or "notification"

▲ Mobile Push Notifications 채널로 분류되는 트래픽의 조건값

GA4가 채널을 분류하는 기준은 다음 표와 같습니다(다음 쪽 참조). 총 17개의 채널 분류 기준이 존재하며, 이해를 돕기 위해 **Paid/Organic/그 외** 채널로 분류하였습니다. UA와 비교하면 Paid와 Organic 채널이 Shopping, Social, Video로 좀 더 세분화되었네요.

Organic Shopping 채널은 GA4에서 자체적으로 정의한 유입 소스별 카테고리 목록에서 쇼핑으로 정의된 Source와 일치하거나 캠페인 이름이 **shopping**으로 시작 혹은 **shop**으로 끝나는 경우라고 정의하고 있습니다.

채널	정의
Paid Search	Source matches a list of search sites AND Medium matches regex ^(.*cp.*|ppc|paid.*)$
Paid Shopping	Source matches a list of shopping sites OR Campaign Name matches regex ^(.*(([^a-df-z]|^)shop|shopping).*)$) AND Medium matches regex ^(.*cp.*\|ppc\|paid.*)$
Paid Social	Source matches a list of social sites AND Medium matches regex ^(.*cp.*|ppc|paid.*)$
Paid Video	Source matches a list of video sites AND Medium matches regex ^(.*cp.*|ppc|paid.*)$
Display	Medium is one of ("display", "banner", "expandable", "interstitial", "cpm")

▲ GA4 Paid 관련 채널에 대한 정의

채널	정의
Organic Shopping	Source matches a list of shopping sites OR Campaign name matches regex ^(.*(([^a-df-z]|^)shop|shopping).*)$
Organic Social	Source matches a regex list of social sites OR Medium is one of ("social", "social-network", "social-media", "sm", "social network", "social medi
Organic Video	Source matches a list of video sites OR Medium matches regex ^(.*video.*)$
Organic Search	Source matches a list of search sites OR Medium exactly matches organic

▲ GA4 Organic 관련 채널에 대한 정의

채널	정의
Direct	Source exactly matches direct AND Medium is one of ("(not set)", "(none)")
Referral	Medium = referral
Email	Source = email|e-mail|e_mail|e mail OR Medium = email|e-mail|e_mail|e mail
Mobile Push Notifications	Medium ends with "push" OR Medium contains "mobile" or "notification"
SMS	Medium exactly matches sms
Audio	Medium exactly matches audio
Affiliates	Medium = affiliate
Cross-network	Campaign Name contains "cross-network" Cross-network includes Performance Max and Smart Shopping.

▲ Paid 및 Organic 채널을 제외한 나머지 채널에 대한 정의

GA4 채널의 소스 및 카테고리 목록이란 GA4에서 자체적으로 정의한 소스 및 카테고리 목록으로, 해당 규칙에 의해 트래픽이 유입 시 채널 단위로 분류되도록 세팅되어 있습니다. 구글에서 **GA4 기본 채널** 그룹이라고 검색했을 때 노출되는 **GA4 기본 채널** 그룹 도움말 문서의 하단에서 다운로드할 수 있도록 제공하고 있습니다.

애널리틱스의 소스 및 카테고리 목록

Download a spreadsheet of GA4 default-channel-grouping sources and categories ☑

검색, 소셜, 동영상 또는 쇼핑 사이트를 목록에 추가하려 하거나 현재 비즈니스 정보를 변경하려면 *googleanalytics-channelgrouprequests@google.com*으로 문의하세요. Google 애널리틱스에서는 이러한 요청을 1년에 1회 이상 검토합니다. 특정 검색엔진, 소셜 사이트 또는 쇼핑 사이트에서 상당한 양의 트래픽이 유입되는지를 포함하되 이에 국한되지 않는 여러 요소를 Google에서 평가한 결과에 따라 포함 여부가 결정됩니다.

▲ GA4 애널리틱스 소스 및 카테고리 목록

구글 애널리틱스의 도움말을 확인해보면 소스 및 카테고리 목록에 원하는 값이 없는 경우 구글 담당자에게 이메일을 보내서 추가로 요청할 수 있고, 접수된 요청은 1년에 1회 이상 검토한다고 명시되어 있습니다. 하지만 요청한 내역이 모두 반영될지 약간 의구심이 드는 건 사실입니다. 여러분이 운영하는 웹사이트에서 유의미한 트래픽이 발생하는 레퍼러 도메인이 있다면 구글 측에 메일을 보내서 목록에 추가해달라고 요청하시기 바랍니다.

그럼 Organic Shopping 채널로 트래픽이 분류되는 예시를 보여드리겠습니다. 다음 쪽 그림은 네이버 지식쇼핑에서 특정 판매처 링크를 클릭해서 랜딩된 화면입니다. 랜딩되었을 때 개발자 도구(F12)를 열어서 이전 페이지 경로(referrer)를 확인하니 도메인에 cr.shopping.naver.com이 확인됩니다. 이는 제가 앞에서 언급한 **GA4 소스 및 카테고리 목록**에서 검색해보면 카테고리 값이 SHOPPING으로 분류됩니다. GA4에서는 별도의 UTM 변수를 붙이지 않았다고 가정할 경우 해당 트래픽을 Organic Shopping 채널로 분류합니다.

▲ 네이버 지식쇼핑에서 특정 쇼핑몰로 연결되는 상품 링크 클릭

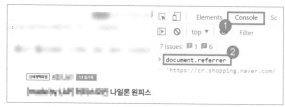

▲ 랜딩 이후 개발자 도구(F12)의 Console 탭에서 document.referrer 조회

source	source category
cr.shopping.naver.com	SOURCE_CATEGORY_SHOPPING

▲ 네이버 지식쇼핑 도메인은 GA4에서 쇼핑 카테고리로 분류

다음 정보는 GA4에서 Organic Shopping 채널을 정의하는 규칙입니다. 소스(Source)의 카테고리가 Shopping이거나 캠페인 이름에 shop 또는 shopping이라는 텍스트가 포함된 경우라고 정의되어 있네요. 네이버 지식쇼핑 도메인은 첫 번째 조건을 만족하므로 GA4에서는 Organic Shopping 채널로 분류됩니다.

채널	정의
Organic Shopping	Source matches a list of shopping sites OR Campaign name matches regex ^(.*(([^a-df-z]|^)shop|shopping).*)$

▲ 오가닉 쇼핑(Organic Shopping) 채널로 트래픽이 분류되는 정의값

UA와 비교해보면 채널별 트래픽을 분류하기 위해 체크할 사항이 더 많아진 느낌입니다. 현재는 GA4 채널 분류를 하려면 채널별 규칙에 맞게 UTM 변수를 입력 혹은 조정하셔야 되고, 채널별 조건을 하나씩 확인하신 뒤 그에 맞춰 UTM 설계를 하셔야 유입된 트래픽이 정상적으로 GA4에서 정의한 채널에 맞게 분류됩니다.

GA4 채널 그룹 정기적 모니터링 및 가이드 준수 필요

GA4 채널 그룹 데이터를 제대로 쌓으시려면, 먼저 채널 그룹 단위로 각 채널을 정의하는 규칙을 확인하고 이를 위한 매체별 UTM 가이드를 UA 및 GA4에 적용될 수 있도록 작성해야 합니다. 데이터가 수집되면 주기적으로 모니터링을 하면서 **Unassigned** 채널로 분류된 트래픽이 무엇인지 확인하고, 앞으로 수집되는 트래픽이 **Unassigned**로 수집되지 않도록 세심하게 작업을 해주셔야 합니다. UA에서 **Other** 채널 트래픽으로 분류되는 트래픽이 GA4에서 **Unassigned** 채널이라고 해석하시면 됩니다.

	Session default channel grouping	↓Sessions	Bounce rate	Engagement rate	Transactions
	Totals	35,092 100% of total	26.31% Avg 0%	73.69% Avg 0%	389 100% of total
1	Organic Search	22,416	21.06%	78.94%	264
2	Direct	5,841	37.48%	62.52%	74
3	Paid Search	2,953	27.53%	72.47%	14
4	Organic Social	1,237	35.25%	64.75%	9
5	Paid Shopping	1,091	35.56%	64.44%	11
6	Unassigned	643	69.05%	30.95%	13
7	Referral	533	38.65%	61.35%	4
8	Organic Video	156	66.03%	33.97%	0
9	Paid Social	64	28.13%	71.88%	0
10	Email	6	50%	50%	0
11	Organic Shopping	6	83.33%	16.67%	0
12	Display	2	100%	0%	0
13	SMS	1	100%	0%	0

▲ Unassigned 채널 트래픽이 증가한다는 건 그다지 좋지 않은 소식입니다

UA와 마찬가지로 특정 사용자가 **Direct(직접)**로 방문했는데 이전 세션에서 특정 소스로 측정된 데이터가 있다면, 해당 방문자는 **Direct**로 방문했더라도 세션의 **소스(Source)** 값이 이전 세션의 소스 정보가 동일한 값으로 수집됩니다. 예를 들어 첫 세션에서 구글 광고를 통해 방문 후, 다음 세션에서 직접 유입으로 방문했다면 채널이나 소스/매체 보고서를 조회할 경우 **'google/ cpc'** 세션 1, **'direct/none'** 세션 1이 아니라 **'google/cpc'** 세션 2로 잡힙니다. GA 데이터를 조회하실 때 이 점을 인지하고 계셔야 합니다.

지금까지 GA4에서 캠페인 데이터를 수집하기 위한 UTM 변수 및 새롭게 바뀐 채널 그룹 규칙을 알아봤습니다. UA과 비교해보면 GA4는 데이터 수집의 관점에서 챙겨야 할 게 많아졌지만 그만큼 데이터를 세분화해서 측정할 수 있게 되었습니다. UTM 변수를 제대로 붙이는 것도 중요하지만 이와 연관해서 데이터가 분류되는 채널 그룹 데이터도 같이 보셔야 합니다. 그래야 데이터를 보다 체계적으로 수집하고 운영할 수 있습니다. 채널 그룹 데이터는 주기적인 모니터링이 필요하며, 주 1회 시간을 정해서 잘못된 부분은 없는지 모니터링하시기 바랍니다.

17

데이터 레이어,
맞춤형 데이터 수집을 위한
필수 기능

데이터 수집 안정성을 높이려면 데이터 레이어(dataLayer) 활용

데이터를 수집하고 정합성을 검증하는 과정에서 '지금 수집되는 데이터가 나중에도 별 탈 없이 정상적으로 수집되어야 할 텐데...'라는 걱정을 하지 않는 분석 담당자는 없습니다. 지금 당장 문제가 발생하지 않더라도 시간이 지나고 기존에 정상 수집되던 데이터에 갑자기 문제가 발생하면 원인을 처음부터 파악해야 합니다. 원인이 파악되는 순간 데이터가 다시 제대로 수집될 수 있게 처리가 필요하며, 이에 따른 검증 과정을 또다시 반복해야 합니다. 이런 과정이 반복되면 데이터를 분석하는 일보다 데이터 관리와 검증에 더 많은 시간을 허비하게 됩니다. 이것이 앞으로 말씀드릴 데이터 레이어가 중요한 이유입니다.

데이터 레이어를 사용하면 위에서 언급한 데이터 수집 및 운영에서 발생하는 리스크와 번거로움이 현저히 줄어듭니다. 저의 경험으로 비춰볼 때 자신 있게 말씀드릴 수 있습니다. 이번 장에서는 **데이터 레이어**란 무엇이며, GTM을 사용하는 과정에서 왜 사용해야 하는지 말씀드리겠습니다. 데이터 레이어를 써보지 않은 사람은 봤어도, 썼던 사람이 다시 사용하지 않는 경우는 보지 못했습니다. 데이터 레이어를 활용하면 결과적으로 데이터 수집의 안정성을 높여주며, 협업하는 개발자 입장에서도 데이터를 담고 있는 스크립트를 소스 코드상에서 깔끔하게 관리할 수 있기 때문에 장점이 많습니다.

데이터 레이어는 변수와 값으로 구성된 자바스크립트 배열 함수

구글 도움말 문서에서는 데이터 레이어를 **웹사이트에서 태그 관리자 컨테이너로 정보를 전달할 때 사용되는 자바스크립트 개체(object)**라고 정의합니다. 쉽게 말해, 웹사이트에서 GA 기본 태그를 통해 수집되는 정보 외에 추가적인 정보를 수집하고 싶다면 해당 정보를 담을 공간이 필요한데 데이터 레이어가 중간에서 그 역할을 대신한다고 이해하시면 됩니다. 데이터를 구글 태그 매니저로 수집하는 과정에서 데이터 레이어는 웹사이트와 GTM 사이의 매개체 역할을 합니다.

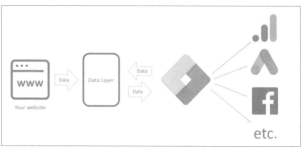

▲ 데이터 레이어는 웹사이트와 GTM 사이에서 데이터를 전달하는 매개체 역할을 합니다

데이터 레이어는 변수(key)와 변수에 상응하는 값(value)으로 구성됩니다. 방문자의 액션에 따라 원하는 값을 수집하는 경우에는 dataLayer 푸시(push) 함수를 사용합니다. 예를 들어 뉴스에 댓글을 달거나 '좋아요'와 같은 인터랙션이 발생할 때, **dataLayer.push** 함수를 사용해서 데이터 레이어를 업데이트할 수 있습니다. 이렇게 업데이트된 정보를 나중에 GTM 변수를 활용해서 가져오게 됩니다.

```
<script>
    window.dataLayer = window.dataLayer || []; // 데이터 레이어 초기화
    dataLayer.push({ // 이벤트명
        'event': 'viewArticle',
        'reporter': '홍길동',
        'articleSection': '경제',
        'hashTag': '금리인상, 소비자물가, 휘발유가격'
    });
</script>
```

자바스크립트 기본 문법을 알면 데이터 레이어 활용 시 유용

데이터를 수집하고 분석하는 역할을 맡게 되면 기본적인 자바스크립트 구조나 문법은 반드시 알아야 합니다. 그래야 개발자와 원활한 소통이 가능하며, 문제가 발생했을 때 빠르게 대처할 수 있습니다. 자바스크립트를 처음 접한다면 하루 30분씩 꾸준히 학습을 하시길 권장합니다. 자바스크립트로 복잡한 함수를 짜야 할 경우도 있지만, 지레 겁을 먹지 않아도 됩니다. 웹사이트의 정보를 가져오는 간단한 함수부터 연습하면 어느새 실력이 많이 늘어있는 자신의 모습을 발견하시게 될 겁니다. 저는 **w3schools.com** 웹사이트에 나오는 다양한 예제들을 하나씩 보고 연습하시는 걸 추천합니다. 이 사이트는 다양한 예제를 포함하고 있어 초보자가 학습하기 안성맞춤입니다.

그럼 실제로 데이터 레이어를 실무에서 어떻게 사용하는지 설명하겠습니다. 뉴스 웹사이트에서 특정 기사를 열람했다고 가정해보겠습니다. 기사가 열람되는 순간 GA4를 기준으로 **page_view** 이벤트가 실행되고, 이벤트와 함께 Page URL, Page Title(제목) 등의 값이 수집됩니다. 하지만 기사를 쓴 기자는 누군지, 기사가 정치 섹션인지 경제 섹션인지 등 기사에 딸린 해시태그

정보는 GA로 수집되지 않습니다. 이런 데이터를 보고 싶다면 해당 정보를 별도로 수집하는 과정이 필요한데, 이때 데이터 레이어를 사용합니다.

GTM에서 맞춤 자바스크립트 변수를 활용해 원하는 정보를 긁어서 수집할 수도 있습니다. 하지만 그러기 위해서는 원하는 정보가 화면이나 소스 코드에 반드시 존재해야 하며, 데이터를 올바르게 수집하기 위한 자바스크립트 스킬이 필요합니다. 만약 화면의 레이아웃이나 일부 UI가 변경될 경우, 기존에 만든 자바스크립트 함수의 결과값이 제대로 반환되지 않을 가능성이 꽝장히 높습니다. 즉, 시간이 지나면 데이터가 정상적으로 수집되지 않게 되는 경우가 너무 많습니다. 결과적으로 데이터를 즉시 확인해야 되는 경우를 제외하고, 데이터 관리의 안정성이 떨어지며 손이 많이 가는 방법입니다.

데이터 레이어(dataLayer) 설계 및 운영 과정에서 문서화 필수

데이터 레이어는 이런 상황에서 큰 힘을 발휘합니다. 일단 데이터를 안정적으로 수집할 수 있습니다. 설령 화면 구조가 변경되더라도 소스 코드에 존재하는 데이터 레이어만 건드리지 않는다면 데이터는 정상적으로 수집될 것입니다. 저는 기본적으로 웹사이트에서 수집할 수 있는 모든 데이터를 GTM을 활용해서 수집하며, 기본 태그를 통해 수집되지 않는 데이터를 트래킹해야 한다면 무조건 데이터 레이어를 사용합니다.

GTM을 활용해서 데이터를 수집하는 것이 가장 이상적인 방법이라고 생각합니다. 단, 이 과정에서 어떤 정보를 담을 것인지 기획하고 문서화하는 작업이 반드시 필요합니다. 각 변수는 어떻게 정의되며, 구체적으로 어떤 값들이 담기고 예시 값은 어떻게 되는지 최대한 자세하게 정리합니다. 내용이 정리되면 이를 적용해줄 개발자를 대상으로 리뷰를 하면서 소스 코드에 여러분이 설계한 데이터 레이어 적용을 요청하고, 이미 데이터 레이어가 존재한다면 추가로 수집할 데이터에 대한 업데이트를 요청합니다. 데이터 레이어 설계서를 정의할 때 다소 과하다 싶을 정도로 자세히 기술해야 남들이 볼 때 이해하기 수월합니다.

다음 장에서는 쇼핑몰에서 발생하는 이커머스 데이터를 추적하기 위해 데이터 레이어를 활용한 이벤트 수집 과정을 설명드리겠습니다. 데이터 레이어를 처음 접하셨다면 다소 낯설고 개념이 어렵게 느껴지실 수 있습니다. 하지만 데이터 레이어를 이해하고 모르고의 차이는 큽니다. 데이터 레이어를 정확하게 알고 활용해야 GTM을 완전하게 사용할 수 있다고 생각합니다.

18

데이터 레이어를 활용한
GA4 이커머스
데이터 수집

이전 장에서 데이터 레이어 개념과 함께 데이터 레이어를 구성하는 스크립트 구조를 설명드렸고, 결과적으로 왜 써야 하는지 알려드렸습니다. 그렇다면 이번 장에서는 실제로 쇼핑몰에서 상품을 조회(View)할 때 발생하는 '상품 조회(view_item)' 데이터를 데이터 레이어와 GTM 세팅을 통해 직접 수집하는 방법을 설명드리겠습니다.

참고로 저는 제가 소유하고 있는 도메인이 카페24 임대형 쇼핑몰이라서 카페24 플랫폼에서 제공하는 상품 및 주문 관련 변수를 활용하였습니다. 동일한 플랫폼을 이용하지 않는 이상 각 쇼핑몰마다 변수명은 다를 것이므로 개발 담당자와 논의를 거쳐서 데이터 레이어를 설계하고 적용하시면 됩니다.

이벤트 및 매개변수 가이드 문서를 즐겨찾기에 추가 (GA4 개발자 도움말 문서)

우선 쇼핑몰에서 이벤트 트래킹 작업을 시작하기 전에 여러분의 브라우저 창에 띄워야 할 페이지가 있습니다. 구글 애널리틱스 4의 이벤트 및 이벤트별 매개변수(Parameter)에 대한 설명과 예시 코드가 명시된 문서인데요. 구글 애널리틱스 개발자 도움말 페이지에서 **이커머스 측정(Measure ecommerce)** 메뉴로 접속한 뒤 구글 태그 매니저 파트를 참고하시면 됩니다.

구글 애널리틱스 개발자 도움말 페이지 링크

구글 애널리틱스 개발자 페이지(https://developers.google.com/analytics)에서 **Google 애널리틱스 설정(Set up Google Analytics) 〉 웹사이트(Websites) 메뉴 클릭**

[링크]
https://developers.google.com/analytics/devguides/collection/ga4

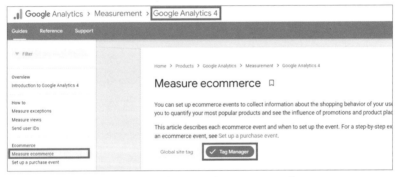

▲ 구글 애널리틱스 4 개발자 문서 〉 Ecommerce 〉 Measure ecommerce 〉 Tag Manager

이 문서를 강조하는 이유는 그만큼 내용이 중요하기 때문입니다. 이를테면 가이드 문서를 따르지 않고 상품의 매개변수 이름을 잘못 입력할 경우 데이터가 수집되지 않게 됩니다. 예를 들어 상품의 카테고리 값을 수집할 때 **item_category** 변수에 카테고리 값을 수집해야 하는데, 변수명을 **item_category1**로 정의하면 해당 카테고리 변수에 값을 넣어도 GA4에서 인식하지 못합니다. 저는 이 방법으로 변수명을 잘못 적용했다가 데이터가 제대로 수집되지 않아 원인을 찾는 데 2~3시간이 걸린 적이 있습니다. 그러므로 가이드 문서를 꼼꼼히 정독하시길 권장합니다. 특히 이벤트별 매개변수를 도움말 문서보다 자세히 설명하는 문서는 없으니 브라우저에 즐겨찾기 해두시면 좋습니다.

상품조회 (view_item) 이벤트 수집하기

　우선 상품의 정보를 담기 위한 객체를 생성해야 됩니다. 일반적으로 상품의 정보를 담는 변수명까지 분석 담당자가 아실 필요는 없습니다. 하지만 이번 예시에서는 개발자의 도움 없이 혼자 트래킹을 수행하는 것이므로 상품정보에 해당하는 변수명과 그에 맞는 값이 매칭되는지 체크해보겠습니다. 상품 상세 페이지에서 **개발자 도구(F12)**를 열고 **콘솔(Console)** 탭을 클릭한 뒤 상품 코드, 상품명, 가격, 카테고리 번호에 해당하는 변수명을 입력하겠습니다.

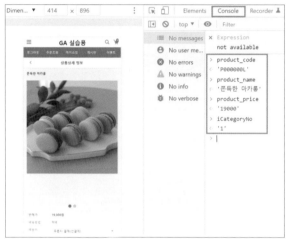

▲ 개발자 콘솔에서 상품 관련 데이터 조회하기 (카페 24 임대형 쇼핑몰 기준)

 개발자의 도움을 받아 이벤트 트래킹을 할 때 주의사항

일반적인 상황이라면 데이터 레이어에 담겨야 할 정보는 개발 담당자를 대상으로 상세히 설명하는 미팅을 갖고, 수집이 필요한 값들을 각각의 변수에 맞춰 데이터 레이어 안에 넣어달라고 요청하셔야 합니다. 예시 화면에서는 상품 이름에 대한 변수명이 **product_name**이지만, 각 회사마다 상품 이름에 대한 변수명은 다를 것입니다.

이를테면 상품 이름 변수명이 **prod_name**일 수도 있고 **p_name**일 가능성도 있습니다. 분석 담당자가 상품 DB를 직접 조회하지 않는 이상 상품 이름에 대한 변수명까지 알지는 못합니다. 따라서 개발자에게 설명을 하면서 상품 관련 정보를 수집하는 상황이라면, 데이터 레이어의 각 변수 단위로 어떤 값이 호출되어야 하는지만 정확히 전달하시면 됩니다.

이제 구글 태그 매니저에 접속해서 설정을 시작해보겠습니다. GTM에서 변수(variable) 타입 중 **맞춤 자바스크립트**(Custom JavaScript) 유형을 선택하고 상품의 정보를 담는 함수를 생성합니다. 이 글에서 자바스크립트 문법을 구체적으로 말씀드리진 않겠습니다. GA4 이벤트 문서를 참고해서 상품 정보와 매칭되는 변수명과 그에 해당하는 값을 입력하고, 상품정보가 담긴 변수를 반환(return)합니다. 여기서 변수명에 명시된 **CJS**는 **Custom JavaScript**의 약자로, 변수 이름의 일관성을 지키고 변수 목록에서 다른 유형과 구분되게 하려고 이렇게 **네이밍 컨벤션**이름에 관한 규칙 가이드을 정의하였습니다.

▲ 상품 정보를 가져오는 객체를 생성하여 관련 값을 수집하는 함수 코드

이제 **데이터 레이어** 스크립트 함수를 생성할 차례입니다. 원래 데이터 레이어 스크립트 함수는 개발팀에 요청해서 방문자의 특정 액션이 있을 때 소스 코드에서 호출되는 게 정석입니다. 하지만 저는 GTM 태그 중 **맞춤 HTML** 유형을 생성해서 소스 코드를 수정하지 않고 GTM으로 데이터 레이어 함수를 호출해보겠습니다.

앞에서 즐겨찾기를 권장한다고 말씀드린 GA4 이커머스 개발자 가이드 문서를 참고해서 데이터 레이어 스크립트를 설계합니다. 다음 그림을 보시면 데이터 레이어 push가 발생할 때 이벤트(event) 변수가 확인되고,

ecommerce 관련 이벤트 값들이 배치되는 구조로 스크립트가 구성되어 있습니다.

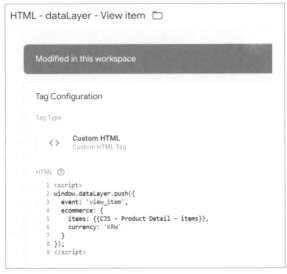

▲ 상품을 열람할 때 호출되어야 하는 'view_item' dataLayer 정보

반복해야 사용되는 값들은 무조건 변수로 생성하는 것을 권장

데이터 레이어 안에는 **event, ecommerce** 변수가 있고 **ecommerce** 하위에는 **items, currency** 변수가 있습니다. items와 currency는 앞으로도 자주 사용될 예정이므로 변수로 생성해줍니다. GTM에서 한 번 이상 재사용되는 값들은 무조건 변수로 만들어주는 게 좋습니다. 같은 일을 두 번 하지 않기 위해서입니다. **데이터 영역 변수(Data Layer Variable)** 유형을 선택하고 데이터 레이어 변수 이름 필드에 **ecommerce.items**라고 입력합니다.

특정 변수의 하위 변수를 선택할 때는.(마침표)를 사용하면 원하는 값을 선택할 수 있습니다. 변수명을 DLV라고 명명한 이유는 **Data Layer Variable** 변수 유형의 앞 글자만 딴 것이라고 이해하시면 됩니다(다음 쪽 그림 참조).

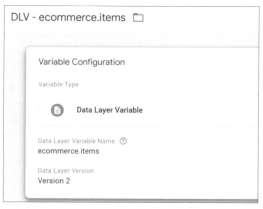

▲ 데이터 영역 변수(Data Layer Variable) 생성 후 dataLayer 변수 이름 입력

이제 GTM 태그를 생성할 차례입니다. 태그명은 누가 봐도 어떤 내용으로 구성되었는지 알아볼 수 있게 정의합니다. 이벤트 이름을 **view_item**으로 입력합니다. 이벤트 파라미터를 입력할 때는 앞에서 생성한 데이터 영역 변수를 입력합니다. 이미 만들어진 변수를 호출할 때는 중괄호를 두 번 '{{' 입력할 경우 GTM에서 이미 생성된 변수 중 선택 가능한 변수 목록이 뜹니다.

▲ GA4 이벤트를 생성하고 이벤트 이름과 관련 파라미터를 넣습니다

다음으로, 변수가 실행되기 위한 트리거를 생성해야 합니다. 트리거 유형 중 **맞춤 이벤트(Custom Event)** 유형을 선택하고 이벤트 이름에 **view_item**을 넣어줍니다. 방금 데이터 레이어를 생성하면서 이벤트 변수의 값으로 '`view_item`'이라고 입력했으므로 dataLayer.push 함수가 정상 작동했다면 태그가 실행될 것입니다. 마찬가지로 트리거 이름의 처음을 '**CE**'로 지은 이유는 **Custom Event**의 앞 글자를 딴 것입니다.

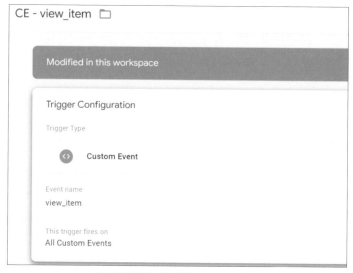

▲ 태그를 실행시키는 맞춤 이벤트(Custom Event) 트리거

GTM 미리보기 모드를 켠 뒤 상품을 클릭해서 상품 상세 페이지에 접속합니다. 미리보기 모드에 실행된 태그 목록을 보니 방금 전에 생성했던 **GA4 – View item** 태그가 정상적으로 실행되었습니다(다음 쪽 그림 참조). 좌측에 데이터 레이어가 실행된 순서를 보면 페이지가 열리고 **DOM**Document Object Model이 정상적으로 호출된 이후 **view_item** 이벤트가 실행됩니다.

▲ GTM 미리보기 모드에서 좌측 이벤트 실행 순서 목록에 'view_item'이 조회됨

다시 말해, 웹페이지에서 HTML의 각 요소(element)들에 대한 호출이 정상적으로 완료된 이후 **view_item**이 실행되었다고 이해하시면 됩니다. 이제 데이터 레이어 안의 변수에 값이 제대로 들어왔는지 확인하겠습니다. GTM 미리보기 모드 우측에서 **Data Layer** 탭을 클릭합니다.

▲ 'view_item' 태그가 실행되면서 dataLayer에도 값이 정상적으로 수집되는지 체크

ecommerce 하위에 item 관련 값들이 정상적으로 수집되었습니다. 이제 GA4로 가서 **DebugView** 보고서에도 이벤트가 제대로 수집되었는지 확인할 차례입니다. GA4 **관리** 메뉴에서 DebugView 보고서를 클릭합니다. 항상

GTM 미리보기 모드에서 값이 확인되면 컨테이너를 바로 반영(Publish)하지 마시고 GA4 DebugView에서 데이터가 실시간으로 들어오는지 다시 한번 확인하는 습관을 기르시면 좋습니다.

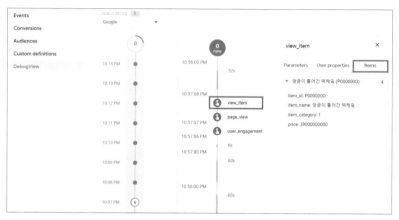

▲ GA4 DebugView에서 items 관련 데이터가 정상 수집되는지 체크

DebugView에서 실시간으로 확인해보니 **view_item** 이벤트와 그에 따른 매개변수가 확인됩니다. 그런데 다시 보니 **price** 매개변수 값에 **0**이 여러 개 존재합니다. 이커머스 트래킹에서 발생하는 GA4의 버그입니다. 달러가 아닌 한국 원화로 설정할 때 나오는 오류로 보이는데 걱정하지 않으셔도 됩니다. 나중에 GA 보고서에서 실제 수집된 데이터를 확인해보면 상품에 매칭되는 **price** 값이 정상적으로 수집된 것을 확인할 수 있을 겁니다.

GTM 작업을 할 때 최대한 Workspace 기능을 활용하자

GA4 DebugView 보고서에서도 데이터에 이상이 없다면 작업한 GTM 컨테이너를 반영(Publish)할 차례입니다. 반영할 때에는 어떤 작업이 있었는지 자세히 기술합니다. 그래야 나중에 다른 동료가 해당 히스토리를 확인할 때 빠르게 체크할 수 있습니다. GTM에서 작업을 수행할 때에는 최대한 Workspace 단위로 작업을 진행하는 게 좋습니다.

GTM 무료 버전에는 한 번에 최대 3개까지 Workspace를 생성할 수 있으며, 한 번에 여러 명이 동시에 GTM 안에서 태그 작업을 하더라도 구분된 Workspace는 독립적으로 운영됩니다. 이렇게 작업을 해야 추후 이전에 했던 작업을 다시 되돌리는 경우에도 문제없이 깔끔하게 되돌릴 수 있습니다.

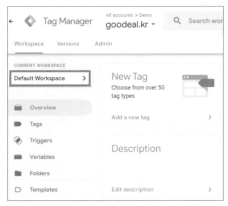

▲ 구글 태그 매니저(GTM) 좌측 메뉴 상단 'Workspace' 영역 클릭

▲ Workspace 신규 생성을 위해 우측 상단 '+' 아이콘 클릭

▲ 어떤 작업을 수행하는지 최대한 구체적으로 제목 및 설명에 추가

▲ GTM 컨테이너를 반영하면서 변경된 사항에 대한 정보 기입

　컨테이너 반영이 완료되면 **상품 상세 페이지**에서 상품을 조회했을 때, GA4 웹 스트림으로 **view_item** 이벤트와 그에 맞는 매개변수 값들이 수집됩니다. 굉장히 많은 단계에 걸쳐 데이터가 수집되지만, 이 과정을 반복하다 보면 GTM을 사용하지 않거나 데이터 레이어를 사용하지 않을 때와 비교해서 데이터 수집의 안정성을 높일 수 있고 훨씬 작업이 수월하다는 걸 느끼게 되실 겁니다. 나머지 이커머스 이벤트들도 같은 방법으로 수집하면 됩니다. 데이터 레이어를 활용해서 GA4 이벤트를 수집하는 과정을 6가지 단계에 따라 정리해보겠습니다.

데이터 레이어를 활용한 이벤트 수집 프로세스

1. 데이터 레이어 설계하고 문서화하기

　데이터 레이어에 담길 값들을 별도의 문서에 정의합니다. 이를 측정 전략 문서라고 부릅니다. 엑셀보다는 다른 동료와 협업이 수월한 구글 스프레드시트에 정리하시길 권장합니다. 데이터 레이어는 최대한 depth 구조로 설계하는 게 보기에도 좋고, 나중에 GTM으로 해당 데이터를 변수로 불러오기도 수월합니다. 예를 들어 글로벌 서비스의 데이터 레이어를 설계한다면 **site**라는 카테고리 안에 country, language와 같은 변수를 담을 수 있습니다. 즉, **site**가 1 depth, **country** 및 **language**가 2 depth가 되는 구조입니다. 개발자 콘솔에서 데이터 레이어를 호출할 때에는 **site.country, site.language** 이렇게 호출하시면 됩니다.

2. 설계한 데이터 레이어 문서를 개발팀과 리뷰하기

설계된 데이터 레이어를 GA4 개발자 가이드를 보면서 체크한 뒤, 이를 개발팀에 전달하면서 반드시 리뷰하는 자리를 갖습니다. 개발팀 입장에서는 데이터 레이어 자체를 처음 보는 경우도 있고, 분석 담당자가 설계한 각 변수가 어떤 의미인지 개발 담당자는 모를 가능성이 큽니다. 경험상 대부분의 커뮤니케이션 오류는 내가 설명하는 정보를 상대방이 다르게 이해할 때 발생합니다. 가능한 친절하게 리뷰해주세요. 작업 시간과 불필요한 커뮤니케이션이 획기적으로 줄어들게 될 것입니다.

3. 개발팀에서 dataLayer 반영 완료 시 정상 반영 여부 검증

개발팀에서 데이터 레이어를 웹사이트에 반영하면, 요청자는 브라우저 개발자 도구 창에서 dataLayer 명령어를 입력한 뒤 변수와 값을 직접 확인해 보거나, GTM 미리보기 모드에서 이벤트 및 각 변수의 값들이 정상적으로 적용되었는지 확인합니다. 이때 제대로 작업이 되지 않았다면 개발팀에 정중히 수정을 요청하고 다시 검증 작업을 진행합니다.

4. 네이밍 컨벤션에 맞춰 GTM 구성 요소 세팅하기

데이터 레이어가 정상 반영되었다면, GTM에서 **태그/트리거/변수**를 **네이밍 컨벤션**에 따라 정의하고, 각 구성에 맞는 설정을 진행합니다. 여기서 중요한 건 내부적으로 정한 네이밍 규칙을 따르는 것입니다. 한 번 네이밍 규칙이 망가지게 되면, 그 이후에 수정하기는 쉽지 않고 많은 시간과 노력이 필요합니다. 데이터를 관리하는 팀에서 먼저 솔선수범할 필요가 있고, 동료가 잘못하고 있으면 피드백을 줘서 바로 잡아야 합니다. 이러한 데이터 수집 및 관리 체계가 정착되고 습관이 되면 추후 관리에 용이합니다.

5. GTM 미리보기 및 GA4 DebugView에서 데이터 검증(QA)

GTM 설정이 완료되면 GTM 미리보기 모드에서 값이 정상적으로 수집되는지 1차 데이터 QA를 진행하고, GA4 DebugView에서 2차 데이터 QA를 진행합니다. QA 과정은 굉장히 중요합니다. QA 시트를 별도로 생성해서 각 이벤트 및 매개변수가 정상적으로 호출되는지 검증합니다.

6. 작업이 완료되면 GTM 컨테이너 반영 및 변경사항 히스토리 남기기

데이터 QA 과정에서 이상이 없다면 GTM 컨테이너를 반영합니다. 이때 어떤 작업을 수행했는지 제목만이라도 최대한 명료하게 기입합니다.

▲ GA4 이커머스 주문 데이터 수집도 위와 동일한 프로세스로 진행하시면 됩니다

주문완료 데이터를 수집하는 과정도 앞서 알려드린 6가지 단계에 걸쳐 작업을 수행하시면 됩니다. 데이터를 기획하고 설계한 뒤 개발팀과 커뮤니케이션을 하고, GTM 설정 작업을 거쳐 데이터 QA까지 진행하는 일련의 프로세

스는 굉장한 피로와 섬세함을 요구합니다. 하나의 데이터가 수집되는 과정은 매우 복잡하고 리소스가 많이 들기 때문에, 계속 강조드리지만 필요한 데이터만 분석 우선순위에 의거해서 수집되어야 합니다.

지금까지 데이터 레이어를 통해 GA4 이커머스 이벤트 데이터를 수집하는 과정과 주의사항을 알려드렸습니다. 생각보다 만만치 않은 작업이지만, 가장 안전하며 추후 운영에 대한 리소스가 적게 드는 방법입니다. 따라서 데이터를 수집할 때는 다음과 같은 방법을 이용하기를 강력히 권장합니다.

GA4 이벤트 데이터를 수집할 때 권장하는 기본 원칙

1. 모든 데이터는 기본적으로 데이터 레이어를 사용해서 수집한다는 원칙을 둔다.
2. 단, 개발팀의 리소스가 너무 부족하거나 간단히 내 손에서 자바스크립트를 함수를 짜서 해결할 수 있는 경우는 예외로 한다.

아무래도 기술적인 내용이 섞여 있다 보니 생소한 단어를 많이 사용하였습니다. 하지만 데이터를 설계하고 수집하는 과정은 기술적인 이해가 반드시 동반되어야 합니다. 데이터 레이어를 적극 활용하셔서 데이터 수집의 안정성을 높이고 앞서 말씀드린 이벤트 데이터 수집 프로세스를 참고하셔서 조직 안에서 내재화가 가능할 정도로 반복해서 시도해보시기 바랍니다.

GA4 데이터 필터를 활용한
내부 트래픽 및 개발자 **트래픽 제외**하기

GA4 데이터 필터를 활용하면 특정 네트워크의 IP 주소에서 유입된 트래 픽이 수집되지 않도록 세팅할 수 있습니다. 이를테면 내부 직원의 트래픽이 나 서비스의 광고를 대행하는 에이전시의 IP 주소 및 대역을 체크해서 데이 터 필터에 넣으면 불순물이 제거된 순수 고객 트래픽 데이터만 수집됩니다. UA에서는 필터를 적용할 때 다양한 측정기준을 활용해서 트래픽을 필터링할 수 있지만, GA4에서는 오직 IP 주소 및 대역으로 트래픽을 필터링할 수 있습 니다. 이번 장에서는 GA4에서 데이터 필터를 적용할 때 어떤 점을 알아두면 좋은지 말씀드리겠습니다.

데이터 필터는 이전 데이터에 소급 적용되지 않고, 생성 시점부터 적용

GA4 데이터 필터는 생성되는 시점부터 적용되며, 이전에 수집된 데이터 에 전혀 영향을 주지 않습니다. 쉽게 말해, 아침에 출근해서 필터를 적용했다 면 필터 적용 전에 수집된 데이터에는 필터 조건이 소급 적용되지 않습니다. 필터가 적용된 데이터는 변경하거나 삭제할 수 없으므로 반드시 테스트 필터 를 통해 검증하고 적용해야 합니다. 참고로 GA4는 속성당 10개의 필터를 생성할 수 있습니다.

데이터 필터는 내부 트래픽 및 개발자 트래픽 2가지 타입이 존재

GA4 데이터 필터의 종류는 2가지로, 내부 트래픽 필터와 개발자 트래픽 필터가 있습니다. 먼저 내부 트래픽 필터를 설명하겠습니다. 내부 트래픽 필터는 특정 IP 주소 및 대역에서 발생하는 트래픽을 제외하거나 포함시킬 수 있습니다. 내 IP 주소를 확인하는 방법을 모른다면 네이버에서 **IP 주소 확인**이라고 검색해 보세요. 회사에서 직원들이 사용하는 IP 대역을 모른다면 개발팀에 문의하면 답을 얻을 수 있을 겁니다. 조직이 큰 경우라면 IT 인프라 운영팀에 문의해보면 됩니다.

▲ 네이버에서 'IP 주소 확인'이라고 검색하면 IP 주소를 확인할 수 있어요

'내부 직원이 얼마나 유입되겠어?'라고 생각하실 수도 있지만, 결제 테스트를 비롯해 내부 트래픽은 여러분이 생각하는 것보다 많습니다. 조직이 클수록 직원들이나 에이전시에서 접속하는 트래픽이 많으니 순수 고객 트래픽과의 차이는 벌어지게 됩니다.

이번에는 개발자 트래픽 필터에 대해 알아보겠습니다. 개발자 필터는 구글 태그 매니저의 미리보기 모드(debug_mode) 상태의 웹(Web) 환경에서 발생하는 트래픽을 제외 처리합니다. 개발자 트래픽을 확인하려면 GTM 미리보기 모드에서 GA4 **관리** 메뉴 하위에 있는 **DebugView** 메뉴를 클릭합니다.

그러면 GTM 미리보기 모드에서 발생한 **page_view** 이벤트가 확인되는데, 이벤트의 매개변수 중 **debug_mode**를 클릭하면 값이 1로 확인됩니다.

여기서 숫자 **1**은 True(참)을 의미하며, **0**은 False(거짓)을 의미합니다. 즉, **debug_mode** 매개변수의 값이 1이라는 건 **debug_mode**에서 발생한 트래픽이라는 의미입니다.

▲ GTM 미리보기 모드에서 조회되는 이벤트는 매개변수에 debug_mode 값이 1입니다

'page_view' 이벤트의 다른 매개변수(Parameter)도 다음 쪽 그림에서 확인해보겠습니다. **traffic_type** 매개변수를 클릭하면 **internal**이라는 값이 확인됩니다. 개발자 트래픽 필터 유형에는 별도의 매개변수 입력란이 없지만, **traffic_type** 매개변수 값은 **internal**로 동일하게 세팅된 것을 확인할 수 있습니다.

▲ GTM 미리보기 모드에서 발생한 이벤트 매개변수 중 'traffic_type'의 값은 internal입니다

데이터 필터 적용 시 3가지 모드 중 하나 선택해서 저장하자

GA4 데이터 필터는 '**테스트/활성/비활성**' 이렇게 총 3가지 모드가 있습니다. 테스트 모드에는 **데이터 필터 이름 테스트(Test data filter name)**라는 측정기준이 있으며, 필터에 적용된 트래픽을 별도로 체크할 수 있습니다. 만약 활성화된 필터를 다시 되돌리고 싶다면 필터를 비활성화하시면 됩니다.

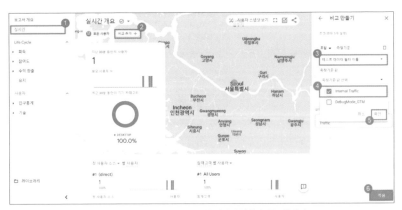

▲ 데이터 필터 상태값은 '테스트(Testing)', '활성(Active)', '비활성(Inactive)' 이렇게 3가지가 있어요

GA4 실시간 보고서에서 **비교 추가(Add comparison)** 기능을 활용해 테스트 필터가 적용된 데이터와 필터가 적용되지 않은 트래픽을 비교한 뒤 해당 필터를 활성화하는 방법으로 데이터를 관리하시기 바랍니다. 참고로 테스트 필터가 생성되면 바로 측정기준이 조회되지 않고 반나절 정도 시간이 지나야 해당 측정기준을 선택할 수 있습니다.

▲ 실시간 보고서에서 '테스트 데이터 필터 이름' 측정기준 적용하기

아래 그림과 같이 실시간 보고서에서 **테스트 필터** 트래픽을 모든 사용자 트래픽과 비교할 수 있습니다. 예를 들면 **트래픽 포함**이 아닌 **트래픽 제외** 조건을 적용하고 실시간 보고서 전체 트래픽에서 내부 필터 트래픽이 빠진 숫자를 확인할 수 있습니다. 개발자 필터 역시 동일한 방법으로 모든 사용자 트래픽과 비교할 수 있습니다.

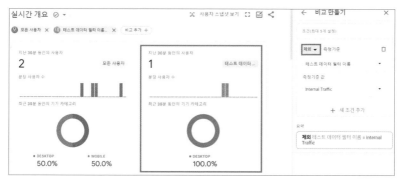

▲ 실시간 보고서에서 Internal Traffic에 트래픽이 잡힌 게 확인됩니다

그럼 데이터 필터를 만들고 적용하는 방법을 알아보겠습니다. GA4의 **관리 〉 데이터 수집 및 설정 〉 데이터 스트림**에 접속해서 스트림 세부정보를 연 뒤 **Google 태그** 영역에서 **태그 설정 구성**을 클릭합니다.

▲ 'Google 태그' 영역에서 '태그 설정 구성'을 클릭

내 Google 태그 하단 설정 영역에서 메뉴를 펼치고 **내부 트래픽 정의** 메뉴를 클릭합니다.

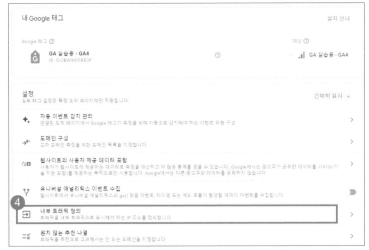

▲ Google 태그 하단 설정 영역에서 메뉴를 펼치고 '내부 트래픽 정의' 메뉴 클릭

내부 트래픽을 정의하기 위해 필터 **만들기** 버튼을 클릭합니다.

▲ 내부 트래픽을 정의하기 위한 필터 '만들기' 버튼 클릭

IP 주소를 입력한 후 **만들기** 버튼을 클릭하면 내부 직원 트래픽 필터가 완성됩니다. 여기서 끝이 아닙니다. 필터를 만들었을 뿐 아직 적용하진 않았습니다.

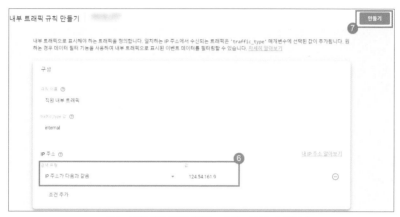

▲ 내부 트래픽 규칙의 이름을 입력하고 제외할 IP 주소를 입력합니다

이제 데이터 필터를 실제로 적용해보겠습니다. GA4 **관리 〉 데이터 수집 및 설정 〉 데이터 필터** 메뉴로 접속합니다. 이미 생성되어 있는 Internal Traffic 필터에 접속한 뒤 필터 상태값을 **사용중**으로 변경하고 **저장**을 누릅니다. 이렇게 되면 내부 트래픽은 GA4 속성으로 수집되지 않습니다.

▲ 데이터 수집 및 수정 〉 데이터 필터 메뉴에서 Internal Traffic 테스트 필터 클릭

▲ 데이터 필터 상태를 '사용중' 모드로 변경하고 저장 버튼 클릭

GTM 미리보기 트래픽만 별도로 확인하는 방법

GA4에서는 UA처럼 **보기(View)**가 존재하지 않고 계정 하위에 속성 (Property)이 존재합니다. 그러므로 GTM 미리보기 모드에서 발생한 트래픽만 별도로 트래킹하고 싶다면 GA4 Debug 속성을 따로 생성하셔야 합니다. Debug Mode 변수는 GTM 컨테이너의 기본 변수 목록에서 별도로 체크해주셔야 사용이 가능합니다. GTM에서 **Lookup Table**(한국어 버전은 '참고 표'로 표기됨) 변수 유형으로 사용자 지정 변수를 생성한 뒤, Input Variable 이 **Debug Mode**일 때 값이 **'true'**라면 GA4 Debug 속성의 웹 스트림 측정(Measurement) ID, 값이 **'false'**라면 기존 GA4 속성의 웹 스트림 측정 (Measurement) ID를 넣어줍니다.

Lookup Table 변수는 이처럼 여러 조건이 있을 때 **Input Variable** 변수값이 **Lookup Table**의 Input 값과 일치할 경우, 각 **Input** 변수와 매칭되는 **Output** 변수값을 반환(Return)해주는 역할을 합니다. 이를 적절히 활용하면 여러 도메인이 있거나, 페이지 경로에 따라 속성을 다르게 세팅하고 싶을 때 하나의 **'Lookup Table'** 변수로 모든 데이터를 조건에 따라 컨트롤할 수 있기에 굉장히 유용합니다. GTM을 깊숙이 들어가면 자바스크립트 기초는 필수로 아셔야 하며, 위와 같이 고급 변수도 활용할 수 있습니다.

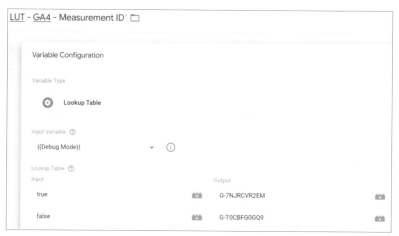

▲ Lookup Table 변수를 활용하면 여러 조건이 있을 때 원하는 값을 수집할 수 있습니다

Google 태그의 **태그 ID** 필드에 Lookup Table 변수를 넣어주면 GTM Debug 모드 여부에 따라 2개의 GA4 속성으로 데이터가 자동으로 분기됩니다. 이렇게 되면 테스트용으로 생성한 GA4 속성에서 GTM 미리보기 모드를 통해 발생한 트래픽이나 이커머스 데이터를 확인할 수 있습니다. (아래 그림 참조)

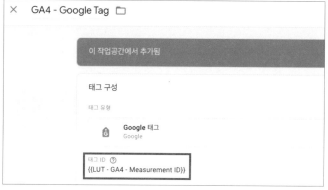

▲ Google 태그의 태그 ID 필드에 앞에서 생성한 Lookup Table 변수 호출

지금까지 GA4 데이터 필터와 GTM의 **Lookup Table** 변수를 활용한 GTM 미리보기 모드 트래픽 및 순수 방문자 트래픽을 구분하는 방법을 알려드렸습니다. GA4 속성으로 데이터를 수집할 때 순수 고객 트래픽으로 정확한 분석을 하고 싶다면 데이터 필터를 반드시 적용하시기 바랍니다. 단, 필터를 적용할 때 한 번 적용된 필터로 수집되지 않은 트래픽은 복구가 어렵기 때문에 반드시 필터 테스트를 하신 뒤 적용하시면 되겠습니다.

GA4 맞춤 측정기준 세팅 시
주의할 점과
유형별 추적 방법

GA4에서도 UA와 마찬가지로 맞춤 측정기준(Custom Dimensions)과 맞춤 측정항목(Custom Metrics)이 존재합니다. GA4에서 기본적으로 제공하는 측정기준 외에 데이터 수집 기준을 추가하고 싶을 때 맞춤 측정기준을 세팅합니다. 먼저 아래 케이스를 확인한 후, 맞춤 측정기준을 세팅하는 방법과 세팅 과정에서 주의할 점을 알아보겠습니다.

GA4가 익숙하지 않은 데이터 분석 담당자 민수 씨는 고객이 이커머스에서 상품을 결제할 때 어떤 결제 수단을 이용하는지 트래킹하려고 합니다. GA4 구매 이벤트를 수집하면서 결제 수단을 수집하는 이벤트 매개변수를 세팅했습니다. GTM 미리보기(Debug) 모드에서 데이터 검수까지 완료한 뒤, GTM 컨테이너를 자신 있게 반영합니다.

몇 일 뒤 민수 씨의 팀장님은 결제 수단별 구매 건수에 대한 결과를 보고해달라고 요청합니다. 민수 씨는 GA4 탐색 보고서에 접속해서 측정기준으로 결제 수단 매개변수를 조회해봅니다. 그런데 GTM 이벤트 태그를 통해 등록했던 결제 수단 매개변수가 측정기준 목록에서 조회되지 않습니다. 왜 이런 상황이 발생했을까요?

이벤트 매개변수를 측정기준으로 쓰려면 맞춤 측정기준을 등록하자

이 케이스의 정답은 **사전에 정의되지 않은 이벤트의 매개변수(Parameter)를 GA4 맞춤 측정기준으로 등록하지 않아서**입니다. 이것을 뒤늦게 알게 된 민수 씨는 그제서야 결제 수단 매개변수를 GA4 속성의 맞춤 측정기준으로 등록합니다. 하지만 이전에 수집된 데이터는 GA4에서 조회되지 않고, 맞춤 측정기준으로 등록한 시점부터 데이터가 측정되기 때문에 보고를 제대로 하지 못하게 됩니다.

즉, GA4에서 사전에 정의되지 않은 매개변수는 맞춤 측정기준으로 등록해야 추후 측정기준 목록에서 검색을 통해 데이터를 조회할 수 있습니다.

GA4 기본 측정기준 이외에 별도의 측정기준을 생성하는 방법

본격적으로 맞춤 측정기준을 만들기 전에, 맞춤 측정기준이 정확히 무엇인지 이해할 필요가 있습니다. GA는 다양한 측정기준을 기본으로 제공하는데, 성별과 연령대를 비롯해 세션의 소스와 매체, 거래 ID 및 구매된 제품의 이름 등이 해당합니다. 데이터를 어떤 기준으로 조회할 것인지가 측정기준에 해당합니다. 하지만 이렇게 제공되는 기본 측정기준 외에 추가로 측정하고 관리하고 싶은 측정기준이 존재할 수 있는데요. 이런 경우 분석 담당자가 별도의 측정기준을 신규로 생성해야 합니다. GA에서는 이를 맞춤 측정기준이라고 정의합니다.

이를테면 앞의 예시에서 맞춤 측정기준은 결제 수단이 됩니다. 결제 수단은 GA4에서 기본으로 제공되는 측정기준이 아닙니다. 회원의 등급 또한 GA4에서 기본적으로 제공하지 않는 측정기준입니다. 또한 데이터를 모니터링하고 분석에 활용하려면 맞춤 측정기준으로 각각 등록해야 합니다.

맞춤 측정기준은 이벤트 범위에서 최대 50개, 사용자 범위에서 최대 25개 등록 가능

GA4에는 맞춤 측정기준을 이벤트 범위에서 최대 50개까지 등록할 수 있으며, 사용자 범위에서 최대 25개까지 등록할 수 있습니다. 그 이상을 맞춤 측정기준으로 활용하려면 GA4 360이라는 유료 서비스를 이용해야 합니다. GA4 360은 GA4를 세일즈하는 공식 파트너사에 문의해서 별도의 견적을 받아야 이용할 수 있습니다. 일반적으로 트래픽 규모가 큰 엔터프라이즈급의 고객사에서는 대부분 유료 버전을 사용합니다.

UA에도 맞춤 측정기준은 존재했지만 무료 버전을 기준으로 속성당 최대 20개까지 등록할 수 있었습니다. 한 번 생성된 맞춤 측정기준은 삭제가 어려웠고, 비활성화하거나 이름을 바꾸는 것만 가능했습니다. 맞춤 측정기준 개수에 제한이 있다 보니, 추가로 분석에 필요한 맞춤 측정기준을 정의하고 싶으면 기존에 세팅한 맞춤 측정기준 중에서 하나를 교체하는 상황이 연출되기도 했습니다.

GA4에는 이 점이 개선되어 더 많은 맞춤 측정기준 등록이 가능하고, 사용하지 않는 맞춤 측정기준은 **보관** 처리할 수 있게 되었습니다. (단어상 의미는 **보관**이지만 사실상 자유롭게 삭제를 할 수 있다고 해석하시면 됩니다.) 그럼 실제로 맞춤 측정기준을 생성하는 과정을 설명드리겠습니다.

결제수단 맞춤 측정기준 등록하기 (payment_type)

맞춤 측정기준은 GA4 좌측 메뉴 중 **관리 〉 데이터 표시 〉 맞춤 정의**에서 생성할 수 있습니다. 일반적으로 우리는 결제를 할 때, 결제 수단으로 신용카드 아니면 간편 결제수단을 선택합니다. GA4에서도 결제 데이터를 수집하면서 **결제수단**에 해당하는 값을 수집하면 고객들이 결제를 하면서 어떤 **결제수단**을 선호하는지 파악할 수 있습니다. 결제완료 시 데이터 레이어를 호출해서 **purchase** 이벤트가 실행되면 **결제수단**에 해당하는 데이터도 같이 수집되도록 설계해야 합니다.

```
dataLayer.push({
  'event': 'purchase',
  'ecommerce': {
    'items':    // 결제 시 상품정보 수집
      [{
        'item_id': 'P123',
        'item_name': '뽀로로젤리',
        'price': '2000',
        'item_category': '젤리',
        'quantity': '5',
        'currency': 'KRW'
      }],
    'transaction_id': '20220731-0000041',
    'value': '10000',
    'shipping': '3000',
    'payment_type' : '신용카드',    // 결제수단
    'currency': 'KRW'
  }
});
```

결제완료 데이터 레이어가 결제 완료되는 시점에 정상적으로 호출되는 게 확인되면, 다음 쪽 그림과 같이 GA4 'purchase' 이벤트 태그를 세팅합니다. 이벤트 이름은 purchase이고 이벤트 매개변수로 payment_type 매개변수를 추가한 뒤 데이터 영역 변수(Data Layer Variable)로 결제수단에 해당하는 값을 변수로 생성해서 호출합니다. 나중에 결제수단별 주문 건수와 같은 데이터를 GA4에서 조회하려면 이 상태로 세팅이 끝나면 안 됩니다. payment_type을 맞춤 측정기준으로 등록해야 추후 탐색 보고서에서 결제수단에 해당하는 데이터를 조회할 수 있습니다.

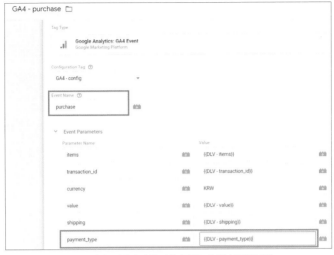

▲ 주문 이벤트 발생 시 결제수단에 해당하는 매개변수를 같이 수집

맞춤 측정기준은 **관리 〉데이터 표시 〉맞춤 정의** 메뉴로 접속하면 세팅할 수 있습니다. **맞춤 측정기준 만들기** 버튼을 클릭합니다.

▲ 구관리의 데이터 표시 〉맞춤 정의 메뉴에서 '맞춤 측정기준 만들기' 버튼 클릭

새 맞춤 측정기준의 이름을 입력하고 범위를 이벤트로 선택합니다(다음 쪽 그림 참조). 범위의 종류는 이벤트와 사용자가 있습니다. 결제수단의 경우 사용자가 아닌 **purchase**라는 이벤트 범위에서 거래 건에 따라 계속 바뀔 수 있으므로 이벤트를 선택합니다. 맞춤 측정기준의 이름은 원하시는 대로 입력하셔도 됩니다.

저는 알아보기 쉽게 이름에 payment_type이라고 입력했습니다. 설명은 선택 정보이므로 넘기셔도 되지만 가급적 상세히 입력하시길 권장합니다. 다른 사람이 봤을 때 **여기에는 어떠한 값이 수집되겠구나**라는 걸 예상할 수 있을 정도여야 합니다.

▲ 맞춤 측정기준의 이름과 범위를 입력하고 매개변수도 입력하거나 선택합니다

입력을 마치면 위 화면의 **이벤트 매개변수** 입력 필드에서 드롭다운 목록 박스를 선택하고, 이미 수집된 매개변수를 클릭하거나 값을 직접 입력할 수 있습니다. 이미 수집된 매개변수가 있다면 목록에서 매개변수를 선택하고, 매개변수가 속한 이벤트가 수집된 지 몇 시간 지나지 않아서 목록에서 확인되지 않을 경우에는 매개변수 이름을 직접 입력합니다. 참고로 맞춤 측정기준에 수집되는 값은 등록한 이후 최대 48시간 안에 GA에서 조회된다고 명시되어 있습니다. 이벤트 매개변수가 화면상에서 바로 조회되지 않는다고 해서 오류인 것은 아니니 참고하시기 바랍니다.

사용자 기준 맞춤 측정기준 생성하기 (회원 등급)

이번에는 사용자 기준의 맞춤 측정기준을 세팅해보겠습니다. 사용자 기준의 맞춤 측정기준은 속성당 최대 25개까지 생성 가능하며, 수집 가능한 값으로는 회원의 성별이나 등급 같은 데이터 등이 있습니다. 그 예로, 회원의 등급 값을 사용자 기준의 맞춤 측정기준으로 수집해보겠습니다.

앞서 본 **맞춤 정의** 메뉴에서 **맞춤 측정기준 만들기** 버튼을 클릭하고, 회원 등급과 관련하여 입력이 필요한 값들을 입력해줍니다. 이때 범위를 이벤트가 아닌 반드시 **사용자**로 선택하셔야 합니다. 측정기준 이름과 설명, 회원 등급에 해당하는 사용자 속성 매개변수를 입력하고 저장합니다. 참고로 아래 그림의 사용자 속성 매개변수는 제가 정의한 이름입니다. 다른 이름으로 정의하고 싶다면 GTM 기본 태그의 속성 변수를 세팅할 때 다른 이름을 입력하시면 됩니다.

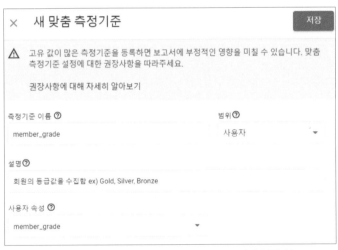

▲ 사용자 속성에 해당하는 맞춤 측정기준은 범위가 반드시 '사용자'여야 합니다

회원 등급에 해당하는 매개변수를 생성했으면 Google 태그의 **구성 매개변수** 영역에 앞서 세팅한 매개변수를 추가합니다. 이렇게 하면 Google 태그가

실행될 때마다 회원 등급이 존재할 경우 이에 상응하는 값이 정상적으로 수집됩니다.

▲ Google 태그의 매개변수에 'member_grade' 추가

그럼 GA4 DebugView에서 기본 페이지뷰 이벤트가 발생할 때 사용자 속성 값이 정상적으로 수집되는지 체크해보겠습니다. 아래 화면을 보면 로그인을 했을 때 회원 등급(member_grade) 값이 **Gold**로 수집되네요. 이렇게 되면 사용자 기준의 맞춤 측정기준으로 값이 GA4에서 제대로 수집되는 것입니다.

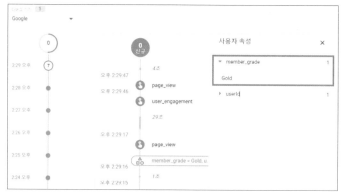

▲ 로그인 완료 시 'member_grade' 사용자 속성 값으로 'Gold'에 해당하는 값이 수집됨

맞춤 측정기준을 활용해 얻을 수 있는 정보 예시

GA4 데모 계정의 Google Merchandise Store 속성에 접속 후 탐색 메뉴에서 보고서 목록을 보면 **Member Level Analysis**라는 자유 형식 보고서가 있습니다. 데모 계정이니 여러분이 접속하셔도 확인 가능합니다. 아래 화면에서 조회되는 **member_level** 역시 맞춤 측정기준입니다. 이렇게 맞춤 측정기준으로 등록하면 등급별 활성 사용자 및 거래에 따른 수익이 얼마나 되는지 확인 가능합니다.

▲ 맞춤 측정기준을 등록하면 탐색 보고서에서 맞춤 측정기준을 호출할 수 있어요

지금까지 GA4 맞춤 측정기준의 정의를 알고, 이를 어떻게 세팅해야 하는지 설명드렸습니다. 이벤트를 등록할 때 추가로 수집할 매개변수가 존재하는 경우, 이를 추후 GA4에서 조회하거나 분석에 활용하겠다는 판단이 선다면 반드시 맞춤 측정기준으로 등록해주세요. 그렇지 않으면 나중에 해당 매개변수로 수집된 데이터를 GA4에서 측정기준으로 선택하거나 조회할 수 없습니다.

처음 GA4를 활용하는 분들이 가장 많이 하는 실수 중 하나가 등록된 이벤트 매개변수를 측정기준으로 조회 가능하다고 생각했는데, 막상 조회해보면 측정기준 목록에서 검색되지 않아 데이터가 필요할 때 활용하지 못하는 경우입니다. 이 책을 보시는 여러분은 그런 일이 발생하지 않기를 바랍니다.

GA4 사용자 속성을 활용한
User ID 수집하기

GA4 사용자 속성은 사용자 범위의 맞춤 측정기준

GA4에서 사용자 속성User Property 은 UA와 비교하자면 사용자 범위Scope의 맞춤 측정기준입니다. 성별, 연령대, 관심분야 같은 정보는 구글 시그널 기능 활성화 시 GA4에서 사용자 기준으로 기본적으로 조회되는 정보인데요. 이전 장에서 설명드렸던 것처럼 회원의 멤버쉽 구독 여부나 등급 정보 데이터를 사용자 속성으로 추가해서 조회할 수 있습니다.

사용자 속성에서 가장 우선순위로 수집이 필요한 데이터는 바로 **사용자 ID(User ID)**입니다. 로그인 베이스가 아닌 서비스에서는 아쉽게도 수집 자체가 불가하지만, 쇼핑몰처럼 로그인 기능이 존재하는 경우에는 사용자 ID를 암호화된 형태로 수집해서 로그인 사용자의 여정을 좀 더 정확하게 파악할 수 있습니다.

GA4에서는 User ID 보기(View) 없이 속성의 스트림에서 로그인 데이터 조회

UA에서는 사용자 ID(User ID)를 수집해서 로그인 사용자의 데이터만 보려면 관리자가 별도의 User ID 보기(View)를 생성하는 작업이 필요했습니다. 하지만 GA4에서는 보기(View)가 따로 없는 대신 속성(Property)과 속성 하위의 스트림(Stream)이 존재합니다. 여러 스트림(Web 또는 App)에서 생성된 데이터가 하나의 속성으로 모인다고 이해하시면 됩니다.

GA4가 사용자를 식별하는 3가지 기준은 기기의 브라우저 쿠키와 구글 시그널 데이터, 마지막으로 사용자 ID입니다. 사용자 ID는 이 중 가장 정확하게 고객을 식별할 수 있는 정보입니다. 따라서 이번 장에서는 사용자 속성이란 무엇이며, 구글 태그 매니저와 데이터 레이어를 활용해서 **사용자 ID(User ID)**를 수집하는 방법을 알려드리겠습니다.

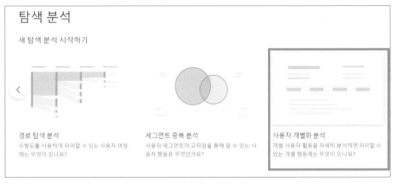

▲ 탐색 분석 보고서 종류 중 '사용자 개별화 분석(User explore)' 유형

GA4에서 탐색 분석(Explorations) 보고서 중 **사용자 개별화 분석**(User explorer) 보고서를 생성하면 로그인 사용자 ID를 수집했을 시 다음 표와 같은 데이터를 확인할 수 있습니다. 빨간색으로 강조한 ID를 보면 다른 ID와 문자열 패턴이 다른데, 바로 GA4로 수집한 사용자 ID(User ID)입니다. 그럼 숫자로 시작하면서 문자 패턴이 다른 ID의 정체는 무엇일까요? 그건 로그인

하지 않은 사용자로부터 브라우저 쿠키를 통해 발생한 브라우저별 GA 쿠키 ID입니다.

앱 인스턴스 ID	↓이벤트 수	세션수	구매 수익	거래
총계	1,955 총계 대비 100%	126 총계 대비 100%	₩3,808,993 총계 대비 100%	83 총계 대비 100%
1 1627380031.1658662450	130	9	₩81,200	1
2 1199157894.1659075615	72	1	₩47,321	1
3 1758321707.1658816891	72	8	₩45,906	1
4 1695157710.1658741969	71	2	₩48,880	1
5 db1f0c992b907f61f9281bc2c4.	68	1	₩64,500	1
6 1735460098.1658660727	67	1	₩25,400	1
7 827915964.1658685094	65	1	₩95,800	1
8 144610598.1659031793	57	2	₩91,671	1
9 1853339438.1658995705	55	1	₩45,900	1
10 285241586.1658715525	50	2	₩64,500	1

▲ 사용자 개별화 분석 보고서 열람 시 조회되는 앱 인스턴스 ID 목록

GA 브라우저 쿠키의 유효 기간은 마지막 접속 날짜로부터 2년

앞서 본 ID 데이터는 어떻게 수집되고, 얼마나 보관 가능한지 알아보겠습니다. 먼저 GA가 설치된 웹사이트에 접속해서 **개발자 도구(F12)**를 열고 **Application** 탭을 클릭합니다. **Storage** 섹션에서 **Cookies(쿠키)** 메뉴를 선택하고 나서 검색창에 **'_ga'**를 검색해보겠습니다(_ga는 GA 쿠키 이름). 검색해서 조회되는 값을 보니 위에서 본 ID와 유사한 패턴의 ID가 확인되네요. 이게 바로 익명의 사용자가 브라우저에서 발생시킨 GA 쿠키 ID 입니다.

▲ 브라우저 개발자 도구에서 Application 탭 〉 GA 쿠키 정보 조회

GA는 이 정보를 토대로 방문자가 신규 사용자인지 재방문 사용자인지를 판단하고, 세션에 대한 성과를 판단하는 경우에도 GA 쿠키가 Key 값이 되어 성과 데이터를 GA에서 보여줍니다. 앞쪽 그림의 우측에 쿠키 유효기간(Expires)을 보니 마지막 접속이 일어난 날짜로부터 2년으로 되어 있네요. 당연히 브라우저 쿠키를 삭제한다면 해당 정보도 같이 삭제됩니다.

참고로 GA 쿠키 수집과 관련해서, GA4에는 수집 만료 기간을 최대 25개월로 세팅할 수 있는 기능이 생겼습니다. 설정하는 방법은 아래와 같습니다.

GA4에서 **관리 〉데이터 수집 및 설정 〉데이터 스트림** 메뉴를 클릭한 뒤 현재 수집 중인 데이터 스트림을 선택합니다.

▲ 데이터 스트림에서 현재 웹 데이터가 수집되고 있는 스트림 클릭

Google 태그 섹션에서 **태그 설정 구성** 메뉴를 클릭합니다.

▲ Google 태그 설정 섹션에서 '태그 설정 구성' 메뉴 클릭

내 Google 태그 하단의 설정 메뉴를 펼치고 **쿠키 설정 재정의** 메뉴를 클릭합니다.

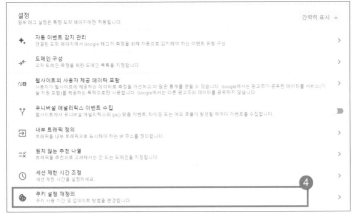

▲ 설정 〉 쿠키 설정 재정의 메뉴 클릭

애널리틱스 쿠키에 대한 기간을 설정하고(25개월로 세팅) **저장하기** 버튼을 클릭합니다.

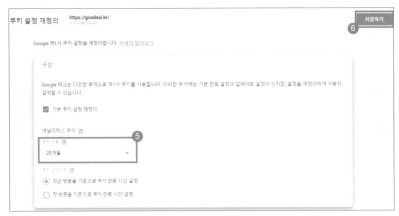

▲ 쿠키 설정 재정의 화면에서 쿠키 만료 기간을 25개월로 설정

GA 쿠키 ID 데이터 수집하기

GA 쿠키를 확인했으니 실제로 GA4 사용자 속성에 GA 쿠키 ID 데이터를 수집해보겠습니다. 구글 태그 매니저에서 **변수** 메뉴로 접속한 뒤 **GA Client ID** 라는 새로운 변수를 생성합니다. 변수 유형을 **1st Party Cookie**(한국어 버전은 '당사 쿠키'로 표기됨)로 선택하고 쿠키 이름에 **_ga**를 입력하고 **저장**을 클릭합니다.

▲ GTM 변수 유형 중 '1st Party Cookie' 선택 후 쿠키 이름에 '_ga' 입력

이제 Google 태그의 구성 매개변수 영역에 앞서 변수로 정의한 GA 쿠키 정보를 호출해야 합니다. 구성 매개변수 영역에서 속성 이름(Property Name)에 **'ga_id'**라고 입력하고, 값(Value)에는 앞서 만든 **GA Client ID** 변수를 호출합니다. 변수를 호출할 때 중괄호를 두 번 '{{' 입력하면 호출 가능한 변수 목록이 확인되는데 호출된 변수 목록에서 '{{GA Client ID}}'를 선택하면 됩니다.

▲ Google 태그의 구성 매개변수 영역에 'ga_id' 입력 및 해당 변수 호출

다음은 GTM 미리보기 모드를 켜고 GA4 DebugView 보고서에서 데이터가 제대로 들어오는지 확인할 차례입니다. 웹사이트에 접속하면 **first_visit** 이벤트와 **page_view** 이벤트가 실행되는데 **page_view** 이벤트를 클릭하고 **사용자 속성**을 클릭합니다. 앞서 세팅한 GA 쿠키 정보가 제대로 수집되었네요.

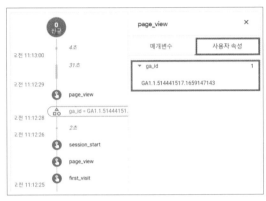

▲ GA4 DebugView에서 'page_view' 이벤트의 사용자 속성 조회

 사용자 ID 수집을 활용해 풍부한 데이터 안에서 의사결정을 위한 단서 찾기

사용자 ID를 수집하면 어떤 장점이 있을까요? 일단 로그인 베이스의 쇼핑몰이나 서비스를 운영하는 경우 로그인 사용자와 비로그인 사용자의 데이터를 비교해서 분석할 수 있습니다.

일반적으로 로그인 사용자는 일반 사용자와 비교했을 때 전환율이나 체류 시간이 약 2배 이상 높게 측정됩니다. 이는 회원을 가입하고 로그인 상태에서 구매할 확률이 높다는 의미로, 그로스 마케팅(Growth Marketing) 관점에서 판단해보면 아직 가입을 완료하지 않은 사용자들의 가입 및 로그인을 유도하는 액션을 설계할 수 있습니다. 여러분이 운영하는 서비스의 로그인 사용자는 전체 사용자 대비 지표가 어떠한지 한번 확인해보시기 바랍니다. 의사결정을 할 수 있는 데이터가 있어야 이에 근거한 액션 아이디어를 도출할 수 있습니다.

사용자 ID(User ID) 수집하기

이제 GA4에서 사용자 ID를 수집해보겠습니다. GA4에서 사용자 ID를 수집할 때는 반드시 암호화 과정을 거쳐야 합니다. 다양한 암호화 방식이 있지만 일반적으로 해시Hash 방식의 암호화 방식을 사용합니다. 아래 화면은 제가 운영하는 쇼핑몰에서 로그인했을 때 브라우저의 개발자 도구(F12)에서 조회할 수 있는 사용자 정보입니다.

▲ 쇼핑몰에서 암호화된 사용자 ID 조회 예시

 개인정보는 절대 GA4로 수집해서는 안 되요!

위 예시를 보면 이메일과 암호화된 ID 정보가 있습니다. 여기서 이메일을 그대로 GA로 수집하게 되면 수집에는 이상이 없겠지만, 이는 개인정보보호법을 위반한 케이스로 반드시 암호화된 형태로 바꿔서 수집해야 합니다. 최근 개인정보 보호에 대한 법률이 전 세계적으로 강화되고 있고, PIIPersonal Identifiable Information라고 정의한 개인정보는 엄격히 수집을 금지하고 있습니다. 수집하려는 데이터가 개인정보에 해당하는지 궁금하다면 기업 내부 법무팀에 문의하거나 관련 정보를 반드시 검색해보시기 바랍니다.

로그인을 할 때 사용자 ID가 입력되므로 다음과 같이 데이터 레이어dataLayer를 설계합니다. 이벤트 이름은 **login_complete**이며, 해당 이벤트가 발생할 때 **user_id**와 **login_type**에 대한 값이 같이 수집되는 데이터 레이어입니다.

이렇게 설계를 하고 개발팀에 '사용자가 로그인 완료하는 시점에 데이터 레이어가 호출되게 작업해주세요'라고 부탁하시면 됩니다. 그렇게 어려운 작업이 아니지만, 요청을 하실 때 **user_id**는 SHA256 방식으로 암호화 처리해서 넣어달라고 말씀하시면 개발자 분께서 이해할 겁니다.

```
dataLayer.push({
    'event': 'login_complete',          // 이벤트 이름
    'user_id' : '458c75c54de4caf',    // 사용자 ID (e.g. abe123, def456, ...)
    'login_type': 'email'              // 로그인 유형 (e.g. kakao, naver, email, ...)
});
```

로그인 유형 변수를 같이 수집하는 이유는 사용자가 '카카오'나 '네이버' 계정으로 간편 로그인을 했을 때 일반 로그인 사용자 데이터가 어떻게 다른지 분석하기 위해서입니다. 간편 로그인 기능이 없다면 굳이 넣지 않아도 됩니다.

개발팀에서 데이터 레이어를 웹사이트 코드에 적용해주었다면 웹사이트로 가서 데이터 레이어 QA검증 작업을 진행해야 합니다. 로그인을 하고 개발자 도구를 연 다음 콘솔(Console) 탭을 클릭 후 하단 빈 공간에 **dataLayer**라고 입력합니다.

정상적으로 세팅이 되었다면 dataLayer 하위 구조를 클릭했을 때 아래 그림과 같이 **login_complete** 이벤트와 **login_type** 및 **user_id** 변수 및 값이 확인됩니다.

▲ 개발자가 로그인 완료 dataLayer 삽입 완료 시 개발자 도구 콘솔에서 체크

데이터 레이어 적용 확인이 끝났다면 삽입된 dataLayer에 있는 변수와 값을 GTM으로 호출해서 GA4로 데이터를 수집해야 합니다.

우선 GTM에서 데이터 영역 변수를 생성해야 합니다. 변수 유형을 **Data Layer Variable**(데이터 영역 변수)로 선택한 뒤 변수 이름에 **login_type**을 입력합니다. 제가 입력한 **DLV**는 **Data Layer Variable**의 앞 글자를 딴 것으로, 이런 식으로 태그나 변수의 유형을 앞에 구분자 값으로 넣어주시는 게 GTM 운영 및 관리에 용이합니다. **login_type** 변수를 생성했다면 이 변수를 복사해서 **user_id** 변수도 생성하고 변수의 값에 **user_id**를 넣은 뒤 저장합니다.

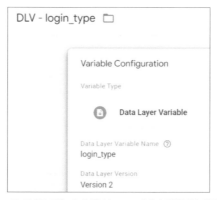

▲ 로그인 완료 이벤트의 매개변수 'login_type' 데이터 영역 변수 생성

▲ 데이터 영역 변수로 'user_id' 추가

이제 Google 태그의 구성 매개변수 영역에 **user_id** 사용자 속성을 추가하고, 앞서 생성한 **user_id** 데이터 영역 변수를 호출합니다. GA4에서는 페이지뷰를 비롯한 모든 사용자 액션을 이벤트로 수집하며, 이벤트를 수집할 때 무조건 Google 태그가 사전에 세팅되어 있어야 합니다. 이벤트가 수집될 때 **user_id**가 존재할 경우 해당 값을 Google 태그를 통해 수집하거나, 이벤트 태그에 별도의 사용자 속성을 추가해서 수집할 수 있습니다.

▲ GA4 기본 구성 태그의 구성 매개변수 영역에 'user_id' 사용자 속성 추가

이제 **로그인 완료** 태그를 생성할 차례입니다. **GA4 – login complete**라는 태그를 생성하고 이벤트 이름에는 **login_complete**을 입력합니다. 그리고 이벤트 파라미터에는 **login_type**을 호출합니다. 사용자 속성에 **user_id**를 추가할 필요는 없습니다. 앞에서 Google 태그에 이미 사용자 ID를 수집하는 세팅이 적용되어 있기 때문입니다. Google 태그에 포함되지 않는 정보를 **로그인 완료** 태그에서 추가로 수집하면 되는데 여기서는 **login_type**에 해당합니다.

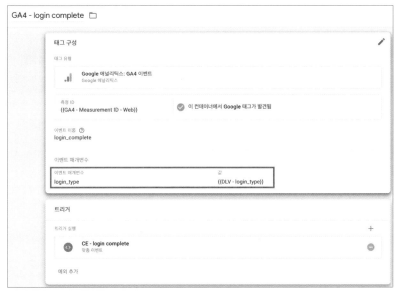

▲ 로그인 완료(login_complete) 태그 구성

이제 트리거를 세팅할 차례입니다. 트리거는 **맞춤 이벤트**(Custom Event) 유형을 선택하고 이벤트 이름에는 **login_complete**을 입력합니다. 앞에서 데이터 레이어를 설계할 때 이벤트 이름을 **login_complete**로 세팅한 것을 기억하실 겁니다.

▲ 로그인 완료(login_complete) dataLayer의 맞춤 이벤트 트리거

이벤트 이름은 반드시 영문으로 작성하고 문서화하여 체계적인 관리 필요

이벤트 이름은 반드시 영문으로 설계하셔야 합니다. 한글은 절대 넣으면 안 됩니다. 나중에 이벤트가 수집되더라도 한글로 구성된 이벤트는 잠재고객을 생성할 수 없기 때문입니다. 또한 누가 봐도 이건 어떤 이벤트라는 걸 알 수 있게 설계하셔야 하며, 측정 전략 문서를 생성해서 GA4 속성과 관련한 모든 정보를 문서화하신 뒤, GTM 작업을 하셔야 체계적인 데이터 수집 및 운영이 가능합니다. 계속 강조하지만 문서는 지속해서 업데이트가 되어야 하며, 데이터 수집 과정에서 자주 열람되어야 합니다.

마지막으로, GTM 미리보기 모드를 켜고 로그인을 했을 때 GA4 DebugView 보고서에 데이터가 잡히는지 체크합니다. 다음 화면을 보시면 **login_complete** 이벤트가 발생하면서 **user_id**가 수집되었고 **page_view** 이벤트의 사용자 속성 탭을 클릭하니 **user_id**가 제대로 수집되었습니다.

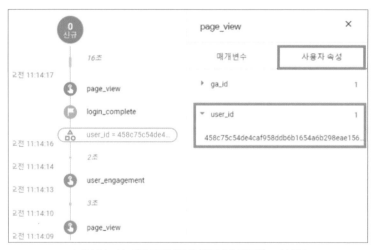

▲ GA4 DebugView에서 로그인 완료 후 사용자 속성 조회 시 'user_id' 체크

GTM 미리보기에서 실행된 Google 태그를 클릭해도 **user_id** 변수와 값이 정상적으로 수집됩니다. GTM에서는 다음 화면과 같이 좌측에 실행된 이벤트 리스트가 순서대로 표기되고 각 이벤트를 클릭할 때마다 우측에서 어떤 태그와 변수에 값이 제대로 들어왔는지 체크할 수 있습니다.

3 Container Loaded >
GA4 - Google Tag ✅ Fired

Tag Details   Display Variables as ○ Names ⦿ Values

Properties

Name   Value

Type   Google Tag

Firing Status   Succeeded

Tag ID   "G-T0CBFG0G09"

                [
                {parameter: "ga_id", parameterValue: "GA1.1.1993362012.1703795683"},
                {
                  parameter: "user_id",
configSettingsTable   parameterValue: "458c75c54de4caf958ddb6b1654a6b298eae15647a56efe4" +
                                      "fb6be087470468f3"
                }
                ]

▲ GTM 미리보기 화면에서 Google 태그로 수집되는 데이터

마찬가지로 **로그인 완료** 태그에서도 값이 정상적으로 수집됩니다. 해당 이
벤트는 트리거가 **login_complete** 이벤트가 발생할 때 실행되므로 좌측 목록
에서 **login_complete** 이벤트를 클릭할 경우 우측에 실행된 태그에 대한 조건
과 구체적인 값을 확인할 수 있습니다. 이처럼 GTM이 작동하는 원리를 이해
하면 데이터를 수집하는 과정이 좀 더 수월합니다.

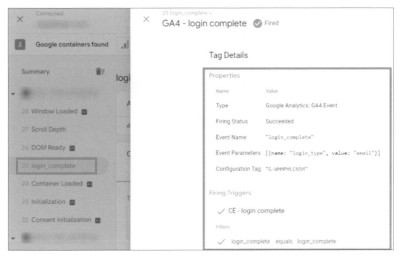

▲ 로그인 완료(login_complete) 이벤트 실행 시 수집되는 이벤트 상세 정보

GA4의 사용자 속성(User property)에 대한 의미와 사용자 ID(User ID)를 GTM과 데이터 레이어를 활용해서 수집하는 방법을 알아봤습니다. 사용자 속성은 이벤트가 아닌 사용자 기준의 맞춤 측정기준입니다. 속성당 최대 25개까지 생성할 수 있고, 회원 등급이나 사용자 ID처럼 사용자와 연관된 정보를 수집할 때 사용합니다. 사용자 ID를 수집할 때에는 반드시 암호화 작업을 한 뒤 수집해야 하며, 수집 과정에서 데이터 레이어를 설계하고 이를 적용하고 검증하면서 개발자와 정확하고 명확한 커뮤니케이션이 반드시 필요합니다.

데이터를 설계하는 과정에서 데이터 레이어를 적극적으로 활용하시고, 검증하는 과정에서 GTM 미리보기(Preview Mode) 및 GA4 DebugView 보고서를 필수로 활용하시기 바랍니다. 그래야 체계적으로 데이터를 수집할 수 있고 데이터의 정합성을 높일 수 있으며, 추후 분석 과정에서 데이터를 적재적소에 활용할 수 있습니다.

GA4 자유 형식 보고서,
UA 맞춤 보고서의
업그레이드 버전

UA에서는 기본 보고서에서 원하는 데이터를 조회할 수 없으면, 맞춤 설정 하위에 있는 맞춤 보고서(Custom report) 기능을 통해 측정기준과 측정항목을 선택하고 필터를 적용해서 데이터를 조회했습니다. GA4에서는 탐색(Explore) 메뉴에서 자유 형식(Free form) 보고서 유형을 통해 수집된 이벤트 데이터를 조회할 수 있습니다. UA와 비교해 달라진 점은 사용자 인터페이스가 더욱 세련되게 바뀌고 몇 가지 기능이 추가되었습니다. 이번 글에서는 GA4의 맞춤 보고서에 해당하는 자유 형식(Free form) 보고서를 알아보겠습니다.

GA4 이커머스 데이터를 다뤄볼 수 있는 데모 계정 접속하기

현재 GA4 계정이 없거나 계정이 있더라도 유입되는 트래픽이 현저히 적다면, 구글에서 제공하는 데모Demo 계정을 활용해서 데이터를 다뤄보는 것을 권장합니다. 데모 계정의 데이터는 실제 구글의 굿즈Goods를 판매하는 온라인 쇼핑몰의 GA 데이터로, 구글 계정만 있다면 조회할 수 있습니다.

데모 계정에 접속하기 위해 구글 검색 창에서 **구글 애널리틱스 데모계정**을 검색하고 첫 번째로 나오는 **데모 계정 – 애널리틱스 고객 센터** 링크를 클릭합니다.

▲ 구글 검색 창에서 '구글 애널리틱스 데모 계정' 검색하기

링크에 들어가면 도움말 문서에 접속되는데, **데모 계정 액세스** 문단에 구글 애널리틱스 4 속성(웹/앱) 및 유니버설 애널리틱스 속성으로 접근할 수 있는 링크가 있습니다. 셋은 모두 하나의 계정 하위에 속성으로 구성되며 링크를 클릭하면 GA 데모 계정 화면으로 이동합니다. 이 중에서 **GA4 – Google Merchandise Store** 속성은 GA4 이커머스 데이터를 다루기 위한 연습을 하기에 최적화된 계정입니다. 일 평균 사용자가 약 3천 명이며 다양한 소스/매체를 통해 트래픽이 유입되면서 GA4 이커머스 트래킹이 적용되어 있습니다.

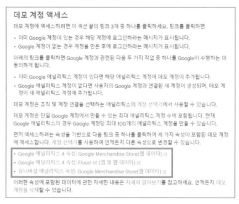

▲ 데모 계정 도움말 문서의 액세스 문단 마지막에서 GA4 속성 링크 클릭

GA 데모 계정을 자주 접속하시거나 해당 데이터를 참고하는 경우가 많다면 데모 계정 하위의 3가지 속성을 **즐겨찾기** 하시는 걸 추천합니다. 속성 검색창에서 **Demo**라고 검색을 한 뒤 검색 결과에 조회되는 속성을 클릭해서 접속해도 됩니다.

| 전체 | 즐겨찾기 | 최근 | | Q 검색 | | Platform 홈 방문 |

애널리틱스

Demo Account
GA4 - Flood-It!   153293282   조직
                                            알 수 없는 ID(-
                                            FVW7aJrTwyZY0VUAS
                                            yJqQ)   ★

Demo Account
GA4 - Google Merchandise Store   213025502   조직
                                            알 수 없는 ID(-
                                            FVW7aJrTwyZY0VUAS
                                            yJqQ)   ★

Demo Account > UA - Google Merchandise   추적 ID   조직
Store   UA-54516992-1   알 수 없는 ID(-
1 Master View   FVW7aJrTwyZY0VUAS
                                            yJqQ)   ★

▲ 데모 계정은 계정 목록에서 확인되지 않으므로 자주 접속하신다면 즐겨찾기를 하세요

GA4 탐색 보고서는 개별 계정 단위로 생성됨

UA의 맞춤 보고서는 계별 계정이 적용되었습니다. 그래서 개별 계정에서 만든 맞춤 보고서가 다른 사람에게 보이지 않고 본인이 접속하는 GA 계정에서만 확인할 수 있었습니다. 만약 특정 맞춤 보고서를 다른 사람에게 공유하려면 맞춤 보고서 템플릿 링크를 공유하고 해당 링크를 받은 사람이 자신이 접근 가능한 GA 보기(View)를 다시 연결하는 방식으로 데이터를 조회했습니다. 하지만 GA4에서는 보고서를 공유하는 방식이 살짝 바뀌었습니다.

동일한 속성 안에서 내가 만든 자유 형식(Free form) 보고서를 비롯해 탐색(Explore) 메뉴에서 생성되는 다양한 보고서를 다른 사람도 같이 열람할 수 있는 옵션 기능이 업데이트되었습니다. 즉, 보고서 템플릿을 공유하는 게 아니라 생성된 보고서에 대한 읽기 권한을 줄 수 있다고 이해하시면 됩니다. (사실 UA에서 매번 맞춤 보고서 및 세그먼트 링크를 공유하는 작업이 다소 번거로웠는데 GA4에서는 이 부분이 개선되었습니다.)

보고서를 공유하는 경우에만 권한이 있는 다른 사용자가 조회 가능

아래 그림은 GA4 탐색 메뉴 접속 시 보이는 보고서 목록인데, 보고서 **유형**을 보면 사람이 1명 있는 아이콘과 여러 명 있는 아이콘으로 구분되어 있습니다. 사람이 여럿 있는 아이콘 유형의 보고서는 해당 속성에 대한 권한이 읽기 이상일 경우 열람 가능합니다. 물론 그렇지 않은 유형은 해당 보고서는 처음 만든 사람만 조회할 수 있습니다. 본인이 만든 보고서는 별도의 공유 버튼을 누르지 않는 이상 다른 사람에게는 보이지 않으니 화면에 보이는 보고서 갯수가 많다고 너무 걱정하지 마세요. 보고서를 목록에서 삭제하고 싶다면 각 보고서 우측에 있는 체크박스를 선택한 뒤 우측 상단에 휴지통 버튼을 클릭하시면 됩니다.

유형	이름 ↓	소유자	최종 수정 날짜 ↓	속성	취소	🗑
👤	Ecommerce Funnel	dongwoo kim	오후 9:45	GA4 - Google Merchandise Store	☑	⋮
👥	Member Level Analysis	Kyle Blanchette	오전 3:53	GA4 - Google Merchandise Store	☐	⋮
👤	자유 양식	dongwoo kim	2022. 7. 18.	GA4 - Google Merchandise Store	☑	⋮
👥	Free form	Taylor Abramowitz	2022. 7. 8.	GA4 - Google Merchandise Store	☐	⋮
👤	경로 탐색 분석	dongwoo kim	2022. 6. 26.	GA4 - Google Merchandise Store	☐	⋮
👥	Segment overlap	Kyle Blanchette	2022. 6. 17.	GA4 - Google Merchandise Store	☐	⋮

▲ 탐색 보고서 목록에서 유형별 아이콘에 따라 보고서 공유 여부 확인 가능

자유 형식 보고서 살펴보기

GA4에서는 보고서의 개수가 줄어든 만큼 자유도가 높아졌습니다. 사용자가 원하는 형태의 데이터를 조회하려면 탐색(Explore) 메뉴에서 자유 형식(Free form) 보고서를 활용해야 합니다.

그럼 자유 형식(Free form) 보고서를 생성해보겠습니다. 보고서가 어떤 형태로 생겼는지 보면서 이해할 수 있도록 그림을 보면서 설명해드리겠습니다. 다음 그림은 자유 형식 보고서 예시로, 좌측에는 변수와 탭 설정 섹션이 있고 우측에는 좌측에서 선택한 조건이 반영된 데이터가 확인됩니다. 기기(Device category) 단위로 어떤 이벤트가 얼마나 많은 사용자로부터 발생했는지 조회하는 케이스네요.

▲ 변수 및 탭 설정에서 조건 입력 시 우측에 테이블 형태의 데이터 조회됨

사용자 인터페이스가 많이 바뀌었지만 사실 UA의 맞춤 보고서와 크게 다를 게 없습니다. 원하는 측정기준과 측정항목을 선택하고, 필터를 적용하고 싶다면 필터 조건을 세팅한 뒤 최종적으로 데이터를 조회하면 됩니다. 다른 점은 GA4에서는 '행(Rows)'과 '열(Columns)'이라는 개념이 등장했고, 중첩된 행이나 데이터를 히트맵 형태로 시각화할 수 있는 등의 기능이 추가되었습니다. 하지만 누가 뭐라 해도 원하는 형태의 데이터를 쉽게 조회할 수 있는지가 가장 중요합니다.

변수(Variables)

변수에서는 보고서 이름을 정의할 수 있고, 데이터 조회 기간을 세팅할 수 있습니다. 변수 하위에는 세그먼트와 측정기준, 측정항목이 존재합니다. 이 중에서 원하는 변수 항목을 드래그해서 탭 설정 영역으로 끌어놓는 방식으로 옮겨도 되지만, 개인적으로는 원하는 항목을 '더블 클릭'해서 옮기는 게 훨씬 수월합니다. 변수 항목이 탭 설정 영역으로 옮겨지는지 확인해보세요.

▲ 적용하려는 변수 항목을 더블 클릭하면 '탭 설정'에 해당 변수가 적용됨

이제 변수의 각 섹션을 살펴보겠습니다. 첫 번째 섹션의 **탐색 분석 이름**에 이름을 지으면 탐색 보고서 목록에서 그대로 보이게 됩니다. 최대한 어떤 내용의 주제로 데이터를 조회하고 있는지 알아보기 쉽게 이름을 정합니다. 보고서 종류가 많아지면 이름을 제대로 지어주지 않을 경우, 똑같은 보고서를 반복적으로 만드는 상황이 발생합니다. **보고서 유형 – 보고서 주제**와 같은 형태로 이름을 지으시기 바랍니다. 경험상 그렇게 해야 보고서의 종류가 많더라도 원하는 보고서를 빠르게 선택할 수 있습니다.

▲ 탐색 분석의 이름이 탐색 보고서 목록에 그대로 보임

데이터를 조회하는 기간을 선택하기 위해 보고서 하단에 있는 날짜를 클릭해보겠습니다. UA와 비교했을 때 더 많은 옵션을 제공합니다. 이를테면 지난주 옵션에는 하위 옵션 값으로 요일 범위를 선택할 수 있습니다. 맞춤 설정 하위에 있는 **비교** 토글을 활성화하면 조회한 기간의 이전 기간에 해당하는 날짜와 데이터의 증가 및 감소 여부를 비교하거나 원하는 날짜를 지정해서 데이터를 비교할 수 있습니다.

▲ 데이터 조회 날짜 선택 시 이전 기간과 비교 조회 가능

이제 **세그먼트**(SEGMENT)를 살펴보겠습니다. 세그먼트를 추가하고 싶다면 세그먼트 영역 우측 상단에 있는 '+' 아이콘을 클릭합니다.

▲ 세그먼트 우측 상단 '+' 버튼 클릭 시 신규 세그먼트 생성 가능

맞춤 세그먼트 만들기와 추천 세그먼트 만들기 영역이 노출됩니다. 여기서 맞춤 세그먼트를 보면 3가지 조건으로 분류됩니다.

▲ 맞춤 및 추천 세그먼트를 선택할 수 있고, 맞춤에는 '사용자/세션/이벤트' 조건 선택 가능

맞춤 세그먼트의 3가지 조건은 사용자 세그먼트, 세션 세그먼트, 이벤트 세그먼트입니다. 각각의 정의는 아래와 같습니다.

- **사용자 세그먼트**: 세그먼트 조회 시 선택한 조건을 만족시키는 사용자 그룹 (UA 기능과 동일)

  ex) 이전에 제품을 구매한 사용자, 특정 캠페인으로 랜딩된 경험이 있는 사용자
- **세션 세그먼트**: 세그먼트 조회 시 선택한 조건을 만족시키는 세션 그룹 (UA 기능과 동일)

  ex) 캠페인 A를 방문한 흔적이 있는 세션, 장바구니 담기를 완료한 세션
- **이벤트 세그먼트**: 세그먼트 조회 시 선택한 조건을 만족시키는 이벤트 그룹 (UA에는 존재하지 않음)

  ex) 웹사이트 문의하기 이벤트 완료

이를 크기순으로 정리하자면, 가장 범위가 넓은 것은 사용자 세그먼트이고, 그다음은 세션, 마지막은 이벤트 세그먼트입니다. 세그먼트는 탐색 분석

보고서당 최대 10개까지 생성할 수 있으며, UA와 마찬가지로 한 번에 최대
4개의 세그먼트를 보고서에 적용할 수 있습니다.

■ 적용하려는 측정기준을 목록에서 더블 클릭 또는 검색 후 적용

변수의 네 번째 섹션에 해당하는 **측정기준**(DIMENSIONS)으로 넘어가겠습
니다. 측정기준 역시 세그먼트와 동일하게 원하는 항목이 없을 경우 추가할
수 있습니다. 측정기준 영역 우측 상단의 '+' 아이콘을 클릭하면 측정기준 검
색창이 노출되는데, 검색을 한 뒤 추가하려는 항목의 체크박스에 체크를 하
면 됩니다. 그리고 우측 상단에 있는 **가져오기(Import)** 버튼을 클릭하면 측정
기준 목록에 내가 선택한 항목들이 확인됩니다. 만약 원하는 측정기준의 체
크박스가 활성화되지 않는다면 기존에 가져온 측정기준을 삭제해주셔야 합
니다.

▲ 측정기준 목록에 없는 측정기준을 선택하려면 우측 상단 '+' 아이콘 클릭

▲ 조회하려는 측정기준을 검색해서 체크

　　UA에서는 처음부터 측정기준 목록이라는 게 제공되지 않았고 무조건 원하는 측정기준을 검색하거나 목록에서 항목을 선택해야 했지만, GA4에서는 이런 부분이 개선되었다고 이해하시면 됩니다. 참고로 측정기준 검색 시 밑줄 표시된 항목에 마우스 포인터를 올리면 측정기준에 대한 설명이 작은 팝업으로 표시됩니다. 이해가 되지 않은 항목이 있다면 설명을 참조해 의미를 파악하시거나 구글 도움말로 검색을 해서 항목을 추가하시기 바랍니다. 이는 지표에 해당하는 **측정항목**(METRICS)에도 동일하게 적용됩니다.

탭 설정(Tab Settings)

탭 설정은 기본적으로, 변수에서 선택된 측정항목과 측정기준, 그리고 세그먼트에 의해 보고서가 어떻게 보여질지에 대해 세팅한다고 생각하시면 됩니다. 이를테면 데이터를 엑셀과 같은 테이블 형태로 보여줄지 아니면 그래프 형태로 보여줄지를 결정한다고 이해하시면 되겠습니다.

아래 그림은 '선 차트' 시각화 유형을 선택하고 모바일 트래픽 세그먼트가 적용된 일별 세션 기본 채널 그룹의 활성 사용자수 데이터입니다.

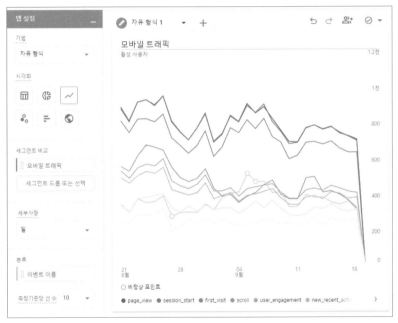

▲ '선 차트' 시각화 유형을 선택한 경우

탭 설정의 항목을 보면 대부분 익숙한 이름일 것입니다. 그런데 스크롤바를 내리면 **'이상 감지(Anomaly Detection)'**라는 낯선 이름이 보입니다. 이 항목은 어떤 기능을 하는 걸까요?

■ **선 차트에서 기존 데이터의 패턴과 다른 패턴이 발견되면 이상 감지**

이상 감지 영역을 보면 교육 기간(기간 전 일수) 및 민감도를 선택할 수 있습니다. 이는 기존에 수집된 데이터에서 패턴을 감지하고 갑자기 그래프에 스파크가 튀는 부분을 자동으로 알려주는 기능입니다. 데이터 패턴을 보면 갑작스러운 변화가 있을 때 뭔가 액션으로 시도할만한 요소가 발견되는데요. 대표적인 예를 들면, 갑자기 콘텐츠가 커뮤니티에 바이럴이 되어 트래픽이 급증했다거나 페이지에 오류가 발생해서 에러 빈도가 급증하는 경우가 있습니다. 이러한 변화를 자동으로 감지해주니 분석하는 입장에서는 시간을 절약할 수 있고, 놓칠 수 있는 부분을 짚어주니 분석에 분명 도움이 되는 기능입니다.

▲ 학습한 데이터를 기반으로 데이터 패턴이 평소와 다를 경우 이상을 감지함

다음 그림을 보시면 채널별 활성 사용자 일별 추이 선이 보이고, 예상 값에서 벗어났을 때를 표시되는 **비정상 포인트**가 있습니다. 이는 기존 데이터를 기준으로 패턴의 변화가 감지되는 부분을 짚어줍니다. 다음 장의 그림에는 3개의 채널만 선택되었는데 다른 채널도 같이 보고 싶다면 채널 항목에서 클릭해주세요. 다만 너무 많은 선이 보이면 데이터를 구별하기 어려우니 주요 항목만 선택해서 조회하기를 권장합니다. 데이터 분석은 호기심의 연속이며, 그 결과는 작은 사실의 발견이자 액션의 시발점이 됩니다.

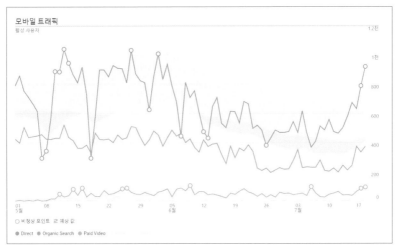

▲ 분석을 할 때 필요한 데이터만 우선 조회해야 데이터 구별에 용이

■ 원하는 항목에 오른쪽 버튼 클릭 후 제외 필터 적용 가능

UA는 맞춤 보고서에서 특정 채널을 제외하고 싶다든지, 캠페인 보고서에서 '(not set)' 항목을 제외하고 보고 싶다면 필터를 통해 이를 제외하는 세팅이 필요했습니다. GA4도 동일한 방식으로 필터를 적용해도 되지만, 이보다 더 간단한 방법이 있습니다. 시각화 영역의 채널에 마우스를 갖다 대고 마우스 오른쪽 클릭을 하면 해당 항목만 제외할 수 있습니다. UA 필터를 자주 써보신 분들이라면 얼마나 시간을 아껴주는지 공감이 가실 겁니다.

이처럼 GA4는 UA보다 분석에 친화된 기능이 많이 생겼습니다. 그리고 이러한 기능들은 기본 보고서만 조회하는 경우 발견할 수 없고, 탐색(Explore) 메뉴에서 여러 보고서를 생성하고 수정해봐야 익숙해집니다.

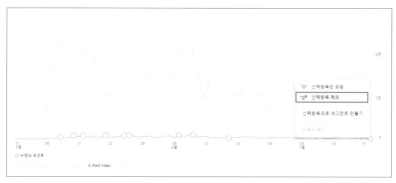

▲ 특정 항목을 제외하고 싶으면 오른쪽 버튼 클릭 후 선택항목 제외

■ 원하는 항목에 오른쪽 버튼 클릭 후 내림차순/오름차순 적용 가능

이번에는 테이블 유형의 보고서를 살펴보겠습니다. 아래 보고서에는 '세션 기본 채널 그룹'과 '세션 소스/매체' 이렇게 2개의 측정기준이 적용되어 있습니다. 각 열을 보면 이름 앞에 화살표가 있습니다. 클릭 시 내림차순(혹은 오름차순)으로 자동 정렬됩니다. 이 기능은 세그먼트가 적용된 열에서는 적용되지 않고, 전체 데이터가 적용된 열에서만 작동하니 참고하세요.

	세션 기본 채널 그룹	세션 소스/매체	↓세션수	거래	총 수익	구매 수익	전자상거래 수익
	총계		83,267 총계 대비 100.0%	1,170 총계 대비 100.0%	$139,835.69 총계 대비 100.0%	$139,835.69 총계 대비 100.0%	$139,835.69 총계 대비 100.0%
1	Direct	(direct) / (none)	43,353	728	$79,671.36	$79,671.36	$79,671.36
2	Organic Search	google / organic	22,491	299	$45,074.64	$45,074.64	$45,074.64
3	Unassigned	(not set) / (not set)	3,611	30	$5,582.38	$5,582.38	$5,582.38
4	Paid Search	google / cpc	3,175	21	$1,293.15	$1,293.15	$1,293.15
5	Paid Shopping	google / cpc	2,794	4	$264.60	$264.60	$264.60
6	Display	google / cpc	2,741	0	$0.00	$0.00	$0.00
7	Organic Search	baidu / organic	2,385	0	$0.00	$0.00	$0.00
8	Paid Video	google / cpc	1,601	0	$0.00	$0.00	$0.00
9	Organic Search	analytics.google.com / referral	1,582	0	$0.00	$0.00	$0.00
10	Referral	art-analytics.appspot.com / referral	876	39	$2,929.56	$2,929.56	$2,929.56
11	Referral	perksatwork.com / referral	603	12	$1,088.40	$1,088.40	$1,088.40
12	Organic Social	sites.google.com / referral	556	18	$1,006.68	$1,006.68	$1,006.68

▲ 화살표가 있는 지표를 클릭해 내림차순/오름차순으로 정리할 수 있음

■ 테이블에서 원하는 지표 데이터를 묶어서 보거나 다양한 유형으로 시각화

만약 Organic Search 채널의 세션 소스/매체만 묶어서 보고 싶다면 어떻게 해야 할까요? UA에서는 보고서 유형에서 '탐색기' 유형을 선택한 경우, 첫 번째 측정기준(기본 채널 그룹)을 클릭 시 두 번째 측정기준(소스/매체) 데이터가 조회되었습니다. GA4에서는 이와 조금 다른 방식으로 데이터를 조회해야 합니다.

아래와 같이 **탭 설정**에서 **중첩된 행(Nested rows)** 항목을 **Yes**로 변경하면 됩니다. 그러면 채널에 따른 **소스/매체** 성과를 조회할 수 있습니다.

▲ 첫 번째 측정기준 하위의 두 번째 측정기준 그룹을 묶어서 조회 가능

테이블 유형은 지표를 시각화는 것 또한 가능합니다. **셀 유형**에서 막대 차트, 일반 텍스트, 히트맵Heatmap 중 선택해서 특정 항목의 데이터가 다른 데이터와 차이가 많이 날 때 빠르게 캐치할 수 있습니다.

▲ 지표 데이터를 히트맵 방식으로 시각화 가능

■ 하나의 자유 형식 보고서 안에서 복제 가능한 보고서 탭은 최대 10개

자유 형식 보고서를 하나 생성하면 그 안에서 총 10개까지 보고서를 복제해서 활용할 수 있습니다. 같은 주제라면 여러 보고서를 생성해서 데이터에 대한 모니터링을 하는 것도 괜찮은 방법입니다. 물론 루커 스튜디오Looker Studio※ 대시보드를 활용해서 데이터를 모니터링하면 한 번에 데이터 비교가 가능합니다. 원하는 방법으로 데이터를 모니터링하시기 바랍니다.

▲ 하나의 탐색 보고서 안에서 생성되는 보고서 탭은 최대 10개

지금까지 탐색(Explore) 보고서 유형 중 자유 형식(Free form) 보고서를 알아봤습니다. 저도 처음에는 자유 형식 보고서를 단순히 맞춤 보고서의 업그레이드 버전이라고 생각했습니다. 많이 활용해보니 기존보다 데이터를 조회하기 훨씬 수월하게 개선되었고, 이벤트 데이터가 체계적으로 수집된 상태라면 활용도가 굉장히 높습니다. 데이터를 조회하기 전에 어떤 주제의 데이터를 추출하고 싶은지 생각해보시기 바랍니다. 그런 다음 탭 설정에서 보고서를 시각화하거나 기존 패턴에서 변화가 보이는 부분을 발견하는 등의 분석을 수행하시면 빠르게 데이터 조회 환경에 익숙해지실 것이라 생각합니다.

※ 루커 스튜디오(Looker Studio)는 구글 데이터 스튜디오(Data Studio)의 새로운 이름입니다.

GA4 퍼널 분석으로
고객 전환/이탈 지점
파악하기

퍼널 분석, 고객의 행동을 정량적으로 파악하는 가장 확실한 방법

　퍼널 분석 보고서는 GA4에서 신규로 선보이는 기능 중 단연 1순위로 선택할 만큼 고객의 행동을 정량적으로 분석하는 데 유용한 기능입니다. 프로덕트를 분석하면서 고객이 어느 지점에서 이탈하고 왜 이탈하는지를 아는 것과 모르는 건 분석 이후 수행할 액션에 대한 깊이의 차이를 가져옵니다. 광고 캠페인을 돌리기 전에 일단 서비스를 이용하는 고객이 느끼는 불편함을 없는지 알아야 불필요한 광고비 지출을 막을 수 있습니다.

　고객의 불편함을 확인하는 방법은 정성적으로 사용자 심층 인터뷰와 설문조사가 있고, 정량적으로 가장 쉽게 접근할 수 있는 것으로는 퍼널 분석이 있습니다. 단, 본격적인 분석을 통해 단계별 전환율을 개선하려면 일정 기간 동안 분석을 하기에 충분한 이벤트 데이터가 누적된 상태여야 합니다. 이번 글에서는 GA4 퍼널 분석에 관하여 자세히 알아보겠습니다.

일반적으로 웹사이트 혹은 프로덕트를 분석한다고 하면, 보통 퍼널Funnel, 깔때기 형태를 떠올립니다. 사람들은 이전 단계에서 다음 단계로 갈 때 얼마나 이탈하는지, 다음 단계로 넘어갈 때 평균적으로 얼마의 시간이 걸렸는지를 궁금해합니다. 결과적으로 어느 지점이 문제인지를 파악해서 해당 지점에서 다양한 실험을 돌리며 어떻게든 개선하기 위해 노력합니다. 전환율이 개선된다는 건 즉각적인 매출의 증대로 이어지기 때문입니다.

퍼널 생성 시 이전에 수집된 데이터라도 소급 적용됨

UA에서는 퍼널을 시각화하려면 목표(Goal)를 설정할 때 목표 유형으로 '도착 URL(Destination)'을 선택한 뒤, 유입경로 시각화 설정이 반드시 필요했고, 설정한 이후의 데이터만 퍼널로 시각화해서 볼 수 있었습니다. 맞춤 보고서에서 퍼널 형태의 템플릿을 제공하긴 했지만 GA 360 유료 고객에게만 제공되던 기능이었고, 무료 버전을 사용하는 사람들은 다른 솔루션을 이용하거나 Raw data를 내려받아서 별도의 분석을 수행했었습니다. 하지만 이제는 GA4에서 퍼널 분석을 간단하게 수행할 수 있습니다. 구체적으로 퍼널 보고서가 어떠한 형태로 구성되는지를 아래 화면을 보면서 설명하겠습니다.

탐색(Explore) 메뉴에서 **유입경로 탐색 분석**을 선택하면 다음과 같이 퍼널 분석 보고서가 열립니다. (GA4 한글 버전의 명칭은 '유입경로 탐색 분석'이지만 편의상 '퍼널 분석'이라고 하겠습니다.)

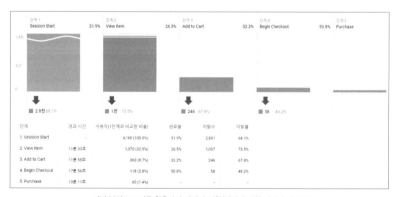

▲ 퍼널 분석 보고서를 활용하면 단계별 전환/이탈에 대한 정량적 파악 가능

상단에는 단계에 따른 이벤트 이름이 보이고, 이벤트 옆에는 다음 단계로 전환된 비율이 확인되네요. 예를 들어 **단계 1(Session Start)**에서 **단계 2(View Item)**로 전체 사용자 중 31.9%가 전환된 것을 알 수 있습니다. 하단에는 좀 더 구체적인 수치들을 볼 수 있는데요. 경과 시간(Elapsed time)은 이전 단계에서 다음 단계로 넘어갈 때 걸린 평균 시간을 의미합니다. **단계 3(Add to Cart)**에서 **단계 4(Begin Checkout)** 단계로 넘어갈 때 평균적으로 가장 많은 시간이 소요되네요.

하단의 이탈률 데이터를 보면 상품을 열람하고(View Item) 장바구니 담기(Add to Cart) 단계로 넘어갈 때가 가장 높게 나타났습니다. 하지만 이는 어떤 쇼핑몰에서든 동일하게 발생하는 현상입니다. 이럴 땐 단계 2와 단계 3 사이에 또 다른 단계를 추가해서 어떤 패턴을 가진 고객이 장바구니 담기를 더 많이 하는지를 분석해야 합니다. 그럼 퍼널을 세팅하기 위한 변수(Variables)와 탭 설정(Tab Settings) 영역을 확인해보겠습니다.

변수 및 탭 설정

변수에서는 보고서의 이름과 데이터가 조회되는 날짜를 지정할 수 있습니다. 다음 그림에서 좌측에 있는 변수 탭을 보면 세그먼트와 측정기준이 보이는데요. 측정기준은 이벤트 이름(Event name)으로 자동 세팅되며 탭 설정의 단계(Steps)에서 원하는 이벤트 이름을 선택할 수 있습니다.

측정항목은 활성 사용자(Active users) 지표가 자동으로 세팅되어 따로 선택하지 않아도 됩니다. 데이터를 세분화(BREAKDOWN)하거나 다음 작업(NEXT ACTION)에 들어갈 항목을 추가하는 경우에만 측정기준을 넣으시면 됩니다.

이를테면 퍼널을 성별 기준으로 세분화하거나 기기 카테고리 단위로 세분화하고 싶을 때 관련 측정기준을 **세분화** 영역에 넣으시면 됩니다. **다음 작업** 기능은 단계별로 고객이 어떤 액션을 하는지를 적용된 측정기준으로 조회할 수 있습니다. 예를 들어 다음 작업에 **페이지 경로(Page Path)**를 적용하면 상품을 보고 다음 페이지로 이동한 상위 5개 페이지 경로(Page Path)를 보여줍니다. 전환 및 이탈 관련 페이지도 동시에 보여주기 때문에 분석에 유용합니다.

▲ 단계에 대한 구분은 이벤트 단위로 가능하며 퍼널에 세그먼트 적용할 수 있음

개방형 유입경로 만들기 (MAKE OPEN FUNNEL)

탭 설정을 보면 **개방형 유입경로 만들기** 토글이 있습니다. 이 기능을 이해하기 위해 먼저 퍼널 종류부터 알아보겠습니다. 퍼널은 개방된(Open) 형태와

닫힌(Closed) 형태 이렇게 2가지 종류로 나뉩니다. 개방형 퍼널 토글을 활성화하면 사용자가 퍼널의 1단계에서 유입되지 않고, 2단계에서 바로 유입되더라도 퍼널의 두 번째 단계 수치가 카운팅됩니다. 예를 들어 광고 캠페인의 랜딩을 홈페이지(메인)가 아닌 상품 상세 페이지로 했을 때, 1단계는 홈페이지(메인), 2단계는 상품 상세로 퍼널 세팅이 되어 있다면 **'개방된(Open) 퍼널'**의 경우 방문자가 1단계는 건너뛰고 바로 2단계로 랜딩이 되는 경우에도 카운팅이 됩니다.

유입경로	단계	개방형/폐쇄형
유입경로 1	A, B, C	개방형
유입경로 2	A, B	폐쇄형

▲ 퍼널 유형에 따른 단계별 유입경로 시나리오

하지만 닫힌(Closed) 퍼널에서는 상품 상세(2단계)로 랜딩이 된다 할지라도 1단계를 필수로 거쳐야 하므로 퍼널 보고서에 카운팅되지 않습니다. 다시 말해, 닫힌 퍼널은 정해진 단계가 있다면 각 단계를 무조건 통과해야 합니다. 개방된 퍼널은 첫 단계를 건너뛰고 다음 단계부터 통과해도 수치가 카운팅되는 구조입니다. 왜 그런지는 다음 예시를 보면서 좀 더 자세히 설명드리겠습니다.

개방형 퍼널과 닫힌 퍼널 유형의 로직을 이해해야 정확한 분석 가능

다음 장의 그림에서 왼쪽 표를 보시면, 총 4명의 사용자가 있고 각 사용자가 퍼널 요건을 충족한 단계를 각 사용자 단위로 표기하고 있습니다. 오른쪽에 위치한 **유입경로 1**에 해당하는 표가 개방된 퍼널(Open funnel) 결과이며, **유입경로 2**에 해당하는 표가 닫힌 퍼널(Closed funnel) 결과입니다.

이런 상황에서 왼쪽에 위치한 사용자별 요건을 충족한 단계 표를 보면, 사용자 2번과 4번은 A단계로 유입되지 않고 각각 B, C 단계로 유입되었고 **유입경로 1(Open funnel)** 표에서 2번과 4번 사용자는 퍼널 단계에서 집계된 것으로 확인됩니다. 단, 3번 사용자는 왼쪽 표를 보면 요건을 충족한 단계가 **A, C**

이며 이는 A단계에서 B단계를 거치지 않고 바로 C단계로 이동했음을 의미합니다. **사용자 3**은 오른쪽의 유입경로 1(Open funnel) 표에서 집계된 단계를 보면 A단계만 확인됩니다. 이처럼 개방된 퍼널에서는 설계된 퍼널의 첫 단계를 건너뛰어도 카운팅에 문제가 없지만, **사용자 3**처럼 A단계에서 시작해서 중간 단계(B)를 건너뛰고 도착한 C단계는 퍼널의 최종 카운팅에서 집계되지 않습니다.

이와 대조되는 **유입경로 2**(Closed funnel)는 닫힌 퍼널에서의 사용자별 퍼널 단계 집계 현황입니다. 왼쪽 표에서 사용자 2와 4는 퍼널의 A단계를 모두 충족하지 않았습니다. 이런 경우 개방된 퍼널과 달리 닫힌 퍼널에서는 모든 단계를 충족해야 하므로 사용자 2와 4는 **유입경로 2**에 해당하는 닫힌 퍼널의 결과에서 최종 집계 시 제외 처리됩니다. 마찬가지로 왼쪽 표에서 3번 사용자를 보면 A로 방문했지만 B단계를 거치지 않고 C단계로 이동했기 때문에 **유입경로 2** 표를 보면 3번 사용자는 A단계만 퍼널에서 집계됩니다.

사용자	요건을 충족한 단계
1	A, B, C
2	B, C
3	A, C
4	C

유입경로 1:

사용자	단계에서 집계됨
1	A, B, C
2	B, C
3	A
4	C

유입경로 2:

사용자	단계에서 집계됨
1	A, B, C
3	A

▲ 유입경로별 각각의 사용자 행동에 따른 퍼널 단계 집계 여부

GA4 퍼널 세팅하기 (Edit funnel steps)

그럼 실제로 퍼널 보고서를 세팅해보겠습니다. **탭 설정**에서 **단계** 영역 우측에 보이는 연필 모양 아이콘을 클릭하면 유입경로 단계 수정 화면이 나타납니다. 여기서 단계별로 어떤 이벤트를 넣을지 결정합니다. 퍼널은 최대 10단

계까지 생성할 수 있으며, 각 단계를 복사하거나 삭제할 수 있습니다. 몇 번 해보시면 금방 감이 오실 겁니다. 화면 우측에는 설정한 퍼널을 통해 확인되면 최종 단계 사용자 수치가 확인됩니다.

▲ 퍼널은 최대 10단계까지 생성 가능하고, 우측에 최종 단계 퍼널의 대략적인 수치 확인

이벤트 이름 중 **session_start**를 1단계로 설정하고 싶다면, 항목 검색을 하거나 존재하는 이벤트 목록 안에서 선택해줍니다. 다른 단계도 같은 방식으로 세팅을 합니다. 원하는 이벤트가 등록되어 있지 않은 상태라면 해당 이벤트를 수집하기 위한 설계 작업과 이벤트 트래킹을 필요에 따라 진행하시면 됩니다.

▲ 이벤트 목록에서 적용하려는 이벤트 선택

각 단계에서 다음 단계로 이동할 때 추가적인 세팅을 할 수 있는데, 시간을 5분으로 할 경우 1단계에서 2단계로 이동할 때 5분 이내에 이동한 사용자만 카운팅합니다. 시간이 오래 걸리지 않는 단계에서 방문자들이 정확한 방향을 찾지 못할 때 GA4 퍼널 분석과 Microsoft에서 출시된 Clarity와 같은 히트맵 솔루션(무료)을 활용해서 데이터 분석을 하시면 의미 있는 인사이트를 도출할 수 있을 것입니다.

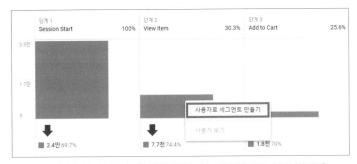

▲ 특정 단계 이후 다음 단계에서 '전환까지 걸린 시간'을 조건으로 넣을 수 있음

마지막으로 특정 단계의 모수를 세그먼트로 만들어서 광고 캠페인에서 활용하는 방법을 알려드리겠습니다. 해당 단계의 퍼널 그래프 막대를 마우스 우 클릭 후 **사용자로 세그먼트 만들기**를 선택하고, 다음 화면에서 우측 상단의 **잠재고객 만들기**를 클릭하시면 잠재고객(Audience) 목록에서 확인이 됩니다. 만약 GA4 속성이 구글 애즈와 연동되어 있다면, 해당 잠재고객을 검색 광고용 리마케팅 목적으로 사용 가능합니다.

▲ 특정 퍼널 단계 사용자로 세그먼트 만들기 (해당 퍼널 그래프에서 마우스 오른쪽 버튼 클릭)

▲ 퍼널 특정 단계를 세그먼트로 만들면서 동시에 잠재고객 생성 가능

　지금까지 GA4의 탐색 메뉴에서 생성할 수 있는 퍼널 보고서를 설명드렸습니다. 퍼널을 실무에서 본격적으로 활용하려면 이벤트 및 각 이벤트에 따른 매개변수 데이터가 체계적으로 수집된 상태여야 합니다. 분석에 필요한 데이터가 있다면 수시로 업데이트하면서 원하는 퍼널 분석을 수행하시기 바랍니다. 퍼널과 경로 분석만 실무에서 제대로 활용해도 UA보다 훨씬 의미있고 나은 퀄리티의 보고서를 생성할 수 있으며, 액션 수행을 위한 인사이트를 도출할 수 있을 것이라 생각합니다.

24

GA4 경로 탐색 분석으로
방문 이후
사용자 여정 추적하기

UA에서 가장 그럴싸하지만 활용 가치가 낮은 보고서를 고르자면, 수많은 후보 중 **행동 흐름(Behavior flow)** 보고서를 선택하지 않을까 싶습니다. 사용자의 여정을 노드(Node) 형태의 데이터로 시각화해서 보여주지만, 트래픽이 일정 수준(조회 기간의 세션수가 50만을 초과할 경우) 이상인 웹사이트의 경우 기간을 짧게 조회해도 데이터가 샘플링에 걸리는 불편함이 있습니다. 때문에 행동 흐름 보고서를 통해 얻은 데이터는 분석 보고서나 액션 플랜에 활용하기 사실상 어려웠습니다. 방문 이후 사용자의 여정을 파악하려면 UA의 **행동 흐름** 보고서보다 모든 페이지 보고서의 **탐색 요약(Navigation Summary)** 기능이 더 활용 가치가 높았습니다.

한편, GA4 탐색(Explore) 메뉴에서 생성할 수 있는 **경로 탐색(Path exploration)** 보고서는 UA와는 완전히 다른 모습으로 탈바꿈했습니다. 그만큼 실전에서 사용자의 여정을 분석해야 될 때 훨씬 유용하게 사용할 수 있게 되었습니다. 이번 장에서는 GA4 경로 탐색 보고서를 자세히 알아보겠습니다.

방문 이후 사용자 여정을 시각화해서 보여주는 경로 탐색 보고서

'웹사이트에 방문한 사용자의 행동 여정을 자동으로 시각화해주는 보고서가 있다면 얼마나 좋을까?'라는 생각을 해보지 않은 분석 담당자는 아마 없을 겁니다. 클릭 몇 번으로 사용자의 행동을 자동으로 추적할 수 있다면 어느 지점이 문제인지 파악할 수 있고, 그에 따른 액션 플랜을 하나씩 가동하면 되기 때문입니다.

UA에서 행동 흐름 보고서는 대략 아래와 같은 구성을 가집니다. 보고서에서 제공하는 데이터의 그림만 보면 굉장히 그럴싸하게 보입니다. 마치 '이제 나만 분석을 제대로 하면 되는구나!'라는 착각을 하게 만드는데요.

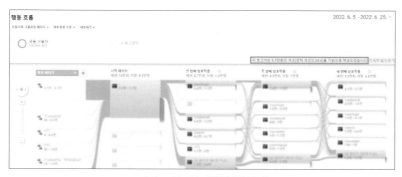

▲ Universal Analytics의 행동 흐름 보고서

실제로 보고서에서 조회되는 데이터를 탐색하다 보면 '그래서 어떻게 하라는 거지?'라는 결론을 내게 됩니다. 그중 가장 큰 이유는 바로 행동 흐름 보고서에 걸리는 **데이터 샘플링**입니다. 위 그림의 우측 상단에 빨간색으로 강조한 부분을 보면 전체 세션의 약 70%를 기반으로 보고서가 작성되었다고 확인됩니다. 조회되는 데이터의 양이 많고 조회 기간이 길수록 샘플링 정도는 심해집니다. 다시 말해 샘플링 데이터는 실제 데이터와 차이가 있어 보고서에 대한 신뢰가 떨어지고, 대략적인 경향성만 파악하는 목적으로 활용되었습니다.

쿼리당 최대 1천 만 이벤트까지 샘플링에서 자유로워

GA4에서 행동 흐름 보고서와 유사한 기능을 가진 보고서가 바로 경로 탐색(Path exploration) 보고서입니다. GA4는 모든 데이터를 이벤트_{event}로 수집하므로, 경로 탐색 보고서도 아래와 같이 이벤트 기반으로 보여집니다. **이벤트 이름** 외에 **페이지 제목 및 화면 이름** 측정기준으로 데이터를 조회할 수도 있습니다.

단계별 이벤트는 기본 최대 5개까지 보여지며 각 단계의 최하단에 위치한 노드를 클릭하면 더 많은 이벤트를 확인할 수 있습니다. 여기에 특정 세그먼트를 적용해서 해당 세그먼트 유저는 어떤 행동을 보이는지도 체크할 수 있으며, 단계별 경로는 최대 9단계까지 조회할 수 있습니다. 이전 대비 눈에 띄는 개선점은 샘플링에서 비교적 자유로워졌다는 것입니다.

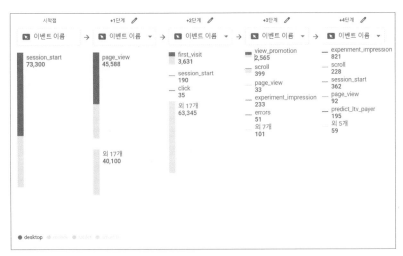

▲ 사용자 행동을 최대 9단계까지 조회할 수 있는 GA4 경로 탐색 보고서

제가 비교적이라고 표현한 이유는 GA4라고 해서 샘플링에서 완전히 자유로운 게 아니기 때문입니다. GA4 무료 버전을 기준으로 데이터를 조회할 때 쿼리당 최대 1천 만 이벤트까지 샘플링에서 자유롭습니다. UA와 비교하면 굉장히 많은 개선이 이뤄진 것인데요. 그럼에도 불구하고 트래픽이 상당한

웹사이트라면 데이터 조회 기간을 길게 할 경우 데이터 샘플링에서 자유롭진 않을 거예요. 이런 경우 GA4 360 서비스를 이용하면 쿼리당 최대 10억 이벤트까지 샘플링에서 자유롭다고 하니, 트래픽이 높은 웹사이트를 운영하신다면 가급적 GA4 360 엔터프라이즈 서비스 이용을 검토하시기 바랍니다.

아래 그림에서 빨간 박스를 보시면 조회한 데이터가 1천 만 이벤트를 초과했고, 샘플링 비율이 표기되는 걸 확인할 수 있습니다. 참고로 아래 그림에서 제가 조회한 데이터 규모는 약 1,400만 이벤트이며 조회 기간은 2달이었습니다. 쿼리당 조회되는 데이터 규모가 1천 만 이벤트 이하라면 보고서에 조회되는 데이터가 샘플링에 걸리지 않습니다.

▲ 샘플링에서 완전히 자유롭진 않으나 UA 대비 비교적 느슨해진 데이터 샘플링

변수 및 탭 설정

이제 본격적으로 경로 탐색 보고서에서 데이터를 조회해보겠습니다. 우선 좌측에 보이는 변수와 탭 설정에서 원하는 값을 선택해야 합니다. 변수에서는 데이터 조회 기간과 세그먼트, 측정기준, 측정항목을 선택할 수 있습니다. 탭 설정에서는 변수에서 조회되는 항목을 조합해서 원하는 보고서 형태로 만들게 됩니다.

예를 들어 조회 기간에 서비스에 방문해서 **user_engagement** 이벤트가 발생한 사용자를 세그먼트로 만들어서 적용하거나, 세분화 항목에 기기 카테고리를 넣어서 기기 단위로 데이터를 조회할 수 있습니다. 단, 노드 유형은 수정할 수 없는 항목이기 때문에 기본으로 선택된 이벤트 이름과 페이지 제목만으로 데이터를 조회해야 합니다.

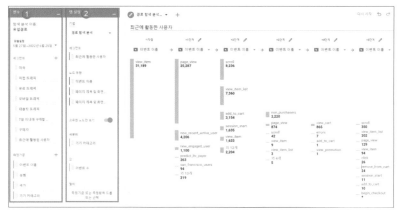

▲ 이벤트 이름과 페이지 제목 측정기준만 노드 유형으로 적용됨

탭 설정에서 **고유한 노드만 보기(View Unique Nodes Only)**를 활성화하면 같은 이벤트가 경로에서 연속으로 조회되지 않게 됩니다. 아래 예시를 보면 page_view 및 scroll 이벤트가 다음 STEP에서도 동일하게 조회되는데, 이렇게 데이터를 보고 싶지 않으면 '**고유한 노드만 보기(View Unique Nodes Only)**' 기능을 활성화하면 됩니다.

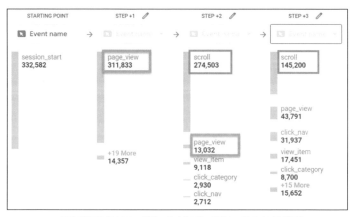

▲ 같은 이벤트를 연속으로 조회하고 싶지 않으면 고유한 노드만 보기 토글 활성화

특정 이벤트를 노드에서 제외하고 싶다면 이벤트 목록에서 체크박스 해제

만약 특정 이벤트가 단계별 이벤트 이름 목록에서 제외되길 원한다면, 단계 우측 상단에 있는 연필 모양 아이콘을 클릭한 뒤 제외하고 싶은 이벤트에 체크 박스를 체크하면 됩니다. 아래 그림은 스크롤 이벤트를 경로 분석 2단계 이벤트 이름 목록에서 제외하는 예시입니다. 모든 페이지에서 스크롤 이벤트를 수집하면 해당 이벤트 데이터는 경로 분석 과정에서 큰 의미를 도출하기 어려운 경우가 많습니다(세로 길이를 4단계로 나눠서 스크롤 이벤트를 수집하는 경우). 이럴 때 분석 과정에서 조금이라도 데이터 해석을 빠르고 정확하게 하려면, 스크롤 이벤트를 제외하고 보는 것이 낫습니다.

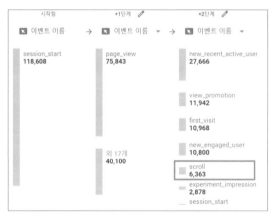

▲ 만약 스크롤 이벤트를 보고서에서 제외하고 데이터를 보고 싶다면 제외 가능함

▲ 단계별 노드 제목 우측 연필 모양 클릭 후 제외할 이벤트 체크박스 체크

경로 탐색 시 무조건 세션이 시작되는 시점부터 고객의 행동을 분석할 필요는 없습니다. 예를 들면 **상품조회** 혹은 **체크아웃** 단계처럼 특정 시점부터 경로 분석의 시작 단계로 설정할 수 있습니다. 데이터를 분석하려는 목적이 분명하면 결과도 비교적 빠르게 도출됩니다. 화면 우측 상단의 **다시 시작(Start over)** 기능을 클릭하고 시작점 또는 종료점을 선택해서 원하는 시점부터 데이터를 조회할 수 있습니다.

▲ 시작점과 종료점을 지정하고 싶다면 보고서 우측 상단 '다시 시작' 클릭

▲ 시작점 또는 종료점에 원하는 이벤트 이름을 지정할 수 있음

다시 시작을 선택하고 시작점 영역을 클릭하면 선택 가능한 이벤트 목록이 나옵니다. 상품을 조회하는 시점부터 경로를 분석하고 싶다면 다음처럼 **view_item** 이벤트를 선택하시면 됩니다.

시작점 선택

view_promotion

view_item_list

page_view

scroll

experiment_impression

view_item

session_start

new_recent_active_user

first_visit

view_cart

▲ 'view_item'(상품조회) 이벤트 선택 시 해당 시점부터 경로 탐색 분석 가능

주요 이벤트가 수집되었고, 페이지마다 제목이 다르다면 베스트

구매완료 이벤트를 기점으로 역으로 발생한 고객의 행동을 추적해보는 것도 여정에서 문제는 없는지를 파악하는 데 많은 도움이 됩니다(다음 쪽 그림 참조). 전부 UA에서는 시도조차 할 수 없었던 기능입니다. 이미 눈치채신 분들도 계시겠지만 경로 탐색 보고서를 분석에 잘 활용하려면 고객의 여정에서 조회하고자 하는 이벤트가 이미 수집되어 있고 '페이지 제목(Page Title)'이 해당 페이지를 알 수 있도록 세팅되어야 합니다.

어떤 사이트는 페이지 제목이 모두 동일하게 세팅된 경우가 있는데, 이런 경우는 페이지 제목에 대한 패턴을 다시 정의할 필요가 있습니다. 그게 검색엔진 최적화 측면에서도 훨씬 유리하기 때문입니다.

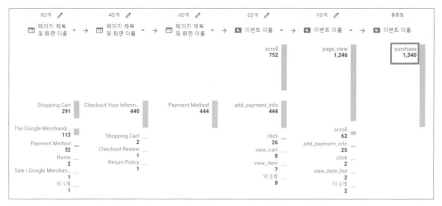

▲ 구매완료 이벤트를 기점으로 역으로 사용자 행동 추적

지금까지 GA4 경로 탐색(Path exploration) 보고서를 자세히 둘러봤습니다. 분석을 잘하려면 질문을 잘해야 합니다. 고객은 방문 이후 어떤 행동을 하는지, 가입한 유저의 행동은 미가입 유저의 행동과 어떻게 다른지, 로그인 이후 고객들이 상품을 탐색하는 과정에서 불편한 점은 없는지 이런 질문에 대한 결과를 모두 데이터로 조회할 수 있다면 데이터에 근거한 의사결정 및 서비스 운영에 조금이라도 가까워질 수 있습니다. 이에 대한 힌트를 경로 분석 보고서에서 발견하시기 바랍니다.

보고서의 기능이 아무리 좋아도 이를 활용하지 않으면 없느니만 못합니다. 하나의 보고서를 너무 맹신하는 것도 좋은 자세가 아닙니다. 경로 탐색 보고서를 통해 분석의 실마리 또는 시작점을 발견했다면, 더 깊은 데이터는 GA4 자유 형식 보고서 내지 유입경로 탐색 분석을 통해 살펴야 합니다. 그러한 과정에서 추가로 수집할 이벤트 데이터가 발견되면 GTM을 통해 수집하거나 개발팀과 협업을 해야 합니다. GA4 탐색 분석 기능은 굉장히 활용 가치가 높습니다. 여러분도 실제 데이터를 가지고 탐색을 하면서 웹사이트와 앱에 방문한 고객의 의도와 행동을 분석해보시기 바랍니다.

GA4 잠재고객 생성 및
리마케팅 모수로 활용하기

잠재고객이란 특정 조건에 부합하는 GA 데이터 기반 사용자 그룹

잠재고객Audience이란 특정 조건에 부합하는 사용자 그룹입니다. 예를 들면 GA4는 'AND' 조건이나 'OR' 조건을 이용해 여러 옵션이 결합된 잠재고객 그룹을 만들 수 있습니다.

> 성별은 여성이고 나이는 25~34 연령대와 일치하면서 상품을 조회하고 상품 탐색 필터 기능을 이용했으나 구매는 하지 않은 사용자 그룹

이처럼 다양한 조건을 조합한 잠재고객을 생성할 수 있고, 행동에 따른 순서 기능을 통해 방문자가 특정 액션을 한 시나리오를 설계할 수도 있습니다.

UA에서 잠재고객을 단순히 구글 애즈 리마케팅 목적으로만 활용했다면, GA4에서는 활용 범위가 훨씬 다양해졌습니다. 이번 글에서는 GA4에서 잠재고객을 어떻게 생성하고 활용할 수 있는지 알아보겠습니다.

구글 애즈 연동 시 광고 모수 활용, 생성 시점부터 누적되며 최대 포함 기간 540일

GA4에서 잠재고객을 생성하고 이를 최대한으로 활용하기 위해서는 GA4와 구글 애즈가 사전에 연동되어 있어야 합니다. 그래야 잠재고객을 구글 애즈를 비롯한 구글 마케팅 플랫폼에 존재하는 다양한 프로덕트(Display&Video 360, Search Ads 360)의 캠페인 광고 모수로 활용할 수 있고, 이를 통해 자사(1st Party) 데이터를 활용한 리마케팅 캠페인이 가능합니다.

단순히 웹사이트에 방문한 사용자가 아니라, GA4는 웹과 앱을 동시에 커버하기 때문에 활용 범위가 굉장히 넓습니다. (참고로 GA4에서 생성한 잠재고객을 페이스북이나 틱톡 같은 다른 플랫폼의 광고 캠페인 모수로 활용하는 건 불가능합니다.)

예를 들어, 중고차를 판매하는 웹사이트에서 상담신청을 최대한 많이 받는 게 목표라고 가정해보겠습니다. 상담신청 폼을 입력하다가 중간에 이탈한 고객을 대상으로 관련된 광고를 노출할 경우, 일반 유저를 대상으로 광고를 노출시킬 때보다 재방문 및 전환될 가능성이 훨씬 높을 것입니다. 만약 웹과 앱을 동시에 운영하는 경우라면 웹에서 얻은 고관여(Engaged) 잠재고객을 앱 설치(App install) 캠페인에 활용하는 것도 가능합니다.

이를 위해 원하는 잠재고객을 미리 정의하고, 모수 데이터를 이전부터 쌓아놔야 추후 광고 캠페인에 활용할 수 있습니다. 왜냐하면 **잠재고객은 생성되는 시점부터 데이터가 쌓이기 때문**입니다. 당장 오늘 생성한 잠재고객을 내일 오픈되는 광고 캠페인에 활용하는 건 의미가 없을 뿐더러 가능하지 않습니다.

잠재고객 포함 기간(Membership duration)은 최소 1일부터 최대 540일으로 설정할 수 있으며, 포함 기간에 따라 잠재고객이 생성된 이후 해당 잠재고객에 대한 퀄리티가 항상 최신 상태로 유지됩니다. 최대 한도로 설정할 경우 포함 기간은 '540일'이 됩니다. 포함 기간은 잠재고객의 조건(Condition)을 결정하는 요소가 아니라, 잠재고객이 광고 캠페인에 적용된 이후 유효한 기간을 의미합니다.

포함 기간

◉ 180 days

◯ 최대 한도로 설정

잠재고객 트리거

＋ 새로 만들기

▲ 잠재고객 포함 기간(Membership duration)

잠재고객의 조건(condition)을 설정하면서 잠재조건 하단 영역에 기간(Time period)을 설정할 수 있습니다(다음 쪽 그림 참조). 설정한 조건에 대한 기간을 좀 더 상세하게 지정할 수 있다고 이해하시면 됩니다. 다만, 특정 측정기준(Dimensions)을 선택하면 기간(Time period)을 입력할 수 없고, 특정 이벤트(Events)를 잠재고객 조건으로 선택한 다음 해당 이벤트가 몇 번 실행되었는지(Event count) 설정하는 경우에만 입력할 수 있습니다.

예를 들어 '상품조회(view_item) 이벤트를 3회 이상 완료한 사용자'라는 조건으로 세팅할 때 유용합니다. 만약 기간을 '10일'로(최대 60일까지 입력 가능) 입력하고 가장 최근 기간(Most recent time period) 토글을 활성화한다면 현재 날짜로부터 최근 10일 이내 잠재고객 조건을 만족시킨 사용자가 잠재고객 모수에 포함됩니다.

참고로 잠재고객을 생성할 때 포함 기간(Membership duration)과, 잠재고객 조건 세팅 과정에서 기간(Time period)은 의미가 완전히 다르니 주의하시기 바랍니다(자세한 내용은 다음쪽 박스 참조).

▲ 잠재고객 최대 전환 확인 기간은 60일 (60일 초과 시 잠재고객 생성 불가)

임의의 시점(Any point in time)을 선택하면 입력된 기간(Time period)에 관계 없이 잠재고객 조건에 부합하는 사용자라면 잠재고객 모수에 포함됩니다. 당연히 최근 기간(Most recent time period)를 선택할 때보다 잠재고객 모수가 증가하게 되며, 세팅된 잠재고객의 규모가 크지 않을 시에는 임의의 시점(Any point in time)으로 체크하시거나 **'기간(Time period)'** 설정은 하지 않기를 권장합니다.

 포함 기간과 기간은 다른 개념

앞에서 말씀드렸듯이 '포함 기간(Membership duration)'은 잠재고객이 생성되고 광고 캠페인에 적용된 이후에 유효한 기간입니다. 만약 특정 고객이 광고 캠페인에 접속해서 '구매(Purchase)'와 같은 캠페인의 목적을 달성하게 된다면 GA4에서는 해당 고객을 잠재고객에서 자동으로 제외시킵니다. 반면 잠재고객의 조건을 설정할 때 입력할 수 있는 '기간(Time period)'의 경우 잠재고객이 생성되기 전에 광고 캠페인에 활용될 잠재고객의 크기와 구체적인 타겟을 결정하는 요소라고 이해하시면 됩니다.

GA4 잠재고객(Audience) 생성하는 방법

[방법 1] 탐색(Explore) 보고서를 생성하고 세그먼트 영역에서 신규 세그먼트를 생성하면서 동일 조건의 잠재고객을 추가로 생성

[방법 2] GA4의 관리 〉 데이터 표시 〉 구축(Audiences) 메뉴를 선택해 잠재고객을 생성

▲ 세그먼트를 생성하는 동시에 잠재고객 생성 (방법 1)

▲ 관리 〉 데이터 표시 〉 구축(Audiences) 클릭 (방법 2)

세그먼트 생성하면서 잠재고객을 동시에 생성하기

아래 그림은 세그먼트를 생성하면서 우측에 **잠재고객 만들기** 항목에 체크하는 방식으로 잠재고객을 생성하는 경우(방법 1)입니다. 세그먼트와 잠재고객을 동시에 만들 수 있는 장점이 있기 때문에 개인적으로 선호하는 방식입니다. 일반적으로 잠재고객을 생성할 때의 화면 구성과 동일합니다. 여기서 입력하는 **포함 기간(Membership duration)**은 잠재고객의 조건을 결정하는 요소가 아니라, 잠재고객이 캠페인에 적용된 이후 유효한 기간을 의미한다는 걸 다시 한번 강조드립니다. 예를 들어 자동차를 판매하는 경우라면, 자동차를 구매하기까지 많은 고민과 시간이 필요하므로 포함 기간(Membership duration)을 최소 90일 이상으로 설정하는 게 좋습니다. 만약 특정 영화에 대한 예약을 촉진하는 잠재고객이라면, 영화는 일반적으로 상영 기간이 1달 이내이므로, 포함 기간을 30일 이내로 설정하시길 권장합니다.

▲ 세그먼트 생성하면서 우측 영역에서 잠재고객 동시 생성하기

■ **잠재고객 조건으로 GA4 사용자 인터페이스 안에서 이벤트 생성**

잠재고객 만들기의 하단에는 **잠재고객 트리거**가 있습니다. 이를 활용하면 잠재고객 조건에 만족하는 사용자 발생 시 이벤트가 생성되도록 설정할 수 있습니다. 잠재고객 트리거를 클릭하면 이벤트 이름을 정하고 생성할 수 있습니다. 이벤트 이름은 잠재고객에서 생성했음을 알 수 있도록 이벤트의 앞부분이나 끝에 **aud** 혹은 **A**와 같은 구분자 값을 붙여주는 것이 좋습니다.

특정 액션을 한 사용자를 모니터링하거나 추후 퍼널을 분석할 때 하나의 단계로 활용하고 싶다면 이렇게 잠재고객 트리거를 활용해서 이벤트를 즉각적으로 생성하는 것도 굉장히 유용한 방법입니다. 이를테면 로그인을 한 뒤 상품을 열람하고 상품 페이지 하단까지 스크롤 완료한 사용자 그룹을 하나의 잠재고객으로 생성하면서 이벤트로 수집하고 싶을 때 해당 기능을 활용하면 원하는 데이터를 빠르게 수집할 수 있게 됩니다.

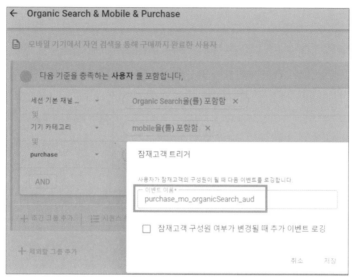

▲ 특정 잠재고객 조건으로 GA4 이벤트 신규 생성하기

■ 잠재고객은 생성 즉시 활용 불가, 최대 2일이 지난 후 모수 확인 가능

잠재고객을 만들기 위해서는 GA4 속성에 대한 편집자(Editor) 권한이 있어야 합니다. GA4 무료 버전의 경우 잠재고객은 속성별로 100개까지 생성할 수 있으며, 신규로 만들 경우 사용자를 집계하는 데 24~48시간이 걸릴 수 있습니다. 생성하는 즉시 이를 활용하는 것은 불가능합니다. 잠재고객은 세그먼트와 차이가 있습니다. 세그먼트는 이미 수집된 데이터를 활용해 분석 혹은 데이터 조회를 목적으로 사용하지만, 잠재고객은 이미 수집된 데이터를 활용해 앞으로 진행할 광고 캠페인의 적합한 타겟팅을 위해 사용됩니다.

이벤트를 정의할 때 이름은 반드시 알파벳 문자로 넣어주셔야 합니다. 이벤트 이름이 한글로 되어 있을 시 아쉽게도 GA4는 한글을 '잘못된 문자'로 인식합니다. 한글도 엄연한 문자인데 잘못된 문자라니 아쉽지만 이벤트 이름은 영문으로 입력해주세요.

잠재고객 메뉴로 직접 접속 후 잠재고객 생성하기

이번에는 GA4 관리(Admin) 메뉴에서 잠재고객 메뉴로 직접 접속해 잠재고객을 생성(방법 2)해보겠습니다. 앞에서 언급한 세그먼트 추가에 따른 사용자 인터페이스와 거의 동일한데 명칭만 다르다고 생각하시면 됩니다.

잠재고객을 생성할 때 처음부터 조건을 넣어서 사용자 그룹으로 만드는 방법도 있지만, GA4에서 제공하는 기본적인 잠재고객이나 템플릿, 추천 잠재고객을 활용하는 방법도 있습니다. 어떤 잠재고객을 생성해야 될지 망설여진다면 GA4에서 제공하는 잠재고객 또는 템플릿을 활용하시기 바랍니다. 그럼 각각의 탭에서 어떤 잠재고객을 선택할 수 있는지 확인해보겠습니다.

▲ 잠재고객을 처음부터 새로 만들거나 추천 잠재고객을 활용하는 방법이 있음

일반(GENERAL) 잠재고객

일반 잠재고객에서는 총 5개의 잠재고객 유형을 선택할 수 있습니다. 가장 대표적으로 **최근에 활동한 사용자**라는 잠재고객이 있는데, 클릭해보면 **user_engagement** 이벤트가 발생한 사용자라는 사실을 알 수 있습니다.

▲ 추천 잠재고객 중 '일반' 탭에서 선택 가능한 목록

▲ 최근에 활동한 사용자 잠재고객의 구체적인 조건값

다른 4가지 유형도 이처럼 하나씩 클릭해보면서 어떤 조건이 매칭되어야 특정 잠재고객이 생성되는지 체크해보는 것도 잠재고객을 올바르게 만들기 위한 연습이 될 수 있습니다. 이를테면 **비구매자(Non-purchasers)**를 선택할 경우 '제외할 그룹'이라는 조건을 적용해서 구매 이벤트가 발생한 사용자를

전체 사용자에서 제외하는 방법으로 잠재고객을 생성합니다. AND와 OR 조건, 시퀀스까지 사용하면서 수집된 이벤트가 발생한 기간까지 설정할 수 있기 때문에 거의 모든 케이스의 잠재고객을 생성할 수 있다고 보셔도 됩니다.

▲ 잠재고객 조건 입력 시 제외할 그룹 조건을 넣어서 제외 처리할 수 있음

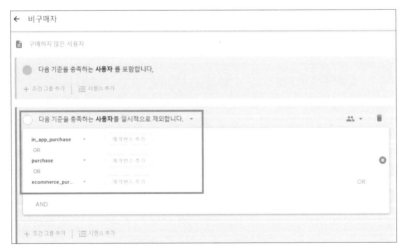

▲ 다양한 조건을 조합해서 제외할 그룹을 생성하는 예시

템플릿(TEMPLATES) 유형 잠재고객

　　템플릿 잠재고객에서는 총 3가지 형태의 잠재고객 템플릿을 제공합니다. 인구통계, 기술, 획득 유형을 선택할 수 있습니다. 앞서 확인한 일반 잠재고객은 클릭 시 특정 조건이 이미 적용되었는데, 템플릿 잠재고객은 그렇지 않습니다. 말 그대로 템플릿을 제공한다고 이해하시면 됩니다. 예를 들어 인구통계 템플릿 잠재고객을 선택해보겠습니다.

▲ 추천 잠재고객 중 '템플릿' 탭에서 선택 가능한 잠재고객 유형

　　인구통계 잠재고객을 정의하는 기준으로는 연령, 성별, 언어 코드, 관심분야, 국가 ID가 있습니다. 여기서 원하는 조건을 지정할 수 있습니다. 저는 개인적으로 **맞춤 잠재고객 만들기**를 통해 처음부터 조건을 하나씩 생성하는 것을 선호하는 편입니다.

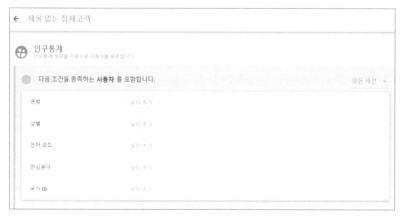

▲ 인구통계 잠재고객 템플릿 선택 시 보여지는 화면

추천(PREDICTIVE) 잠재고객

추천 잠재고객보다는 **예측** 잠재고객이 더 맞는 표현으로 보이지만, GA4 언어 설정을 한국어로 세팅한 경우 **추천 잠재고객**으로 표기되므로 '추천 잠재고객'으로 설명드리겠습니다. 여기서는 이전에 수집된 데이터를 기반으로 구글의 머신러닝 기술을 활용하여 **7일 이내에 첫 구매를 할 가능성이 높은 사용자 그룹**과 같은 잠재고객을 활용할 수 있습니다. 해당 잠재고객으로 광고 캠페인을 집행하면 노출당 비용(CPM)은 기존 잠재고객 대비 상승하지만, 전환에 대한 성과는 대체적으로 일반 잠재고객 대비 나은 성과를 보입니다. 특히 웹과 앱을 동시에 서비스하면서, 웹 서비스에 참여한 고객을 활용한 앱 광고 캠페인(설치, 전환)에 관심이 많은 분들은 여건이 되신다면 추천 잠재고객을 적극 활용하시길 권장합니다.

▲ '추천 잠재고객' 탭 선택 시 선택 가능한 잠재고객 목록

기존에는 데이터 사이언티스트가 있어야 작업이 가능했지만 GA4에서는 이처럼 누적된 데이터와 기술의 힘을 빌려 잠재고객으로 활용할 수 있습니다. 다만 구글에서 머신러닝을 통해 데이터를 학습하려면 기존에 수집된 데이터가 필요합니다. 그리고 데이터 수집에 관해서 다음의 기본 요건을 만족

해야 합니다. 요건을 만족하지 못하면 추천 잠재고객 탭을 선택하더라도 비활성화된 잠재고객으로 선택이 불가할 것입니다.

추천(PREDICTIVE) 잠재고객을 활용하기 위한 기본 요건은 다음과 같습니다.

 추천 잠재고객을 활용하기 위한 기본 조건

1. 최근 28일 이내 7일 동안 1,000명 이상의 재사용자가 관련 예측 조건(구매 또는 앱 제거)을 만족해야 하며, 다른 1,000명 이상의 재사용자는 예측 조건을 만족시키지 않음
2. 일정 기간 동안 모델 품질을 유지해야 요건이 충족됨
3. 구매 가능성과 예측 수익 측정항목을 사용하려면 이커머스에서 purchase 이벤트를 수집해야 하며, 해당 이벤트에 대한 value(수익) 및 currency(통화) 매개변수가 수집되어야 함

측정항목	정의
구매 가능성	지난 28일 동안 활성 상태였던 사용자가 향후 7일 이내에 특정 전환 이벤트를 기록할 가능성입니다.
앱 제거 가능성	지난 7일 동안 앱 또는 사이트에서 활성 상태였던 사용자가 다음 7일 동안 활성 상태가 아닐 가능성입니다.
예측 수익	최근 28일 동안 활성 상태였던 사용자로부터 향후 28일 내에 발생하는 모든 구매 전환에서 예상되는 수익입니다.

▲ 추천 잠재고객의 측정항목별 구체적인 설명

조건이 상당히 까다로운 것으로 미뤄볼 때 트래픽이 상당하면서 구매가 일주일 안에 1,000건 이상 발생하는 이커머스가 아닌 이상 해당 기능을 활용하기는 어려울 것으로 예상됩니다. 또한 일정 기간 동안 모델 품질을 유지해야 된다는 조건이 있기 때문에 7일 안에 구매가 1,000건 이상 발생했더라도, 구매 추이가 항상 유지되지 않는다면 해당 기능은 활용이 어렵습니다. 상당히 좋은 기능인데 '예측의 정확성을 높이기 위해 너무 큰 허들을 두지 않았나'라는 생각도 듭니다.

업종 카테고리별 잠재고객 (옵션)

이 외에도 특정 업종 카테고리를 선택해 업종별로 미리 세팅된 추천 잠재

고객을 생성하는 방법도 있습니다. GA4 **관리 〉 속성 〉 속성 세부정보**에 들어가면 다음과 같이 업종 카테고리를 선택할 수 있습니다. 여기서 선택한 업종 카테고리에 따라 추천 잠재고객에 새로운 탭이 생기게 됩니다. 예를 들어 업종 카테고리를 **쇼핑**으로 선택한다면 추천 잠재고객 영역에 **쇼핑** 탭이 추가됩니다.

▲ GA4 속성 세부정보에서 선택할 수 있는 업종 카테고리

▲ 선택한 업종 카테고리에 따라 새로운 탭(Tab)이 생겨요

다른 경우도 한번 살펴보겠습니다. 업종 카테고리를 **취업 및 교육**으로 선택한다면 다음과 같은 잠재고객을 추천해줍니다.

▲ 업종 카테고리를 취업 및 교육으로 선택 시 보여지는 목록

이렇듯 GA4가 추천해주는 잠재고객을 그대로 생성하는 것도 좋지만, 여기에 잠재고객 조건을 응용해본다면 더욱 도움이 될 것입니다. 방금 선택한 취업 및 교육 카테고리로 예를 들면, 다음과 같은 잠재고객도 생성해볼 수 있습니다.

- 가이드를 완료했는데 구매는 하지 않은 사용자 그룹
- 상품을 위시리스트에 등록했지만 체크아웃은 시작하지 않은 사용자 그룹

GA4를 처음 사용하는 실무자라면 처음에는 GA4에서 추천해주는 잠재고객부터 생성하면서 잠재고객 조건을 응용하시길 권장합니다. 다만 모든 업종 카테고리에 대응되는 건 아닌 것으로 보입니다. 예를 들어 업종 카테고리를 '온라인 커뮤니티'로 선택할 경우 관련 탭이 신규로 생성되지 않습니다.

구글 시그널 데이터를 먼저 활성화해야 잠재고객 최대한 활용 가능

앞서 설명드렸던 잠재고객의 기능을 온전히 활용하기 위해서는 GA4의 **관리 〉 데이터 수집 및 설정 〉 데이터 수집** 메뉴에서 구글 시그널 데이터 수집을 활성화해야 합니다. 구글 시그널 데이터를 활성화하지 않으면 인구통계 및 관심사 데이터를 활용할 수 없으며, GA4로 수집된 모수를 구글 애즈로 전송하는 부분에서도 제약이 있습니다.

구글 시그널 데이터는 구글 계정에 가입 시 광고를 개인에게 최적화된 상태로 보여줄 것인지를 동의한 고객에 한해 관련 데이터를 수집하는 것으로, 구글이 사용자를 식별하고 통합하는 과정에서 구글 시그널 데이터와 기기 Device ID가 아주 중요한 역할을 합니다. 고객이 구글에 가입하는 과정에서 동의한 정보는 구글에 암호화된 형태로 전송되므로 보안적인 이슈에서 안전합니다. 구글 시그널 기능의 활성화는 GA4 속성을 생성하는 시점부터 적용해주시기 바랍니다.

▲ GA4 데이터 설정 〉 데이터 수집 메뉴에서 구글 시그널(Google Signal) 데이터 활성화

GA4에서는 잠재고객을 활용해서 데이터를 화면상에서 생성할 수 있고, 이커머스 서비스의 경우 조건에 다소 제약이 있지만 구글의 머신러닝 기술을 활용해서 구매 가능성이 높은 모수를 광고 캠페인에 활용할 수 있습니다. '잠재고객과 세그먼트가 같은 것인가?'라고 생각하실 수도 있지만 둘은 분명 다릅니다. 세그먼트는 탐색(Explore) 보고서 안에서만 활용할 수 있고, 세그먼트를 잠재고객으로 만들 수 있지만 반대로 잠재고객을 세그먼트로 생성하는 것은 불가능합니다.

잠재고객은 생성되는 시점부터 데이터가 쌓이므로 원하는 조건의 잠재고객이 있다면 미리 생성해두시길 권장합니다. 그렇지 않으면 구글 마케팅 플랫폼에 생성한 광고 캠페인에 잠재고객을 활용해야 되는 시점에 활용하지 못하는 일이 발생합니다. 잠재고객은 이름과 설명 외에 조건 수정이 불가하므로, 생성된 잠재고객을 수정하려면 잠재고객을 새로 만드셔야 합니다.

26

GA4 속성과 구글 애즈
연동 후
잠재고객 확인하기

GA4 속성과 구글 애즈 계정을 연동하면 구글 애널리틱스를 통해 생성한 잠재고객 데이터를 구글 애즈 광고 캠페인에서 다양하게 활용 가능합니다. 이를 진행하려면 구글 애즈 계정의 수정 권한이 필요합니다. GA4 속성과 구글 애즈 연결 작업은 굉장히 간단합니다. GA4 **속성 설정** 화면에서 구글 애즈 계정을 연결하면 됩니다. 구글 애즈 광고를 집행 중이라면 반드시 GA4 속성과 연동 세팅을 통해 특정 액션을 한 잠재고객을 광고 캠페인에 활용하세요. 이전 대비 정교한 타겟팅을 통해 전환이 개선될 가능성이 높아집니다. 그럼 GA4 속성과 구글 애즈 계정을 연동하는 방법을 알려드리겠습니다.

구글 애즈 계정의 액세스 권한 부여 및 관리 방법

구글 애즈에 접속해서 좌측 **관리** 메뉴를 클릭한 후 **액세스 및 보안**을 선택합니다. 사용자 탭에서 '+' 버튼을 이용해 액세스 권한을 부여할 수 있으며, 사용자가 여럿 등록된 경우에는 사용자 목록에서 권한을 수정하거나 삭제할 수 있습니다.

GA4 **관리**에서 **제품 링크 〉 Google Ads 링크** 메뉴를 클릭하고 **연결** 버튼을 클릭합니다.

▲ GA4 관리 〉 제품 링크에서 Google Ads 링크 메뉴 선택 후 연결 버튼 클릭

구글 애즈에 수정 권한이 부여된 계정이라고 가정하고 **Google Ads 계정 선택하기** 버튼을 누릅니다.

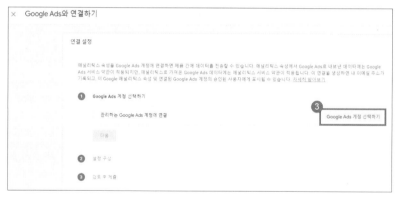

▲ Google Ads 계정 선택하기 버튼 클릭

구글 애즈 계정 수정 권한이 있다면 계정 이름 목록에 계정 이름이 확인됩니다. 체크박스 선택 후 **확인** 버튼을 누릅니다.

▲ 수정 및 액세스 권한이 있는 구글 애즈 계정 선택 후 확인 버튼 클릭

연결 설정에서 선택한 구글 애즈 계정 번호가 일치하는지 확인하고 **다음** 버튼을 클릭합니다.

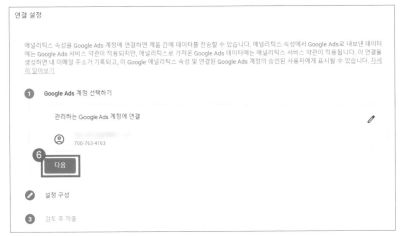

▲ 구글 애즈 계정번호 확인 후 다음 버튼 클릭

개인 맞춤 광고 사용 및 **자동 태그 추가 사용**이 활성화된 상태인지 확인합니다. 별도의 수정을 하지 않았다면 기본 설정이 활성화로 체크되어 있을 것입니다. 세팅에 이상이 없다면 **다음** 버튼을 클릭합니다.

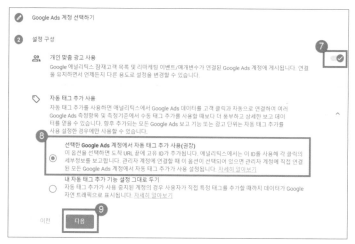

▲ 개인 맞춤 광고 사용 및 자동 태그 추가 사용 활성화 후 다음 버튼 클릭

GA4 속성과 구글 애즈 연동 설정의 마지막 단계입니다. 세팅된 항목을 확인하고 **보내기** 버튼을 클릭합니다.

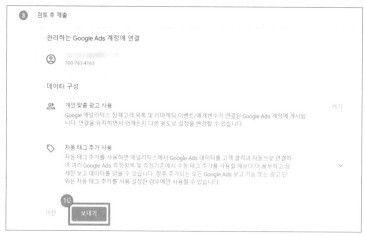

▲ 세팅 내역을 확인하고 이상이 없다면 보내기 버튼 클릭

정상적으로 GA4와 구글 애즈 계정이 연결되었다면 **연결이 생성됨** 표시가
뜹니다.

Google Ads와 연결하기

결과

700-763-4163

연결이 생성됨

▲ GA4 속성과 구글 애즈가 정상적으로 연결이 되었는지 확인

연결이 되면 GA4 탐색 보고서에서 아래와 같이 구글 애즈 관련 측정기준
및 지표를 조회할 수 있습니다.

	Google Ads 캠페인	Google Ads 키워드 텍스트	↓세션수	거래	전자상거래 수익
	총계		3,623 총계 대비 100.0%	32 총계 대비 100.0%	$2,121.40 총계 대비 100.0%
1	1009693 | Google Analytics Demo | DR | joelf | NA | US | en | Hybrid | SEM | BKWS | MIX | Txt ~ AW-Brand (US/Cali)	Google Merchandise Store	263	8	$229.20
2	1009693 | Google Analytics Demo | DR | joelf | NA | US | en | Hybrid | SEM | BKWS - EXA | Txt ~ AW - YouTube	youtube merchandise	204	1	$21.00
3	1009693 | Google Analytics Demo | DR | joelf | NA | US | en | Hybrid | SEM | BKWS - EXA | Txt ~ AW - YouTube	YouTube Merchandise Store	203	1	$13.00
4	1009693 | Google Analytics Demo | DR | joelf | NA | US | en | Hybrid | SEM | BKWS - EXA | Txt ~ AW - YouTube	youtuber merchandise	168	2	$34.00
5	1009693 | Google Analytics Demo | DR | joelf | NA | CA | en | Hybrid | SEM | SKWS - BMM | Txt ~ AW - Hoodies	+hoodies	163	0	$0.00
6	1009693 | Google Analytics Demo | DR | joelf | NA | US | en | Hybrid | SEM | BKWS - MIX | Txt ~ AW - Apparel	Google T Shirt	130	3	$163.00

▲ 탐색 보고서를 생성해서 구글 애즈 관련 데이터 조회하기

구글 애즈 계정에 접속해서 GA4 잠재고객(Audiences)이 정상적으로 연동
되었는지 확인해볼까요? 구글 애즈 접속 후 좌측의 **도구**에서 **공유 라이브러리
(Shared Library) 〉 잠재고객 관리자(Audience Manager)** 메뉴를 클릭합니다.

▲ 구글 애즈 '도구'에서 잠재고객 관리자(Audience manager) 메뉴 접속

목록을 보면 GA4에서 생성한 잠재고객이 확인됩니다. 잠재고객과 유사한 행동을 보인 잠재고객이 자동 생성되었네요. 이를 광고 캠페인(Campaigns)이나 광고 그룹(Ad groups)에 추가하고 싶다면 체크 후 상단에서 추가하세요.

▲ GA4 잠재고객이 목록에 있는지 확인하고 캠페인에 추가

지금까지 GA4 속성과 구글 애즈 계정을 연결하고 구글 애즈의 잠재고객 관리자(Audience manager)에서 연동된 GA4 잠재고객을 확인하는 과정을 알아봤습니다. 구글 애즈 광고를 운영하는데 GA4 속성과 연동되지 않은 상태라면 지금 즉시 연결하시기 바랍니다. 그래야 GA4 데이터를 기반으로 구글 애즈 리마케팅 캠페인을 집행할 수 있고, 여러분이 타겟팅하려는 잠재고객을 상대로 광고를 효율적으로 집행할 수 있습니다.

27

GA4 속성과 구글 빅쿼리
프로젝트 연결하기

구글 빅쿼리Bigquery는 서버가 필요없는 **클라우드 기반 데이터 웨어하우스**로, GA4 데이터를 빅쿼리로 보내면 가공되지 않은 Rawdata를 일별(Daily) 및 스트리밍(Streaming) 단위로 데이터셋Data set에 안정적으로 저장할 수 있습니다. 클라우드 환경에서 Rawdata에 대한 접근이 가능하므로 SQL 쿼리를 직접 생성할 수 있다면 원하는 조건의 데이터를 조회하고 분석할 수 있습니다. 최근에는 데이터를 자체 서버에 저장하기보다 구글 빅쿼리나 아마존 웹서비스AWS처럼 클라우드 서버에 저장해서 데이터를 안정적으로 저장하고 운영하는 게 일반적입니다. 이번 장에서는 GA4 속성과 빅쿼리 연결에 관한 내용을 다루겠습니다.

빅쿼리는 매월 10GB의 데이터 저장 공간과 매월 처리되는 쿼리(분석) 데이터 중 최초 1TB는 무료로 제공합니다. 트래픽이 많든 적든 GA4와 빅쿼리를 연결하면 매우 저렴한 비용으로 데이터를 안정적으로 저장하고 분석에 이용할 수 있습니다. 참고로 GA4에서 빅쿼리로 전송된 데이터의 저장 요금은 **1GB당 0.02$**이며, 빅쿼리에 저장된 데이터가 90일 동안 조회 및 분석 등의 목적으로 사용되지 않으면 저장 비용은 0.01$으로 줄어듭니다.

빅쿼리 프로젝트를 선택하기 전에 확인할 사항

빅쿼리 프로젝트의 소유권이 구글 계정에 부여된 상태여야 하며, 결제정보가 미리 등록된 상태여야 합니다. 그래야 구글 빅쿼리 서비스 이용에 따른 과금이 발생할 경우 결제가 진행되며, GA4와 빅쿼리를 정상적으로 연결할 수 있습니다.

그럼 GA4 속성과 빅쿼리를 연동하는 방법을 알려드리겠습니다. GA4 **속성 설정** 화면에서 **제품 링크** 섹션에 있는 **BigQuery 링크**를 클릭합니다.

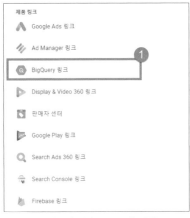

▲ 제품 링크에서 BigQuery 링크 클릭

BigQuery 링크 화면의 우측 상단에서 **연결** 버튼을 클릭합니다.

▲ BigQuery 링크 화면에서 '연결' 버튼 클릭

연결 설정에서 **BigQuery 프로젝트 선택하기**를 클릭합니다.

▲ 연결 설정에서 BigQuery 프로젝트 선택하기 클릭

조회되는 빅쿼리 프로젝트를 선택하고 **확인** 버튼을 클릭합니다.

▲ 빅쿼리 안에서 프로젝트는 여러 개 생성이 가능하므로 프로젝트 번호를 확인하세요

빅쿼리 프로젝트 선택 후 데이터 위치를 확인하고 **다음** 버튼을 클릭합니다.

▲ 선택된 빅쿼리 프로젝트 및 데이터 위치 확인 후 다음 버튼 클릭

설정 구성에서 **모바일 앱 스트림용 광고 식별자 포함**에 체크하고, 데이터 전송 빈도를 매일(Daily)로 할지 스트리밍(Real-time)으로 할지를 체크합니다. (일반적으로 실시간에 대한 분석 니즈는 많지 않은 편이라 보통 매일(Daily)으로 체크합니다.) 체크 후에는 **다음** 버튼을 클릭합니다.

▲ 데이터 전송 빈도를 선택한 뒤 다음 버튼 클릭

설정 내역을 확인하고 이상이 없다면 **보내기** 버튼을 클릭합니다.

▲ 설정된 내역 확인 후 보내기 버튼 클릭

데이터 스트림 및 이벤트 보기 클릭 시 하루에 빅쿼리로 전송될 일일 이벤트수 확인이 가능합니다. 참고로 스트리밍 데이터 전송에 따른 가격은 1GB당 0.06$로, 빅쿼리로 전송되는 이벤트의 양이 하루 1백 만 이벤트를 넘지 않는다면 크게 부담되는 금액은 아닙니다.

▲ 하루에 빅쿼리로 전송되는 일일 이벤트 수 미리 파악하기

앞서 알려드린 과정을 따라가면 빅쿼리에 생성된 프로젝트의 데이터 저장 공간에 GA4 데이터가 매일(Daily) 전송됩니다. Rawdata에 대한 분석 니즈가 많거나 SQL 쿼리문을 통해 원하는 형태의 데이터를 추출하고 싶다면 GA4와 빅쿼리 연동으로 빅쿼리를 적극 활용해보시기 바랍니다. 빅쿼리에 저장된 데이터를 대시보드에 연동하면 대시보드 로드에 따른 속도가 많이 개선됩니다. 참고로 빅쿼리에서 데이터가 확인되기까지 최대 48시간이 소요되니 바로 빅쿼리에서 데이터셋이 확인되지 않는다고 걱정하지 않으셔도 됩니다.

빅쿼리에서는 GA 샘플 데이터셋도 제공합니다. SQL 쿼리가 아직 익숙하지 않다면 빅쿼리 안에서 쿼리에 대한 연습을 해보길 추천합니다. 구글에서 **bigquery 설명서**를 검색한 후 맨 처음에 노출되는 **BigQuery 설명서**에 접속하면, 구글 애널리틱스 데이터를 추출하기 위한 빅쿼리의 다양한 예제 및 필수 지식을 확인할 수 있습니다.

▲ 빅쿼리 설명서 문서에는 구글 애널리틱스 데이터 조회를 위한 다양한 예제 코드가 있음

28

구글 오가닉 검색 데이터
확인을 위한 구글 서치 콘솔 및
GA4 연결하기

GA4에서는 UA와 마찬가지로 구글에서 검색된 자연 유입의 검색어를 조회하려면 구글 서치 콘솔(Google Search Console)을 속성(Property) 단위로 연결해야 합니다. 구글의 정책에 따르면 로그인된 상태에서 검색된 키워드를 **개인정보**라고 판단하며, 구글 서치 콘솔을 연결하지 않을 시 구글에서 검색된 자연 검색 키워드 정보를 제공하지 않습니다.

▲ 구글 서치 콘솔 접속 후 Performance 보고서 조회 화면

구글 서치 콘솔에서 웹사이트에 대한 소유권이 확인되면 GA4를 구글 서치 콘솔과 연동할 수 있고, 해당 데이터는 GA4 보고서에서도 조회할 수 있습니다. 구글 서치 콘솔에서 웹사이트 소유권을 확인하는 방법과, GA4 속성을 연동하는 방법을 알아보겠습니다.

▲ GA4에서 구글 서치 콘솔 연동 시 Acquisition(획득) 보고서의 Search Console 위젯

GA4 속성 설정 화면의 제품 링크 섹션에서 **Search Console 링크** 메뉴를 클릭합니다.

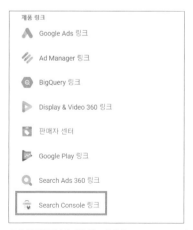

▲ GA4 속성 설정 화면에서 제품 링크 섹션의 Search Console 링크 메뉴

Search Console 링크 화면에서 **연결** 버튼을 클릭합니다.

▲ GA4 설정에서 Search Console 링크 메뉴 클릭 시 확인되는 '연결' 버튼 클릭

연결 설정 화면에서 Search Console 속성을 연결하기 위해 **계정 선택** 버튼을 클릭합니다.

▲ Search Console 속성에 대한 연결을 위해 계정 선택 버튼 클릭

웹사이트 소유권 확인 권한이 있는 상태에서 추가로 GA4 속성 수정 권한이 부여되어 있어야 속성을 추가할 수 있습니다. 두 조건이 충족된 상태라면 **속성 추가** 텍스트 링크를 클릭합니다.

▲ Search Console 목록에 연결하려는 속성이 없을 시 속성 추가 클릭

Search Console에 사이트를 추가하기 위해 **확인** 버튼을 클릭합니다.

▲ Search Console에 사이트 추가 확인 버튼 클릭

구글 서치 콘솔에 접속하여 좌측 메뉴에서 **속성 추가** 항목을 클릭합니다.

▲ 구글 서치 콘솔 접속 후 신규 속성 추가를 위해 '속성 추가' 클릭

속성 유형 선택 팝업 우측에 있는 **URL 접두어** 항목에서 http 혹은 https 프로토콜이 포함된 기본 도메인 주소를 입력합니다.

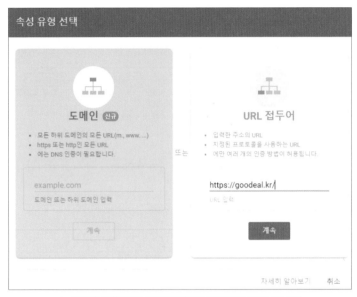

▲ 속성 유형 선택에서 URL 접두어 항목의 URL 필드에 기본 도메인 주소 입력

앞에서도 언급했지만 구글 서치 콘솔 데이터에 접근하려면 웹사이트 소유권이 확인되어야 합니다. 소유권 확인을 위한 방법은 여러 가지가 있습니다.

[방법 1] 소유권 확인을 위해 구글 서치 콘솔에서 제공하는 HTML 파일을 웹사이트 FTP 서버의 루트 경로에 업로드

[방법 2] HTML 메타태그(Meta tag)를 웹사이트 head 영역에 삽입

이외에도 GTM을 활용해서 소유권을 확인하는 방법이 있습니다. 다만 이 방법을 활용하려면 웹사이트의 head 영역에 삽입하는 GTM 스크립트와 별개로, body 영역에 삽입되는 GTM 스크립트가 body 태그 바로 다음에 위치해야 합니다. 강조드리지만 스크립트 삽입 위치가 중요합니다. body 태그 바

로 뒤에 위치하지 않을 경우, GTM을 활용한 웹사이트 소유권 확인은 계속 실패한다고 노출될 겁니다.

저는 HTML Meta tag를 웹사이트 head 영역에 삽입하는 방식(방법 2)으로 소유권을 확인하겠습니다. HTML 파일을 다운로드해서 웹사이트 FTP 루트 경로에 업로드하는 방식과 더불어 가장 확실하게 소유권을 확인할 수 있는 방법입니다. 구글 서치 콘솔 **소유권 확인** 창에서 관련 Meta tag를 복사하고 별도의 메모장에 저장해둡니다.

▲ HTML Meta tag 추가 방식으로 소유권을 확인을 시도하는 화면

웹사이트 관리자에서 HTML Meta 태그 입력란이 존재하는 경우 복사한 Meta tag를 넣어줍니다. 이러한 입력창이 웹사이트 관리자 메뉴에 없을 시 개발팀에 정중히 Meta tag 삽입을 요청합니다. 반드시 웹사이트 body 영역이 아닌 head 영역에 Meta 태그가 삽입되어야 합니다.

▲ 카페24 웹사이트 관리자에서 head 영역에 HTML 태그 추가하는 예시

삽입이 완료되고 다시 **소유권 확인** 버튼을 구글 서치 콘솔 창에서 누르면 녹색창으로 바뀌면서 웹사이트 소유권이 확인되었다는 메시지가 노출됩니다. 이렇게 되면 정상적으로 소유권이 확인된 것입니다.

✅ **소유권이 확인됨**

확인 방법:
HTML 태그

확인된 상태를 유지하려면 사이트 홈페이지에서 메타태그를 삭제하지 마세요. 확인 실패를 방지하려면 설정 > 소유권 인증에서 다양한 확인 방법을 추가하는 것이 좋습니다.

완료   속성으로 이동

▲ HTML 메타 태그 추가 방식으로 웹사이트 소유권이 확인됨

이제 GA4 속성 목록에 구글 서치 콘솔 속성 이름이 확인됩니다. 클릭 후 **확인** 버튼을 누릅니다.

▲ GA4 속성 설정의 Search Console 연결에 재접속 시 소유권 확인된 속성 확인됨

연결하려는 GA4 웹 스트림을 선택하고 **다음** 버튼을 클릭합니다.

▲ Search Console 속성과 연결하려는 GA4 속성의 웹 스트림 선택

세팅된 내역이 맞는지 확인하고 **보내기** 버튼을 클릭합니다.

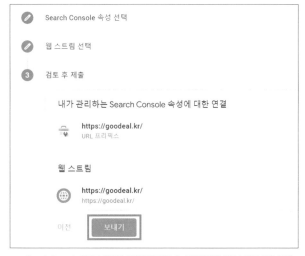

▲ Search Console 연결과 관련된 설정 내역 확인 후 이상이 없을 경우 보내기 버튼 클릭

구글 서치 콘솔 연결이 정상적으로 되었다면 **연결이 생성됨** 표시가 노출됩니다.

▲ GA4 속성과 구글 서치 콘솔 연결이 정상적으로 되었는지 체크

지금까지 GA4 속성과 구글 서치 콘솔을 연결하는 방법을 설명드렸습니다. 구글 서치 콘솔은 구글 오가닉 검색어가 구글 검색결과에서 얼마나 많이 노출되었고 클릭되었는지 확인 가능합니다. 뿐만 아니라 검색어 단위로 검색 결과에서 얼마나 높은 위치에 노출되었는지 확인할 수 있기에 광고 키워드를 제외한 브랜드 관련 키워드에 대한 관심도와 트렌드를 정량적으로 파악할 수 있습니다. 이를 GA4와 연동한다면 구글 서치 콘솔 웹사이트에 접속하지 않아도 GA4에서 간편하게 데이터를 조회할 수 있습니다. 만약 구글 오가닉으로 유입된 트래픽이 갑자기 증가했는데, 어떤 검색어로 방문자들이 유입되었는지 확인할 수 없다면 빠른 대응 및 분석이 어려울 것입니다. 구글 서치 콘솔은 이를 가능하게 해주는 고마운 기능입니다. 구글 서치 콘솔을 GA4와 연결하셔서 구글에서 제공하는 자연 유입 검색어도 체크하시기 바랍니다.

29

구글 태그 매니저를 활용한
페이스북 픽셀 이벤트 적용

구글 태그 매니저를 활용하면 웹사이트 방문자 같은 1st Party 데이터를 페이스북 광고 캠페인 모수로 활용하기 위한 픽셀 스크립트 설치 작업을 간단하게 수행할 수 있습니다. 예를 들어 웹사이트에서 상품을 조회한 모수를 페이스북 캠페인에 활용할 수 있습니다. 상품을 조회하고 페이스북에 접속했을 때 관련 상품 광고가 노출되는 이유는 바로 이벤트 픽셀을 웹사이트에 설치했기 때문입니다. 광고 스크립트를 GTM으로 관리하면 스크립트 관리에 용이하고, 이미 적용된 데이터 레이어(dataLayer) 이벤트와 상품 및 주문 변수(Variables)를 재사용하는 방식으로 다양한 유형의 광고 스크립트 이벤트를 쉽고 간단하게 적용할 수 있습니다.

이는 개발팀에 광고 스크립트 반영을 요청할 때보다 훨씬 시간이 적게 들며, 스크립트가 제대로 삽입되었는지 검수하는 경우에도 마케터 혹은 분석 담당자가 직접 GTM 및 크롬 확장 프로그램을 통해 수행하므로 효율적입니다. 이번 장에서는 구글 태그 매니저를 활용해서 페이스북 기본 및 이벤트 픽셀을 적용하는 방법을 알아보겠습니다.

GTM **태그(Tags)** 메뉴에 접속해서 신규 태그를 생성하기 위해 태그 **새로 만들기(New)** 버튼을 클릭합니다.

▲ GTM 태그 메뉴 접속 후 새로운 태그 생성하기

태그 유형은 **맞춤(Custom) HTML**을 선택하고, 태그 이름을 입력합니다. 태그 이름은 앞에 구분자로 태그 유형을 명시하고 뒤에 어떤 픽셀을 적용할지 기입합니다. 그 후 페이스북 픽셀 기본 코드를 HTML 코드 입력 영역에 입력합니다. 참고로 페이스북 픽셀 기본 코드는 페이스북 픽셀 관리자 페이지에 접속하면 확인할 수 있습니다. 트리거는 **모든 페이지(All Pages)** 적용 후 **저장(Save)** 버튼을 클릭합니다.

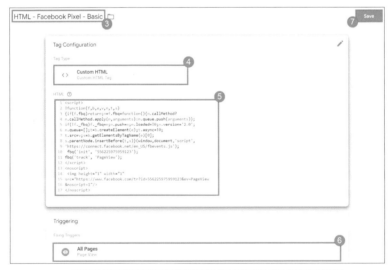

▲ 페이스북 기본 픽셀을 모든 페이지에 적용하기 위한 맞춤 HTML 태그 유형 세팅 후 저장

페이스북 기본 픽셀 코드가 제대로 적용되었는지 확인하기 위해 GTM 화면에서 **미리보기(Preview)** 버튼을 클릭합니다.

▲ 태그가 정상적으로 호출되는지 확인하기 위해 미리보기(Preview) 모드 실행

미리보기 모드 상태에서 웹사이트 방문 시 앞서 적용한 태그가 정상적으로 실행되는지 체크합니다. GTM 미리보기 화면에서 태그가 정상적으로 실행되었습니다.

▲ 미리보기 모드에서 웹사이트 접속 시 생성한 페이스북 기본 픽셀 태그가 정상 실행됨

크롬 브라우저 확장 프로그램 중 **Facebook Pixel Helper**를 설치하고 페이스북 **PageView** 기본 픽셀이 정상적으로 작동하는지 확인합니다. 주소창 우측 **Pixel Helper** 아이콘 클릭 시 노출되는 팝업에서 **초록색** 마크가 확인되면 정상적으로 적용된 것입니다.

▲ Facebook Pixel Helper 크롬 확장 프로그램을 통해 픽셀이 정상 호출되는지 검수

태그에 대한 검수를 마쳤으니 GTM에서 **제출(Submit)** 버튼을 클릭합니다.

▲ 태그에 대한 검수가 완료되면 제출(Submit) 버튼 클릭

어떤 작업을 수행했는지 Version Description을 기입하고 **게시(Publish)** 버튼을 클릭합니다. 이렇게 하면 페이스북 기본 픽셀에 대한 적용이 완료됩니다.

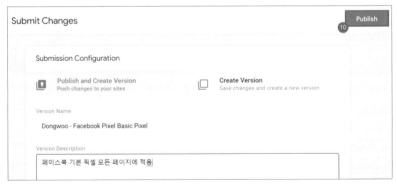

▲ GTM Version Description 기입 후 게시(Publish) 버튼 클릭

이번에는 페이스북 기본 픽셀 외에 이벤트 픽셀을 GTM으로 활용해서 적용해보겠습니다. 마찬가지로 태그를 생성한 뒤 태그 유형은 **맞춤 HTML**을 선택합니다. 기본 픽셀이 이미 모든 페이지에서 실행되므로 기본 픽셀 ID를 추가로 수집하지 않아도 됩니다. 이벤트 픽셀에 해당하는 스크립트만 **맞춤 HTML** 태그의 **HTML 코드** 영역에 삽입합니다. 구체적인 픽셀 스크립트 정보는 페이스북 개발자 가이드 문서에 자세하게 명시되어 있습니다.

아래 화면은 **ViewContent**라는 이벤트 픽셀을 적용하는 스크린샷입니다. content_name(상품이름) 및 value(가격)을 변수로 수집하고 있습니다. 책의 앞부분에서 설명드렸던 이커머스 이벤트 태깅 시 생성했던 상품 관련 변수를 재사용하면 시간과 리소스를 많이 절약할 수 있습니다.

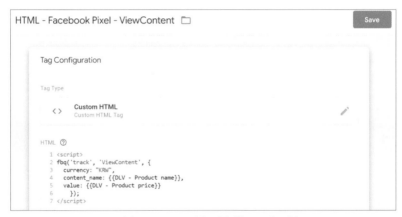

▲ 페이스북 ViewContent 이벤트 픽셀 맞춤 HTML 태그 세팅

다음은 구글에서 제공하는 GA4 이커머스 추적 개발 가이드 중 **view_item**에 해당하는 데이터 레이어(dataLayer) 개발 코드입니다. event 이름이 **view_item**이고 ecommerce 하위 items 배열에서 item에 대한 정보를 변수로 수집하고 있습니다.

구글에서 '페이스북 픽셀 가이드'를 검색하고, 공식 도움말 링크에 접속해 보세요.
이와 관련해서는 다음 링크를 참고해 주세요.
[짧은 주소] https://bit.ly/3C8jonS
[긴 주소] https://developers.google.com/analytics/devguides/collection/ga4/ecommerce?client_type=gtm#view_item_details

오른쪽의 데이터 레이어가 웹사이트에 적용된 상태라고 가정하고 **ViewContent** 페이스북 이벤트 픽셀 태그의 트리거 및 변수를 생성하겠습니다.

```
dataLayer.push({
  event: "view_item",
  ecommerce: {
    items: [
    {
      item_id: "SKU_12345",
      item_name: "Stan and Friends Tee",
      affiliation: "Google Merchandise Store",
      coupon: "SUMMER_FUN",
      currency: "USD",
      discount: 2.22,
      index: 0,
      item_brand: "Google",
      item_category: "Apparel",
      item_category2: "Adult",
      item_category3: "Shirts",
      item_category4: "Crew",
      item_category5: "Short sleeve",
      item_list_id: "related_products",
      item_list_name: "Related Products",
      item_variant: "green",
      location_id: "ChIJIQBpAG2ahYAR_6128GcTUEo",
      price: 9.99,
      quantity: 1
    }
    ]
  }
});
```

▲ GA4 개발자 문서에서 확인되는 'view_item' 데이터 레이어 예시

태그 실행을 위한 트리거로써 **맞춤 이벤트(Custom Event)** 유형을 선택하고, 이벤트 이름은 **view_item**으로 입력합니다. **view_item** 데이터 레이어가 적용되어 있는 상태라면 트리거가 작동할 것이며, 해당 데이터 레이어가 없다면 트리거는 작동하지 않을 것입니다. 반드시 데이터 레이어에 있는 이벤트 이름과 맞춤 이벤트 트리거의 이벤트 이름을 동일하게 맞춰줘야 태그가 정상적으로 실행됩니다.

▲ 맞춤 이벤트 트리거 생성 후 이벤트 이름에 'view_item' 입력

상품 가격(Product price) 변수는 앞에 언급한 **view_item** 데이터 레이어가 적용되었을 시 데이터 영역 변수는 **ecommerce.items.price**가 될 것입니다. 데이터 레이어 구조에 따라 .(마침표)를 활용해서 데이터 레이어 안에 존재하는 특정 변수를 호출할 수 있습니다.

▲ GA4 이커머스 트래킹을 위해 생성했던 상품 가격 변수 호출

상품 이름(Product name)도 같은 방식으로 데이터 영역 변수 이름을 입력합니다.

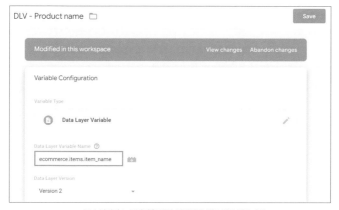

▲ GA4 이커머스 트래킹을 위해 생성했던 상품 이름 변수 호출

이렇게 적용한 뒤 기본 픽셀에서 검수했던 것처럼 GTM 미리보기 모드를 켜고 상품 상세 페이지로 접속한 뒤 Facebook Pixel Helper 확장 프로그램

을 실행하면 아래와 같이 **ViewContent**라는 이벤트와 상품이름 및 가격 정보
가 수집되는 게 확인됩니다.

▲ Facebook Pixel Helper에서 ViewContent 이벤트 픽셀이 실행되는지 체크

이번 장에서는 GTM을 활용해서 페이스북 기본 및 이벤트 픽셀을 설치하
는 방법을 알려드렸습니다. 이미 생성된 데이터 레이어 맞춤 이벤트 트리거
및 관련 변수가 있을 시 이를 적절하게 활용하시면, 굉장히 빠르고 간단하게
광고 스크립트 픽셀 설치를 완료할 수 있습니다. 이는 다른 광고 스크립트를
GTM으로 웹사이트에 적용하는 경우에도 동일합니다. 대부분의 광고 스크립
트가 모든 페이지에 적용되는 기본 픽셀과 상품 조회, 구매완료, 장바구니 조
회 등의 전환 픽셀 이벤트를 수집하는 구조입니다.

한 가지 조언을 드리자면, 광고 스크립트 태그를 적용할 때 태그가 정상적
으로 실행되었는지 검수는 반드시 진행하셔야 합니다. 태그 검수를 하지 않
고 바로 GTM 컨테이너를 게시(Publish)하면 만약 스크립트에 오타가 있을 시
그대로 화면에 보여지게 되며 웹사이트의 안정성을 해칠 수 있습니다. GTM
이 광고 스크립트 적용을 위한 시간을 많이 줄여주고 효율성을 높여주지만,
태그 검수 과정이 뒷받침되지 않으면 절대 안 된다는 사실을 반드시 기억하
세요.

30

[실전연습 01]
페이지 제목별 조회수/방문수/
이탈 지표 조회하기

자유형식(Free form) 보고서 생성 조건

Q. 최근 30일간 페이지 제목(page_title)별 조회수(Views), 방문수(Entrances), 이탈수(Exits)를 확인할 수 있는 테이블 형태의 탐색 보고서를 생성하세요. (단, 페이지 제목에 'not set' 항목이이 포함된 경우는 필터로 제외)

탐색 보고서를 생성하려면 어떤 측정기준과 측정항목을 가져올 것인지 머릿속에 일단 그림이 그려져야 합니다. 위 문제를 보면 측정기준으로 **페이지 제목**이 필요하며, 3개의 **측정항목**을 가져와야 합니다. **방문수(Entrances)**란 세션의 첫 번째 페이지에서만 카운팅되며, 방문 이후 다른 페이지로 이동 시 두 번째 페이지에서는 **방문수**가 카운팅되지 않습니다.

이탈수(Exits)는 세션의 마지막 페이지에서 카운팅되며, 세션의 마지막 페이지를 제외한 나머지 페이지에서는 카운팅되지 않습니다. 개인적으로 언어 설정을 한글로 하는 것보다는 영어로 변경해서 조회하는 게 지표의 정확한 의미를 이해하시는 데 도움이 되실 겁니다. 지표의 정확한 의미는 구글 도움말 문서를 참고해도 되지만, https://data.ga4spy.com/이라는 웹사이트에 접속하면 관련 정보를 한 번에 조회하기 편하게 구성되어 있습니다. 브라우저에 반드시 즐겨찾기 하시길 적극 추천합니다. GA4 측정기준과 측정항목별 의미와 관련 정보를 빠르게 확인할 수 있는 웹페이지입니다.

▲ GA4 측정기준과 측정항목의 구체적인 의미와 조건을 조회할 수 있는 웹사이트

테이블 형태의 탐색 보고서는 자유 형식(Free form) 보고서 유형입니다. 우선 탐색(Explore) 메뉴에 접속해서 **새 탐색 분석 만들기** 이미지를 클릭합니다.

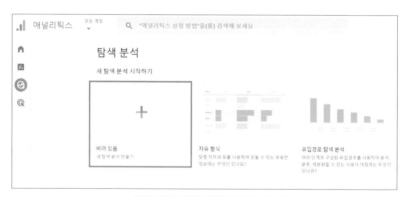

▲ 탐색 분석 보고서에서 '새 탐색 분석 만들기' 클릭

페이지 제목 측정기준을 가져오기 위해 **변수** 탭 안에서 **측정기준** 우측에 있는 '+' 아이콘을 클릭합니다.

▲ 측정기준을 선택하기 위해 측정기준 섹션에서 '+' 아이콘 클릭

검색창에 **페이지**라고 검색하면 측정기준 이름에 **페이지**가 포함된 목록이 뜹니다. **페이지 제목** 측정기준 체크박스에 체크하고 **가져오기** 버튼을 클릭합니다.

▲ 측정기준 검색창에서 '페이지' 검색 후 '페이지 제목' 측정항목 선택하여 가져오기

조회수/방문수/이탈 지표 역시 앞서 알려드린 방법으로 가져올 수 있습니다. **측정항목** 우측의 '**+**' 아이콘 클릭 후, 원하는 측정항목을 검색하고 체크하여 선택한 지표를 탐색 보고서 안의 측정항목 목록에 가져옵니다.

▲ 앞과 동일한 방법으로 측정항목도 원하는 측정항목 검색해서 가져오기

보고서를 구성하기 위한 측정기준과 측정항목이 정상적으로 호출되었습니다. 각 항목을 더블 클릭해서 탭 설정의 행(Rows) 항목에는 페이지 제목(page_title)을 넣고, 값(Values) 영역에는 앞에서 언급한 3개의 지표를 위치시킵니다. 아래 그림과 같이 세팅되었다면 정상적으로 적용된 것입니다.

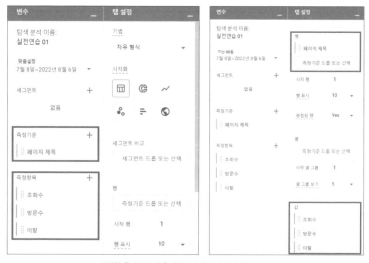

▲ 선택한 측정기준 및 측정항목이 변수 탭에 위치했는지 확인

데이터 조회 기간을 날짜는 **지난 30일**로 선택하고 **적용(Apply)**을 클릭합니다.

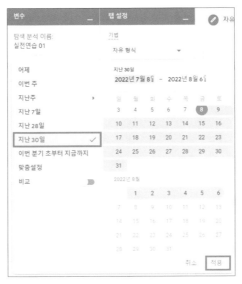

▲ 데이터 조회 날짜를 지난 30일로 세팅하기

페이지 제목에서 'not set' 텍스트가 포함된 경우, 필터로 **제외** 처리하기 위해 'not set'으로 조회되는 데이터 행에서 마우스 우클릭 후 **선택항목 제외 (Exclude selection)**를 클릭합니다. 탭 설정의 필터 영역을 확인해보면 1개의 필터가 적용되어 있는 게 확인됩니다.

페이지 제목		↓조회수	방문수	이탈
총계		458,345 총계 대비 100%	99,370 총계 대비 100%	99,378 총계 대비 100%
1	Home	74,804	42,007	24,994
2	Shopping Cart	38,492	1,240	3,080
3	Google Online Store	33,575	25,091	20,201
4	Men's / Unisex | Apparel | Google Merchandise Store	22,787	1,655	3,724
5	Sale | Google Merchandise Store	18,467	898	2,423
6	(not set)	11,382	1,698	1,832
7	New 선택항목만 포함	10,730	819	2,327
8	Store 선택항목 제외	10,116	412	1,700
9	Appa 선택항목으로 세그먼트 만들기	9,553	2,442	2,579
10	Drink Store	9,495	1,033	1,746

▲ 페이지 제목에서 'not set' 텍스트가 포함된 경우 선택항목 제외 필터 적용하기

행의 개수는 10개로 기본 세팅되어 있지만, 이를 50개로 늘리기 위해 **탭 설정**에서 **행 표시** 값을 바꿔줍니다.

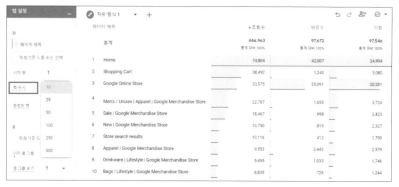

▲ 탭 설정에서 보고서에 보여지는 행을 50개로 늘리기

페이지 제목에 따른 조회수/방문수/이탈 지표가 조회됩니다. 어떤 페이지가 많이 조회되었고, 세션이 처음 시작된 페이지와 세션이 종료된 페이지를 한 번에 체크할 수 있습니다.

	페이지 제목	↓조회수	방문수	이탈
	총계	446,963 총계 대비 100%	97,672 총계 대비 100%	97,546 총계 대비 100%
1	Home	74,804	42,007	24,994
2	Shopping Cart	38,492	1,240	3,080
3	Google Online Store	33,575	25,091	20,201
4	Men's / Unisex	Apparel	Google Merchandise Store	22,787	1,655	3,724
5	Sale	Google Merchandise Store	18,467	898	2,423
6	New	Google Merchandise Store	10,730	819	2,327
7	Store search results	10,116	412	1,700
8	Apparel	Google Merchandise Store	9,553	2,442	2,579
9	Drinkware	Lifestyle	Google Merchandise Store	9,495	1,033	1,746
10	Bags	Lifestyle	Google Merchandise Store	8,835	728	1,244
11	YouTube	Shop by Brand	Google Merchandise Store	8,632	2,563	2,491
12	Womens	Apparel	Google Merchandise Store	7,871	363	998
13	The Google Merchandise Store - My Account	6,459	159	1,267

▲ 페이지 제목에 따른 조회수/방문수/이탈 테이블 보고서 확인하기

- 31 -

[실전연습 02]
쇼핑몰 퍼널 설계를 통해
고객 전환/이탈 지점 파악하기

퍼널(Funnel) 보고서 생성 조건

Q. 2022년 7월 한 달 동안 쇼핑몰에 방문한 고객의 행동을 5단계 퍼널로 설계하세요. 각 퍼널은 이벤트 단위로 설계되어야 하며, 단계별 이벤트 명칭은 아래와 같습니다. 추가로 각 퍼널 단계 방문 후 어떤 페이지로 이동했는지 파악해주세요.

Step 01: session_start
Step 02: view_item
Step 03: add_to_cart
Step 04: begin_checkout
Step 05: purchase

유입경로 탐색 보고서 생성에 대한 문제입니다. 퍼널 분석을 수행하면 서비스에 방문한 고객의 행동 흐름을 가장 직관적으로 파악할 수 있습니다. 여기서 포인트는 '각 퍼널 단계를 어떤 이벤트로 설계해서 고객의 **전환/이탈** 지점을 파악할 것인가'입니다.

구매를 하기 위해 반드시 거쳐야 하는 이벤트 위주로 퍼널 단계를 설계하면서 필요에 따라 단계를 1~2개 추가하시면 됩니다. 이를테면 다음 단계로 넘어갈 때 이탈이 너무 높을 경우 중간에 1개의 퍼널 단계를 추가로 배치해서 구체적으로 어떤 부분에서 이탈이 발생하는지 파악합니다. 퍼널 분석을 통해 각 단계 방문 사용자가 어떤 페이지로 이동했는지도 파악할 수 있습니다. 탭 설정에서 다음 작업(Next Action) 영역에 **페이지 경로** 관련 측정기준을 적용하시면 됩니다.

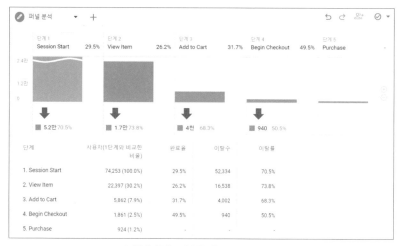

▲ 쇼핑몰에 방문한 고객의 행동을 5단계 퍼널로 설계하기

새 탐색 보고서 클릭 후 보고서 유형을 **유입경로 탐색 분석**으로 선택합니다.

▲ 탐색 보고서 유형을 '유입경로 탐색 분석'으로 선택하기

데이터 조회 기간은 2022년 7월으로 세팅합니다.

▲ 데이터 조회 기간을 2022년 7월로 설정하기

탭 설정의 **단계** 섹션에서 각 단계를 설계하기 위해 **연필 모양** 아이콘을 클릭합니다.

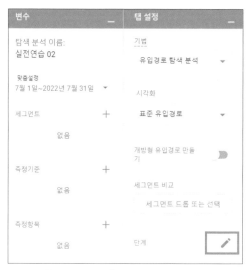

▲ 탭 설정에서 단계 섹션 우측 연필 아이콘 클릭해서 퍼널 설계하기

모든 단계는 수집된 이벤트를 기반으로 설계합니다. 퍼널의 1단계로
session_start 이벤트를 선택합니다.

▲ 퍼널 1단계 조건을 'session_start' 이벤트로 세팅하기

단계를 추가하는 방법은 여러 방법이 있지만, 이전에 생성한 단계를 복사
한 뒤 조건을 조건하는 방식을 저는 선호합니다. 아래와 같이 생성한 퍼널 우
측 옵션에서 **복사 단계(Copy step)**를 선택합니다.

▲ 퍼널 1단계를 복사해서 다음 단계 조건 세팅하기

퍼널의 2단계는 **view_item** 이벤트를 선택합니다.

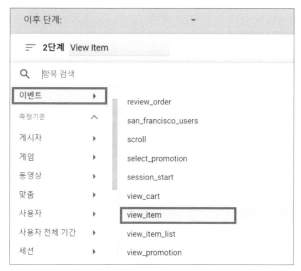

▲ 퍼널 2단계 조건을 'view_item' 이벤트로 세팅하기

동일한 방법으로 3단계는 **add_to_cart** 이벤트를 선택합니다.

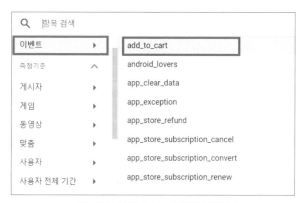

▲ 퍼널 3단계 조건을 'add_to_cart' 이벤트로 세팅하기

4단계는 **begin_checkout** 이벤트를 선택합니다.

▲ 퍼널 4단계 조건을 'begin_checkout' 이벤트로 세팅하기

5단계는 **purchase** 이벤트를 선택합니다. 이처럼 원하는 이벤트가 이미 수집되어 있고, 각 퍼널에서 어떤 이벤트를 조회할지 사전 설계되어 있다면 퍼널은 간단하게 세팅할 수 있습니다.

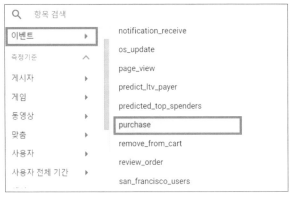

▲ 퍼널 5단계 조건을 'purchase' 이벤트로 세팅하기

각 퍼널 단계 방문 후 어떤 페이지로 이동했는지 파악하기 위해 측정기준 영역에 페이지 경로 측정기준을 가져옵니다.

▲ 측정기준 검색창에서 페이지 경로 검색 후 해당 측정기준 가져오기

다음 작업(Next Action) 영역에 해당 측정기준을 적용하면, 퍼널에 마우스 포인터를 위치시키면 상위 5개 다음 액션에 대한 데이터가 표시됩니다. 이렇게 하면 전체적인 퍼널이 완성됩니다. 어떤 단계에서 이탈이 많고, 이탈하는 경우 어느 페이지로 이동하는지를 파악할 수 있습니다.

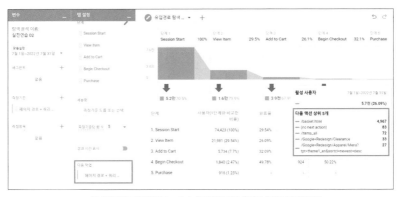

▲ 탭 설정에서 다음 작업(Next Action) 영역에 페이지 경로 측정기준 적용하기

맺음말

실무에서 구글 애널리틱스 4를 활용하기 위한 방법을 학습하신 소감이 어떠신 가요? 책의 내용을 100% 이해하지 못하셔도 괜찮습니다. 실무를 하시면서 특정 항목에 대한 세팅을 올바르게 한 게 맞는지 궁금하거나, 지표에 대한 개념이 헷갈 릴 때 해당 내용을 다시 열람하면서 제대로 이해하고 있는지 확인하시기 바랍니 다. 제가 책을 작성할 수 있었던 건 구글 애널리틱스 4를 여러분보다 많이 다뤄봤 고, 이를 활용한 실무 프로젝트를 지금 이 순간에도 수행하고 있기 때문입니다. 많이 보면 익숙해지고 매일 사용하면 기존 구글 애널리틱스(UA) 만큼 더 편하게 느껴지실 겁니다.

구글 애널리틱스는 전 세계에서 범용적으로 사용되고 있는 솔루션입니다. 구 글은 사용자로부터 GA4에 대한 피드백을 적극 반영하여 제품을 지속적으로 업 데이트하고 있습니다. GA4는 데이터 수집과 활용에 있어 지금보다 더 발전된 서 비스를 제공할 것입니다. 구글 애널리틱스의 역사로 미뤄 짐작해보면 앞으로 적 어도 10년 동안은 GA4가 구글의 대표 데이터 수집 및 분석 솔루션이 되지 않을 까 조심스레 예상해봅니다.

GA4를 능숙하게 다루실 줄 안다면 데이터 분석을 통해 액션 아이템을 도출할 확률을 높일 수 있습니다. 데이터는 다루는 사람이 어떤 배경을 갖고 있으며, 얼 마나 고민했는지에 따라 이를 통해 나오는 결과물은 천차만별입니다. 누군가는 특정 기간과 조건의 데이터만 추출하고 실제로 액션을 위한 인사이트 도출을 못 하는 경우가 있고, 누군가는 그 이상의 결과를 이끌어냅니다. 서비스에 대한 관심 의 정도가 곧 인사이트의 크기와 비례합니다.

결과적으로 우리가 GA4를 사용하는 이유는 서비스를 개선하고 고객의 행동을 이해하기 위해서입니다. 항상 이 점을 염두에 둔 상태에서 데이터를 기획하고 수집하고 분석하는 일련의 액션들이 수행되어야 합니다. 책에서도 언급했지만 무작정 모든 데이터를 수집하는 것보다는 분석에 필요한 데이터부터 우선순위를 정해서 수집하는 자세가 필요합니다. 데이터가 체계적으로 수집되어도 분석에 활용되지 않는다면 수많은 리소스가 낭비되고 있다는 의미입니다.

데이터의 중요성은 이제 누구나 알고 있습니다. 상대방을 설득할 때 팩트에 기반한 정확한 데이터가 있다면 주장에 힘이 실립니다. 이러한 근거를 만드는 데 GA4를 통해 수집된 데이터와 이를 활용한 데이터 분석은 상대방을 설득하는 데 많은 도움을 줄 수 있습니다. 그 과정에서 제가 쓴 책이 작은 도우미 역할을 했으면 하는 마음입니다.

직장을 다니면서 육아를 병행하는 와중에 책까지 쓸 수 있었던 건 가족의 배려가 없었다면 절대 불가능했을 겁니다. 두 번째 책을 써야겠다고 다짐했을 때 옆에서 응원해준 가족들이 있었기에 책을 써야겠다는 결정을 내릴 수 있었습니다. 일과 육아를 병행하면서 항상 고생하는 와이프와, 모든 집안일을 챙기시며 육아까지 도와주시는 장모님께 진심으로 감사의 말씀을 전하고 싶습니다. 항상 저를 응원해주시는 장인어른과 어머니께도 감사의 말씀을 드립니다.

사이드(Side) 프로젝트로 책을 쓴다는 건 남들이 퇴근하고 저녁에 영화를 보거나 주말에 편하게 휴식을 취할 때, 책상 앞에 앉아 묵묵히 배운 내용을 정리하고 하나의 콘텐츠로 완성해서 이를 한 권으로 엮는 장기 프로젝트였습니다. 책을 쓰느라 한동안 주말에 나들이를 가지 못해서 아들에게 미안한 마음이 컸습니다. 이제는 아들과 나들이도 하며 주말을 즐길 수 있겠네요. 마지막으로 책을 집필할 기회를 두 번이나 제공해주신 디지털북스 양종엽 부장님과 꼼꼼하게 책을 편집하고 피드백을 주신 박소정 편집자님께 진심으로 감사의 말씀을 드립니다.

현직 구글 애널리틱스 컨설턴트가 알려주는

구글 애널리틱스 4 실전활용법

1판 1 쇄 인쇄 2022년 11월 15일　　**1판 1 쇄 발행** 2022년 11월 20일
1판 2 쇄 인쇄 2024년 2월 5일　　**1판 2 쇄 발행** 2024년 2월 15일

—

지 은 이　김동우
발 행 인　이미옥
발 행 처　디지털북스
정　　가　22,000원
등 록 일　1999년 9월 3일
등록번호　220-90-18139
주　　소　(04997) 서울 광진구 능동로 281-15층(군자동 1-4, 고려빌딩)
전화번호　(02) 447-3157~8
팩스번호　(02) 447-3159

—

ISBN 978-89-6088-414-4 (03320)
D-22-14
Copyright ⓒ 2024 Digital Books Publishing Co,. Ltd

DIGITAL BOOKS
디지털북스